新世纪高职高专
大数据与会计专业系列规划教材

微课版

会计信息化
（供应链任务工单）

新世纪高职高专教材编审委员会 组编

主　编　麻鹏波
副主编　潘　诠　肖炳峰　法　宁
主　审　吴树罡

- "互联网+"创新型教材
- "任务工单"新形态教材
- 教学资源共享，配套在线平台

大连理工大学出版社

图书在版编目(CIP)数据

会计信息化.供应链任务工单 / 麻鹏波主编. -- 大连：大连理工大学出版社，2022.6(2024.6重印)
新世纪高职高专大数据与会计专业系列规划教材
ISBN 978-7-5685-3213-6

Ⅰ.①会… Ⅱ.①麻… Ⅲ.①会计信息-财务管理系统-高等职业教育-教材 Ⅳ.①F232

中国版本图书馆 CIP 数据核字(2021)第 199824 号

大连理工大学出版社出版

地址：大连市软件园路80号 邮政编码：116023
发行：0411-84708842 邮购：0411-84708943 传真：0411-84701466
E-mail:dutp@dutp.cn URL:https://www.dutp.cn
大连市东晟印刷有限公司印刷 大连理工大学出版社发行

幅面尺寸:185mm×260mm 印张:17.75 字数:432千字
2022年6月第1版 2024年6月第2次印刷

责任编辑：王 健 责任校对：刘俊如
封面设计：对岸书影

ISBN 978-7-5685-3213-6 定 价：55.00元

本书如有印装质量问题，请与我社发行部联系更换。

前言 Preface

2019年《国家职业教育改革实施方案》中指出建设一大批校企"双元"合作开发的国家规划教材,倡导使用新型活页式、工作手册式教材并配套开发信息化资源。《关于推动现代职业教育高质量发展的意见》中指出引导地方、行业和学校按规定建设地方特色教材、行业适用教材、校本专业教材。为此,结合会计信息化人才培养的要求,按照工作岗位项目化、典型项目任务化、任务流程工单化的教材设计理念,编写团队校企合作,共同编写了《会计信息化(供应链任务工单)》课程教材。

根据业财一体及教、学、做一体的要求,本教材以任务工单、任务实施、常见错误解析为载体组织教学项目,将知识、能力和正确价值观的培养有机结合,培养学生企业会计信息化管理技能和创新能力。

本教材的特色体现在以下几方面:

1. 课程思政的融入

本教材将课程思政融入教学实践,落实立德树人的根本任务,探索思政教育在人才培养目标中的价值引领作用,体现了社会责任意识、工匠精神、团队合作精神、创新创业、知行合一、会计职业道德八大准则等一系列的思政育人思想,致力于培养德才兼备的高素质技术技能型会计信息化人才。

2. 校企合作,"岗课赛证"融通

本教材的编写团队成员除了教学专业教师外,还包括新道科技股份有限公司的高级工程师。结合订单培养、学徒制专业建设,本教材有机融入了岗位技能要求、职业技能竞赛(会计综合技能国赛赛项)、职业技能等级证书(1+X业财一体化信息化应用、1+X财务数字化应用)标准有关内容要求。本教材还配有丰富的可听、可视、可练、可互动的数字化资源,方便教师的教学和学生的自学。

3. 工作手册式(任务工单)新形态教材的编写体例

本教材每个项目都包括典型岗位任务、任务工单、任务实施、错误解析。典型岗位任务确定任务事项;任务工单由任务名称、任

务详情、思政元素、思政案例、任务要求组成；任务实施设计为流程化步骤，将任务指导穿插其中；错误解析由错误情况、原因分析、解决方法组成。本教材结合专业教学改革实际，深入浅出、图文并茂，符合学生的认知规律，可调动学生的学习兴趣。

4. 内容与时俱进，与软件同步升级，具有较强的实用性和代表性

本教材以用友ERPU8V10.1为蓝本编写。随着该软件升级，各高职高专院校教学的ERP软件也进行了升级，为了更好地服务于院校教学，本教材对软件中新增的各项常见功能，利用配套数据进行了讲解，具有较强的实用性和代表性。

本教材由滨州职业学院麻鹏波任主编，滨州职业学院潘诠、山东理工职业学院肖炳峰、新道科技股份有限公司法宁任副主编。全书共十一个项目，具体编写分工如下：麻鹏波编写项目三、项目九、项目十，潘诠编写项目六、项目七、项目八，肖炳峰编写项目一、项目二，法宁编写项目四、项目五、项目十一。全书由麻鹏波负责整体架构设计、修改、补充、定稿，由滨州职业学院吴树罡主审。

在编写本教材的过程中，编者参考、引用和改编了国内外出版物中的相关资料以及网络资源，在此表示深深的谢意！相关著作权人看到本教材后，请与出版社联系，出版社将按照相关法律的规定支付稿酬。

本教材是高职院校与企业倾力合作和集体智慧的结晶。尽管在教材特色建设方面我们做了很多努力，但仍可能存在不足之处，恳请各相关高职院校和读者在使用过程中予以关注，并将意见或建议及时反馈给我们，以便修订时完善，为读者提供更加优质的服务。

编　者

2022 年 6 月

所有意见和建议请发往：dutpgz@163.com

欢迎访问职教数字化服务平台：https://www.dutp.cn/sve/

联系电话：0411-84707492　84706671

目录 Contents

项目一　建账及基础设置 ··· 1
　任务一　增加操作员 ··· 1
　任务二　建立账套 ··· 5
　任务三　用户权限与账套的输出引入 ··· 13
　任务四　部门档案与人员档案设置 ··· 17
　任务五　客商信息档案设置 ·· 21
　任务六　存货档案设置 ··· 27
　任务七　业务信息设置 ··· 34
　任务八　单据设置 ··· 38

项目二　总账管理初始化设置 ·· 42
　任务一　总账选项与会计科目设置 ··· 42
　任务二　期初余额录入 ··· 51
　任务三　企业应用平台其他基础设置 ·· 59

项目三　固定资产管理系统供应链初始化设置 ································· 64
　任务一　固定资产管理系统参数设置 ·· 64
　任务二　固定资产基础数据设置 ·· 69
　任务三　固定资产原始卡片录入 ·· 73

项目四　供应链初始化设置 ··· 77
　任务一　应收款管理系统参数设置 ··· 77
　任务二　应收科目设置 ··· 79
　任务三　应收款管理系统期初余额设置 ··· 84
　任务四　销售管理系统参数设置 ·· 88
　任务五　应付款管理系统参数设置 ··· 91
　任务六　应付款管理系统基本科目设置 ··· 93

任务七	应付款管理系统期初余额设置	97
任务八	采购管理系统期初设置	100
任务九	库存管理系统期初设置	103
任务十	存货核算系统期初设置	105

项目五　采购管理系统业务处理 …………………………………… 110

任务一	普通采购业务一	110
任务二	普通采购业务二	123
任务三	普通采购业务三	127
任务四	普通采购业务四	134
任务五	普通采购业务五	137
任务六	普通采购业务六	143

项目六　特殊采购业务处理 …………………………………………… 148

任务一	特殊采购业务一	148
任务二	特殊采购业务二	154
任务三	特殊采购业务三	158
任务四	特殊采购业务四	167
任务五	特殊采购业务五	174

项目七　普通销售业务处理 …………………………………………… 183

任务一	普通销售业务一	183
任务二	普通销售业务二	191
任务三	普通销售业务三	197
任务四	普通销售业务四	199

项目八　特殊销售业务处理 …………………………………………… 206

任务一	特殊销售业务一	206
任务二	特殊销售业务二	208
任务三	特殊销售业务三	214
任务四	特殊销售业务四	218
任务五	特殊销售业务五	222
任务六	销售退货业务	236

项目九　库存管理系统业务处理 ……………………………………… 244

| 任务一 | 产成品入库业务 | 244 |
| 任务二 | 其他入库业务 | 248 |

任务三　材料出库业务 …………………………………………………… 250
　　任务四　盘盈入库业务 …………………………………………………… 253

项目十　存货核算系统业务处理 …………………………………………… 258
　　任务一　出入库成本核算业务 …………………………………………… 258
　　任务二　出入库成本调整业务 …………………………………………… 262

项目十一　供应链期末处理 ………………………………………………… 266
　　任务一　采购管理系统期末结账 ………………………………………… 266
　　任务二　销售管理系统期末结账 ………………………………………… 268
　　任务三　库存管理系统期末结账 ………………………………………… 270
　　任务四　存货核算系统期末结账 ………………………………………… 272

项目一 建账及基础设置

任务一 增加操作员

一、任务工单

增加操作员任务工单

任务名称	增加操作员			学时			班级	
组别				组长			小组成绩	
学生姓名				联系方式			个人成绩	
任务开始时间				任务完成场地			任务完成时长	
任务详情								
操作员编号	用户姓名	密码	部门	操作员编号	用户姓名	密码	部门	
601	赵启航	1	财务部	605	张子萱	5	财务部	
602	李晨曦	2	财务部	606	宋子睿	6	采购部	
603	黄俊熙	3	财务部	607	陆心怡	7	销售部	
604	钱晓宇	4	财务部	608	杨雨涵	8	车间办公室	

思政元素：团队协作精神

思政案例：蚂蚁紧紧聚成一团，滚成一个大蚁球，从火海冲出来，尽管一些蚂蚁被烧死了，但是让更多的蚂蚁绝处逢生。会计部门内部也是一个分工合作的团体

党的二十大报告：新时代的伟大成就是党和人民一道拼出来、干出来、奋斗出来的

任务要求：

1. 会登录系统管理。
2. 会准确录入编号、姓名、密码。
3. 会修改或者删除录入错误的操作

注意事项：在实训操作中，可以将编号为601的操作员姓名改为"学生本人＋学号后三位"，可以将编号为602的操作员姓名改为"学生本人2"，将编号为603的操作员姓名改为"学生本人3"，以此类推。这样可防止学生互相抄袭账套

(续表)

任务实施难点	任务完成正确率	操作错误	错误原因及改正方法

二、任务实施

(一)登录系统管理

(1)执行"开始"→"程序"→"用友 U8V10.1"→"系统服务"→"系统管理"命令,或者直接双击桌面上的"系统管理"图标,进入系统管理窗口,如图 1-1 所示。

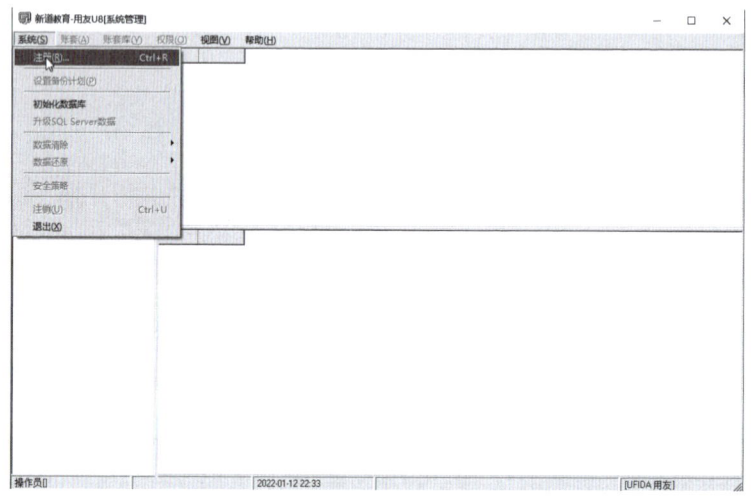

图 1-1　注册系统管理

(2)执行"系统"→"注册"命令,打开"登录"对话框,如图 1-2 所示。单击"登录"按钮,以系统管理员 admin 身份进入系统管理。

图 1-2　登录系统管理

(二)增加和减少用户

1. 增加用户

(1)执行"权限"→"用户"命令,进入"用户管理"窗口,单击工具栏上的"增加"按钮,打开"操作员详细情况"对话框,按任务工单填写"赵启航"的信息,分别录入编号、姓名、口令和所属部门,如图1-3所示。继续单击"增加"按钮,分别输入宋子睿、李晨曦、陆心怡、黄俊熙、杨雨涵等操作员的信息。

(2)输入结束后,单击"取消"按钮,返回"用户管理"窗口,所有操作员以列表方式显示。最后单击工具栏上的"退出"按钮,返回"系统管理"窗口。

图1-3 增加用户

> **任务指导:**
> 系统中出现的蓝色字体部分都是必填内容,不填就不能保存;若用于练习,为操作简便,则可以不设置口令,填好后可以删除或修改,但是在实际工作中,由于每个岗位的分工不同,必须由系统管理员设置口令,给不同的岗位工作人员分配不同的用户和口令。

2. 减少用户

执行"权限"→"用户"命令,进入"用户管理"窗口,如图1-4所示。选中要删除的操作员后,单击工具栏上的"删除"按钮。用户启用后,不能删除,只能注销该用户。

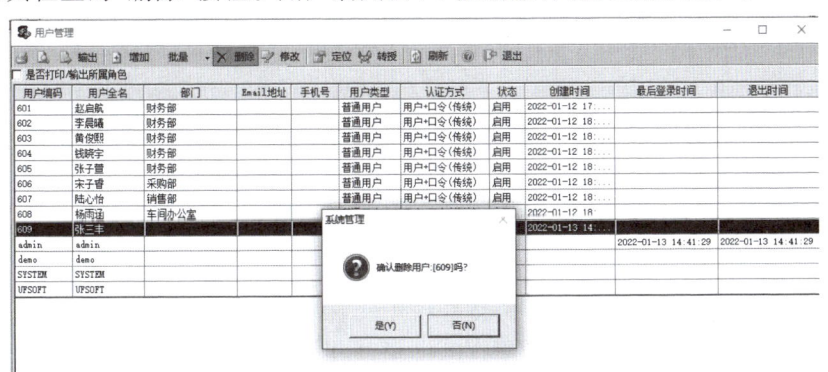

图1-4 减少用户

3. 修改用户

执行"权限"→"用户"命令,进入"用户管理"窗口,选中要修改的操作员,单击工具栏上的"修改"按钮,就可以进行用户的修改。

三、常见错误解析

1. 操作员编号或者姓名已经存在(图1-5)

解决方法:需查看用户管理列表,看是否存在此操作员的编号或者姓名,若系统中已经

存在此操作员的编号,则可以修改操作员姓名,若操作员姓名已经存在但是编号不对,则可以先把该编号下的姓名改为其他名称,然后再按照任务要求增加此操作员。

图1-5　操作员已经存在

2.用户无法删除(图1-6)

图1-6　用户已经定义角色

解决方法:

(1)多余用户一般不影响操作,无须删除。

(2)删除用户角色信息后,即可删除用户。例如,将601张浩然的账套主管角色取消勾选,如图1-7所示。

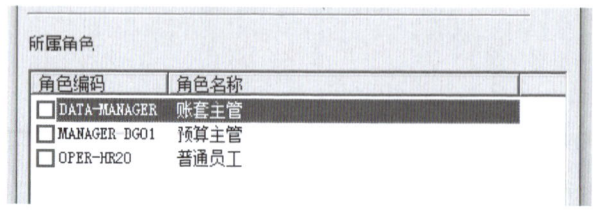

图1-7　取消勾选账套主管角色

(3)若上述方法还是不能删除用户,则必须删除上机日志才能删除用户。若是因为用户编号录错,已经占用此用户名称,导致录入不了正确的编号对应的用户,则可以先将错误编号的用户改成其他名称,然后再增加正确编号下的正确用户名称。

任务二　建立账套

一、任务工单

建立账套任务工单

任务名称	建立账套	学时		班级	
组别		组长		小组成绩	
学生姓名		联系方式		个人成绩	
任务开始时间		任务完成场地		任务完成时长	
任务详情					
账套号	666		账套启用日期	2020年1月1日	
账套名称及单位名称、简称	滨州市启航股份有限公司（简称：启航公司）		会计期间设置	1月1日——12月31日	
地址	山东省滨州市黄河十二路919号				
税号	8636482645373625				
法定代表人及账套主管	赵启航	邮政编码	256600	联系电话及传真	0543-6666666
本币名称及代码	人民币RMB	企业类型	工业	行业性质	2007年新会计制度科目（按照行业性质预置会计科目）
分类编码方案	存货、客户、供应商均分类，无外币核算				
编码级次	科目编码级次：4222，存货分类编码级次：1223，客户和供应商分类编码级次：223，部门编码级次：122，地区分类编码级次223，收发类别编码级次12，其余采用系统默认值，默认系统数据精度				
系统启用	建账同时启用总账系统，应收款管理、应付款管理、固定资产、销售、采购、库存管理以及存货核算系统，启用日期均为2020年1月1日				
其他设置	以上没有要求的均不填，按照系统默认值				

思政元素：遵守会计法律法规
思政案例：做假账是违法行为。某企业法定代表人指使会计做两套账，一套真账，一套假账，其严重违反了会计法
党的二十大报告：坚持全面依法治国，推进法治中国建设

任务要求

1. 会建立账套。
2. 会准确录入账套基础信息。
3. 会修改或者删除账套。
4. 会修改账套建立中出现的错误。
5. 建账成功后由 admin 或者账套主管启用总账、应收款管理、应付款管理以及采购管理、销售管理、库存管理、存货核算系统

任务实施难点	任务完成正确率	操作错误	错误原因及改正方法

二、任务实施

(一)建立账套

1. 创建账套

登录系统管理,执行"账套"→"建立"命令,打开"创建账套—建账方式"对话框,选择"新建空白账套",单击"下一步"按钮,如图1-8所示。

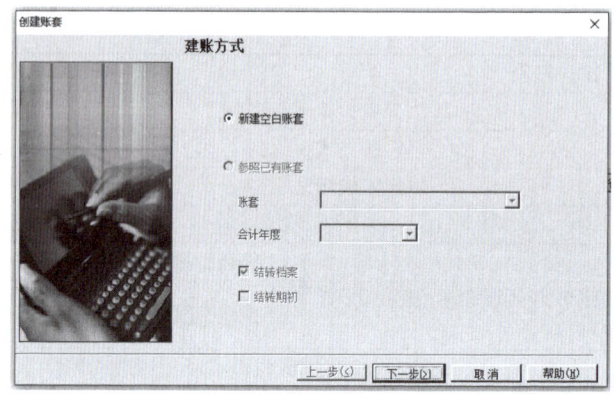

图1-8 创建账套-建账方式

2. 输入账套信息

(1)已存账套:系统将已存在的账套以下拉列表框的形式显示,指的是除了现在正在建立的账套之外已经存在系统里的以前建立的账套,若系统内不存在已存账套,则已存账套栏为空。

(2)修改输入账套号"666"。账套名称输入"滨州市启航股份有限公司"。

(3)账套路径:用来确定新建账套将要被放置的位置,系统默认的路径为C:\U8SOFT\Admin,可以人工更改,也可以利用"…"按钮进行参照输入。

(4)启用会计期系统默认为计算机的系统日期,根据任务工单,这里为"2020年1月",如图1-9所示,如果出现创建账套提示信息,单击"确定"按钮。输入完成后,单击"下一步"按钮,任务工单中没有说明的项目按照默认值设置。

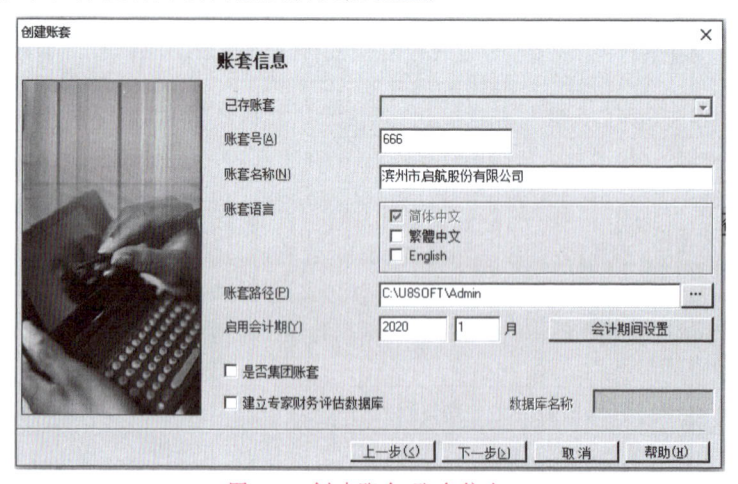

图1-9 创建账套-账套信息

3. 输入单位信息

（1）单位名称：用户单位的全称，按照任务工单输入，即"滨州市启航股份有限公司"。其他栏目都属于任选项，参照任务工单输入其他信息即可，如图 1-10 所示。

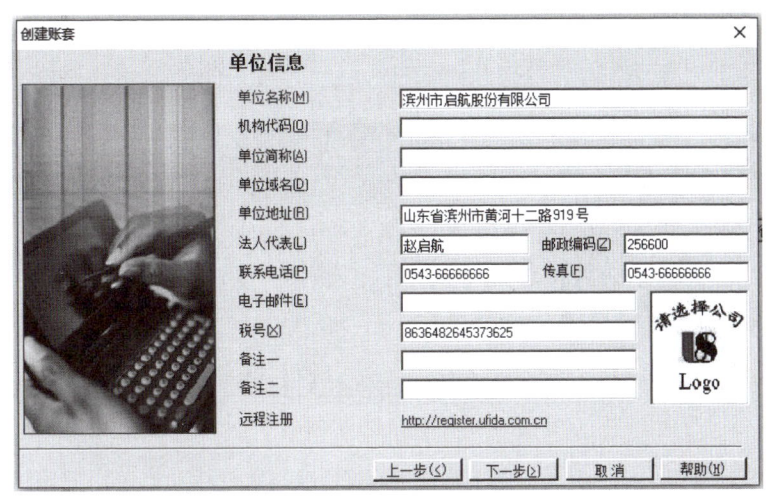

图 1-10　创建账套-单位信息

（2）输入完成后，单击"下一步"按钮，进行核算类型设置。

4. 输入核算类型

（1）本币代码：必须输入。按照任务工单要求采用系统默认值 RMB。

（2）本币名称：必须输入。本例采用系统默认值"人民币"。

（3）企业类型：必须从下拉列表框中选择输入。系统提供了商业、工业、医药流通三种类型。若选择工业模式，则系统不能处理受托代销业务；若选择商业模式，则委托代销和受托代销业务都能处理。根据任务工单选择"工业"模式。

（4）行业性质：必须从下拉列表框中选择输入。系统按照所选择的行业性质预置科目设置，本例选择行业性质为"2007 年新会计制度科目"。

（5）账套主管：必须从下拉列表框中选择输入。根据任务工单选择"[601]赵启航"。

（6）按行业性质预置科目：若用户希望预置所属行业的标准一级科目，则选中该复选框，本例选择"按行业性质预置科目"。设置完成后如图 1-11 所示。

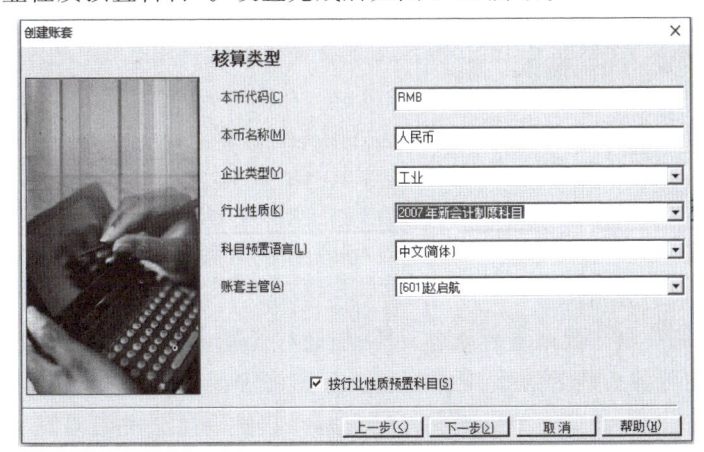

图 1-11　创建账套-核算类型

(7)单击"下一步"按钮,进行基础信息设置。如图1-12所示。

图1-12 创建账套—基础信息

5. 确定基础信息

(1)若单位的存货、客户、供应商相对较多,则可以对他们进行分类核算。若此时不能确定是否进行分类核算,则也可以在建账完成后,由账套主管在"修改账套"功能中设置分类核算。

(2)按照任务工单要求,选中"存货是否分类""客户是否分类""供应商是否分类"三个复选框,如图1-12所示。单击"下一步"按钮,打开"创建账套—开始"对话框,单击"完成"按钮,如图1-13所示。

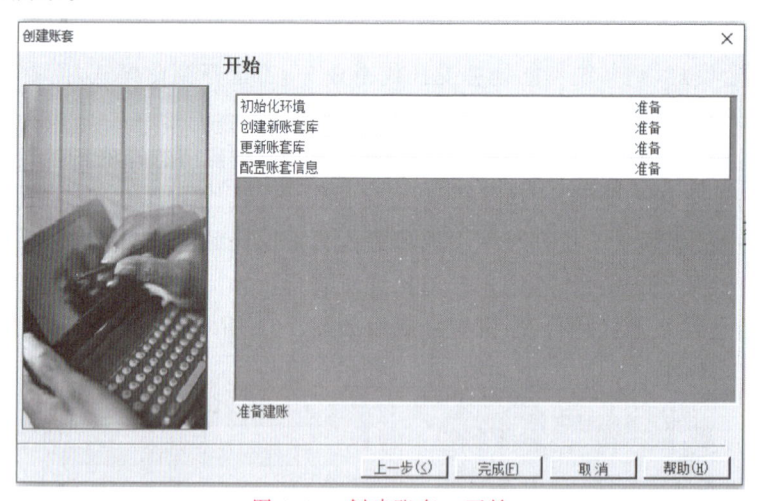

图1-13 创建账套—开始

(3)系统提示"可以创建账套了吗?",如图1-14所示,单击"是"按钮。进入创建新数据库状态,如图1-15所示,等待一段时间,进入"分类编码方案"界面。

6. 确定分类编码方案

为了便于对经济业务数据进行分级核算、统计和管理,系统要求预先设置某些基础栏的编码规则,即规定各种编码的级次及各级的长度。按实训资料所给内容修改系统默认值。科目编码级次:4222;存货分类编码级次:1223;客户和供应商分类编码级次:223;部门编码级次:122;地区分类编码级次:223;结算方式编码级次:12;收发类别编码级次:12;其余采用系统默认值。若默认值与任务工单一致,则无须修改,如图1-13所示。单击"确定"按钮保存设置后,单击编码方案右上角的关闭按钮退出编码方案,进入"数据精度定义"界面。

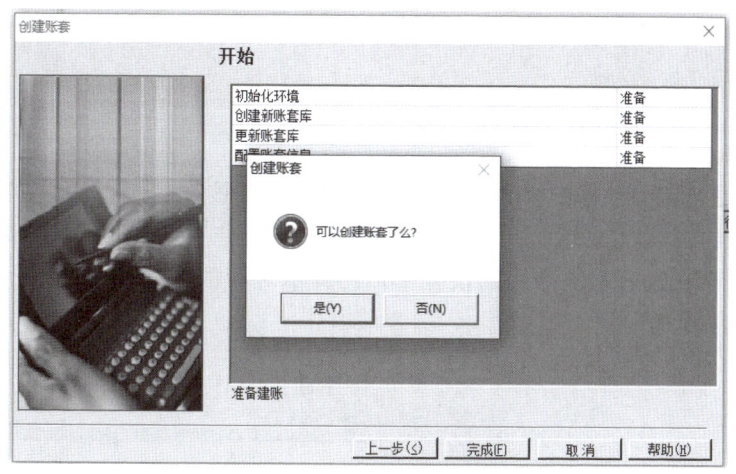

图1-14 创建账套提示

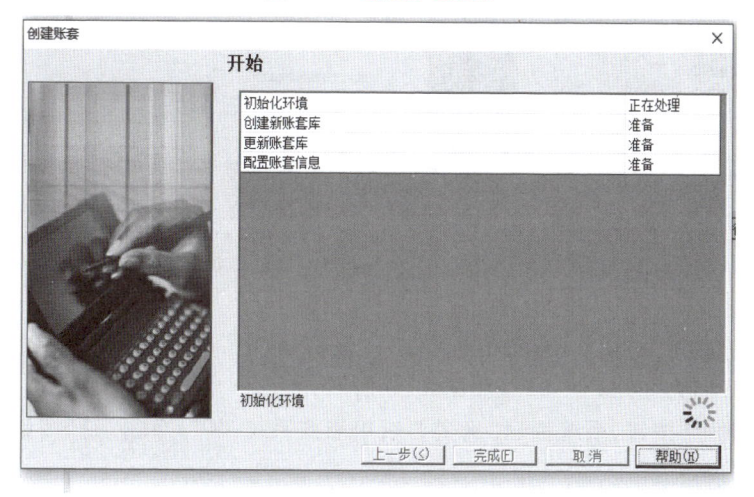

图1-15 创建新数据库

图1-16 编码方案

任务指导：

修改分类编码方案，必须依照从低级向高级的顺序，比如先修改第四级，再修改第三级……最后修改第一级。

7. 数据精度定义

数据精度是指定义数据的小数位数，若需要进行数量核算，则必须认真填写该项。根据任务工单要求均按默认值设置，如图1-17所示。单击"确定"按钮，等待一段时间，系统弹出"建账成功……现在进行系统启用的设置？"信息提示对话框，如图1-18所示。单击"是"按钮，打开"系统启用"对话框。

图1-17　数据精度定义对话框　　　　图1-18　创建账套对话框

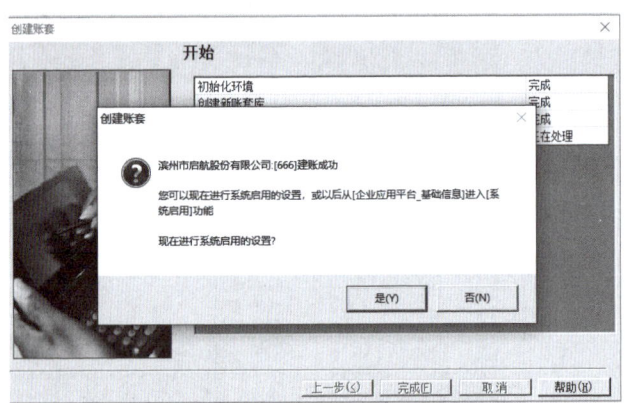

8. 启用系统

（1）在"系统启用"对话框中，单击选中"GL总账"，如图1-19所示。弹出"日历"对话框，选择系统启用日期为"2020-01-01"，如图1-20所示。

（2）单击"确定"按钮，系统提示"确实要启用当前系统吗？"，单击"是"按钮。

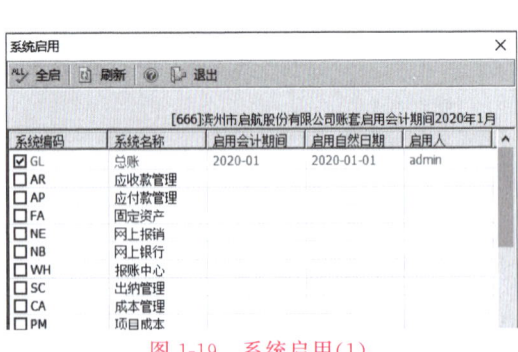

图1-19　系统启用(1)　　　　图1-20　系统启用(2)

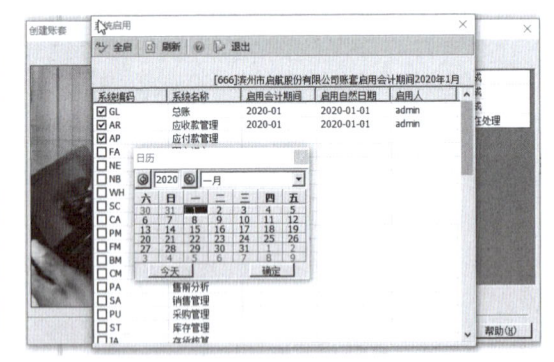

（3）同理，启用应收款管理、应付款管理、固定资产、销售管理、采购管理、库存管理以及存货核算系统。如图1-21所示。

9. 退出系统

单击工具栏上的"退出"按钮，系统提示"请进入企业应用平台进行业务操作"，如图1-22所示，单击"确定"按钮后返回"系统启用"对话框，单击"退出"按钮。

图1-21　系统启用(3)　　　　　　　　图1-22　系统管理提示

> **任务指导：**
> 　　分类编码方案、数据精度、系统启用项目也可以由账套主管执行"企业应用平台"→"基础信息"→"基本信息"命令进行修改。

(二)修改账套

1. 以账套主管身份登录系统管理

(1)注销admin的登录

若创建账套过程中出现录入错误,则可以注销系统管理员admin的登录,如图1-23所示。

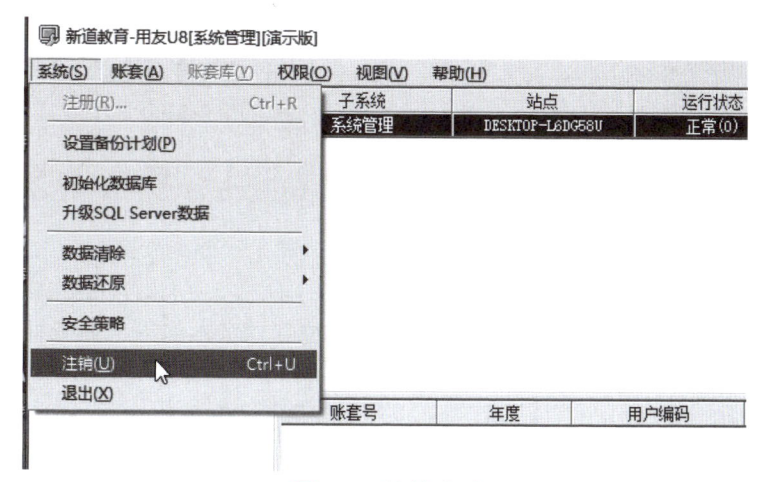

图1-23　注销登录

(2)更换操作员登录

执行"系统"→"注册"命令,如图1-24所示,打开"登录"对话框。以账套主管"601 赵启航"身份重新注册登录系统管理,操作日期为2020年1月1日,单击"登录"按钮,如图1-25所示。

(3)修改账套

执行"账套"→"修改"命令,如图1-26所示,打开"修改账套"对话框,进行相应修改,如图1-27所示,单击"下一步"按钮,可以参照建立账套的流程修改账套。

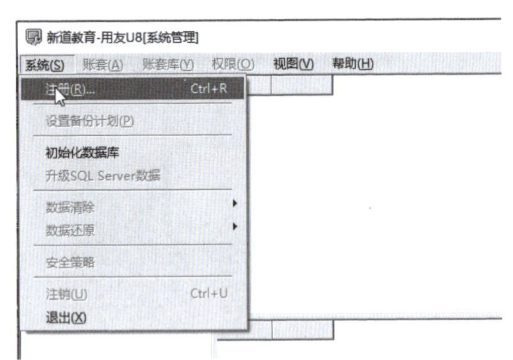

图 1-24　账套修改(1)　　　　　　　图 1-25　账套修改(2)

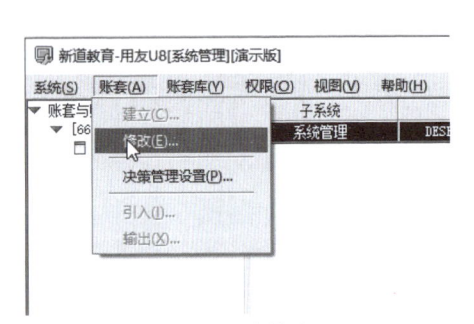

图 1-26　账套修改(3)　　　　　　　图 1-27　账套修改(4)

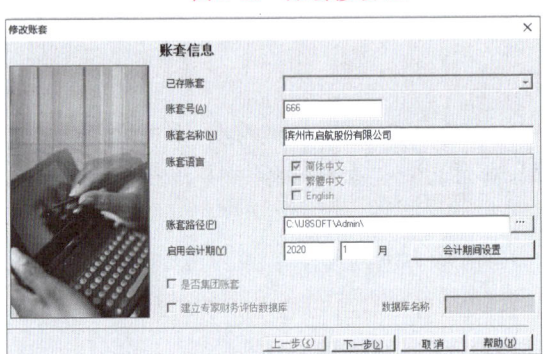

任务指导：
　　账套路径、启用会计期等灰色字体信息不可修改。若没有信息录入错误,则无须修改账套。

三、常见错误解析

　　以 admin 身份登录系统时,不能登录,弹出"系统管理员不能进行业务处理!"信息提示对话框,如图 1-28 所示。

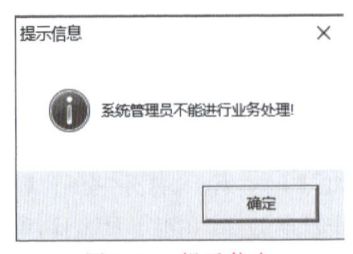

图 1-28　提示信息

　　原因分析：登错平台,系统管理员只能登录系统管理,不能登录企业应用平台。
　　解决方法：登录系统管理。

任务三　用户权限与账套的输出引入

一、任务工单

用户权限与账套的输出引入任务工单

任务名称	设置权限并输出、引入账套	学时		班级	
组别		组长		小组成绩	
学生姓名		联系方式		个人成绩	
任务开始时间		任务完成场地		任务完成时长	

任务详情

子任务一：赋予各操作员权限

编码	姓名	权限
601	赵启航	账套主管，有所有操作权限
602	李晨曦	具有出纳签字和出纳的全部操作权限
603	黄俊熙	具有总账、固定资产管理的全部操作权限
604	钱晓宇	具有公共单据、公共目录设置、总账管理、应收款管理、存货核算系统的全部操作权限
605	张子萱	具有公共单据、公共目录设置、总账管理、应付款管理、存货核算系统的全部操作权限
606	宋子睿	具有公共单据、公共目录设置、采购管理、库存管理、存货核算系统的全部操作权限
607	陆心怡	具有公共单据、公共目录设置、销售管理、库存管理、存货核算系统的全部操作权限

子任务二

A.将账套号为666的滨州市启航股份有限公司账套输出到硬盘保存。
B.将账套号为666的滨州市启航股份有限公司账套输出到硬盘保存，同时删除该账套。
C.引入账套号为666的滨州市启航股份有限公司账套

思政元素：分工合作、各司其职
思政案例：企业的会计信息化操作员要进行权限分工
党的二十大报告：新时代的伟大成就是党和人民一道拼出来、干出来、奋斗出来的

1. 会设置操作员权限。
2. 会输出和引入账套

任务实施难点	任务完成正确率	操作错误	错误原因及改正方法

二、任务实施

(一)子任务一:赋予各操作员权限

(1)以系统管理员 admin 的身份注册进入系统管理,执行"权限"→"权限"命令,进入"操作员权限"窗口,如图1-29所示。

图1-29 操作员权限

(2)选择"602李晨曦",单击工具栏上的"修改"按钮,选中"财务会计—总账—出纳""财务会计—总账—凭证—出纳签字",单击"保存"按钮,如图1-30所示。

图1-30 增加和调整权限(1)

(3)以此类推,按照上述方法设置全部操作员权限后,单击工具栏上的"退出"按钮,返回"系统管理"窗口。如宋子睿的权限,如图1-31所示。

图1-31 增加和调整权限(2)

任务指导：
账套主管的权限不用设置，自动拥有所有权限。

(二)子任务二

1. 将账套号为 666 的滨州市启航股份有限公司账套输出到硬盘保存。

(1)以系统管理员 admin 的身份注册进入系统管理。

(2)执行"账套"→"输出"命令，打开"账套输出"对话框，选择需要输出的账套 666 滨州市启航股份有限公司，单击"…"按钮选择输出文件位置(最好输出到名称为"系统管理账套"的新建文件夹里)，如图 1-32、图 1-33 所示。

(3)等待一段时间后，系统弹出"输出成功"信息提示对话框，如图 1-34 所示。

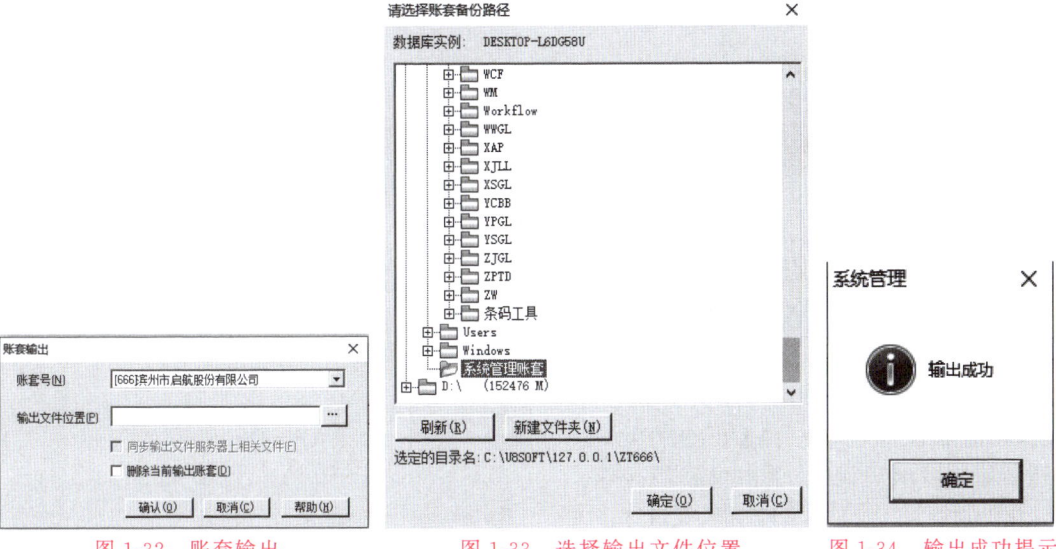

图 1-32　账套输出　　　图 1-33　选择输出文件位置　　　图 1-34　输出成功提示

2. 将账套号为 666 的滨州市启航股份有限公司账套输出到硬盘保存，同时删除该账套。

(1)以系统管理员 admin 的身份注册进入系统管理。

(2)执行"账套"→"输出"命令，打开"账套输出"对话框，选择需要输出的账套 666 滨州市启航股份有限公司，单击"…"按钮选择输出文件位置，同时选中"删除当前输出账套"复选框，如图 1-35 所示。单击"确认"按钮，系统弹出"真要删除该账套吗？"信息提示对话框，如图 1-36 所示。单击"是"按钮，等待一段时间，系统提示"输出成功"。

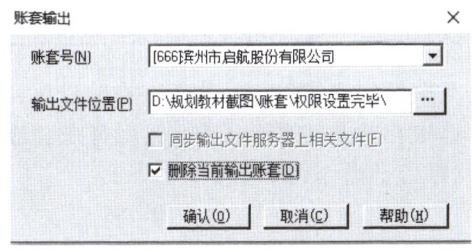

图 1-35　删除当前输出账套　　　图 1-36　删除账套提示

任务指导：

若选中"删除当前输出账套"复选框，则在输出备份账套的同时删除了 U8 系统中的账套，账套备份在输出文件位置的文件夹里。若要恢复系统中的账套，则应重新引入账套。已经删除的账套，系统中将不再显示，如图 1-37 所示。

图 1-37　没有任何账套的系统管理

3. 引入账套号为 666 的滨州市启航股份有限公司账套。

（1）以系统管理员 admin 的身份注册进入系统管理。

（2）执行"账套"→"引入"命令，打开"请选择账套备份文件"对话框，找到文件备份位置，单击 UfErpAct.Lst，单击"确定"按钮，系统弹出"请选择账套引入的目录，当前默认路径为 C:\U8SOFT\Admin"信息提示对话框，单击"确定"按钮，打开"请选择账套引入的目录"对话框，不用改动选定的目录，单击"确定"按钮，系统提示"正在引入［666］的［［2020-2020］］账套库，请等待…"，如图 1-38 所示。等待一段时间，系统提示"账套引入成功"。系统管理中重新出现刚才被删除的账套，如图 1-39 所示。

图 1-38　账套引入中

图 1-39　账套引入完成

不论是学生练习还是企业实际工作，每次上机操作完成后，最好以"账套主管 admin"身份注册进入系统管理，将账套输出至 E 盘或者 F 盘等不易丢失信息的磁盘，再复制到 U 盘保存，以免账套信息丢失。下次如果 C 盘恢复原状或者重装，引入备份的账套，则可以回到上次操作完成的账套状态。在输出保存账套之前，最好新建一个文件夹，文件夹的名称最好体现出操作到哪个步骤，然后将账套输出保存到这个文件夹里，下次引入账套之后就知道此账套是操作到哪个步骤的账套。

任务四　部门档案与人员档案设置

一、任务工单

设置部门档案与人员档案任务工单

任务名称	设置部门档案与人员档案	学时		班级	
组别		组长		小组成绩	
学生姓名		联系方式		个人成绩	
任务开始时间		任务完成场地		任务完成时长	

任务详情

子任务一：录入部门档案

部门编码	部门名称	部门编码	部门名称
1	管理部	4	生产部
101	公司办公室	401	车间办公室
102	财务部	402	一车间
2	销售部	403	二车间
3	采购部		

子任务二：录入人员档案

人员类别

分类编码	分类名称	分类编码	分类名称
10101	管理人员	10104	生产管理人员
10102	采购人员	10105	生产人员
10103	销售人员		

人员档案

人员编码	人员姓名	性别	雇佣状态	人员类别	行政部门（业务或费用部门）	是否业务员	是否操作员
A01	李建	男	在职	管理人员	公司办公室	是	否
601	赵启航	男	在职	管理人员	财务部	是	是
602	李晨曦	女	在职	管理人员	财务部	是	是
603	黄俊熙	男	在职	管理人员	财务部	是	是
604	钱晓宇	男	在职	管理人员	财务部	是	是
605	张子萱	女	在职	管理人员	财务部	是	是

(续表)

606	宋子睿	男	在职	采购人员	采购部	是	是
607	陆心怡	女	在职	销售人员	销售部	是	是
608	杨雨涵	女	在职	生产管理人员	车间办公室	否	否
609	刘明玉	女	在职	生产人员	一车间	否	否
610	王圣田	男	在职	生产人员	二车间	否	否

思政元素:合作共赢
思政案例:公司是一个团队合作的整体,合作才能共赢,以此为例,与中国梦的实现相结合进行讨论
党的二十大报告:新时代的伟大成就是党和人民一道拼出来、干出来、奋斗出来的

1.会正确录入部门、人员类别以及人员档案。
2.会修改部门、人员类别以及人员档案

任务实施难点	任务完成正确率	操作错误	错误原因及改正方法

二、任务实施

(一)录入部门档案

(1)以账套主管"601 赵启航"身份于2020年1月1日登录企业应用平台,单击左下角的"基础设置"栏,执行"基础档案"→"机构人员"→"部门档案"命令。双击"部门档案",进入"部门档案"窗口。

(2)单击"增加"按钮,录入部门编码"1"、部门名称"管理部",然后单击"保存"按钮。单击选中"(1)管理部",然后单击"增加"按钮,录入部门编码"101"、部门名称"公司办公室"。

(3)单击"保存"按钮,窗口左边会以树形目录显示。以此类推,录入其他部门档案,如图1-40所示。

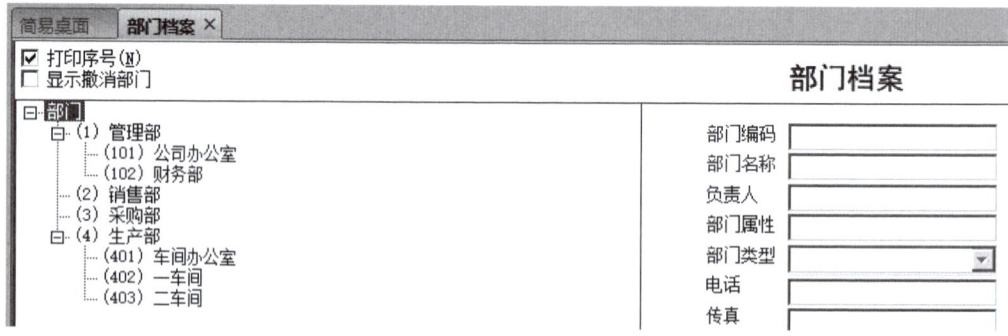

图1-40 部门档案

(二)录入人员类别

(1)在"基础设置"选项卡中,执行"基础档案"→"机构人员"→"人员类别"命令,进入"人员类别"窗口。

(2)单击选中"正式工",单击"增加"按钮,打开"增加档案项"对话框,修改档案编码为"10101"、档案名称"管理人员",档案简称与档案简拼可不录,如图1-41所示。

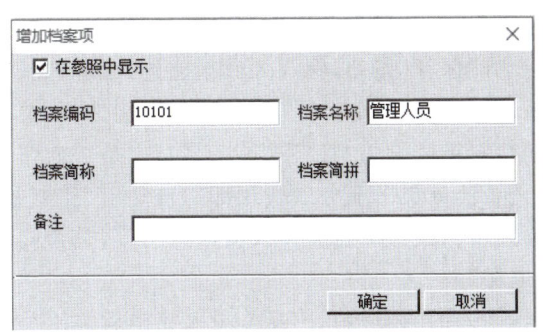

图 1-41 增加人员类别

(3) 单击"确定"按钮,加以保存。以此类推,录入其他人员类别资料。保存好的人员类别信息会在窗口左边和中间显示。人员类别填制完毕后如图 1-42 所示。退出人员类别窗口。

图 1-42 人员类别

(三) 录入人员档案

(1) 在"基础设置"选项卡中,执行"基础档案"→"机构人员"→"人员档案"命令,进入"人员档案"窗口。

(2) 单击"管理部"前面的加号,展开管理部的下级部门:公司办公室和财务部。

(3) 单击选中"公司办公室",单击左上角的"增加"按钮,进入"人员档案"窗口,如图 1-43 所示。

图 1-43 人员档案

(4) 录入人员编码"A01"、人员姓名"李建"、性别选择"男"、雇佣状态选择"在职"、人员

类别为"管理人员",行政部门为"公司办公室"。勾选"是否业务员",业务或费用部门自动出现"公司办公室"。单击上方"保存"按钮,保存人员李建的人员档案。

(5)继续录入人员编码"601"、人员姓名"赵启航"、性别选择"男",行政部门改为"财务部",雇佣状态选择"在职",人员类别为"管理人员"。勾选"是否操作员",对应操作员名称自动出现"赵启航",勾选"是否业务员",业务或费用部门自动出现"财务部"。单击上方"保存"按钮,保存人员赵启航的人员档案,系统提示"人员信息已改,是否同步修改操作员的相关信息?",单击"是"按钮,完成保存。

(6)同理,继续录入其他人的人员档案信息。录入完毕后关闭"人员档案"窗口,返回"人员列表"窗口,如图1-44所示。

记录总数:11 **人员列表**

选择	人员编码	姓名	行政部门名称	雇佣状态	人员类别	性别	出生日期	业务或费用部门名称	审核标志
	601	赵启航	财务部	在职	管理人员	男		财务部	未处理
	602	李晨曦	财务部	在职	管理人员	女		财务部	未处理
	603	黄俊熙	财务部	在职	管理人员	男		财务部	未处理
	604	钱晓宇	财务部	在职	管理人员	男		财务部	未处理
	605	张子萱	财务部	在职	管理人员	女		财务部	未处理
	606	宋子香	采购部	在职	采购人员	女		采购部	未处理
	607	陆心怡	销售部	在职	销售人员	女		销售部	未处理
	608	杨雨函	车间办公室	在职	生产管…	女			未处理
	609	刘朋玉	一车间	在职	生产人员	女			未处理
	610	王圣田	二车间	在职	生产人员	男			未处理
	A01	李建	公司办公室	在职	管理人员	男		公司办公室	未处理

图1-44 人员档案列表

三、常见错误解析

1.人员列表中有的人员没有业务或费用部门。

原因分析:只要人员档案中没有勾选"是否业务员"的,人员列表中的"业务或费用部门"栏就为空。

检查更正:根据任务工单业务资料,仔细检查哪些人是业务员,业务或费用部门是否为空。若有错误,则选中该人员双击或者单击左上角的"修改"按钮进行修改。

2.行政部门名称错误,与任务工单内容不符。

原因分析:下一个人员档案的增加会默认上一个人员的行政部门,因此必须修改人员的行政部门。

检查更正:根据任务工单业务资料,对照人员列表,仔细检查人员行政部门是否错误,若有错误,则选中该人员双击或者单击左上角的"修改"按钮进行修改。

3.录完人员档案之后,发现有一个人在人员列表中没有,重新增加该人员的人员档案,保存时系统提示"人员编码已经存在,不可重复!"。

原因分析:在人员档案录入时,雇佣状态录错,"在职"录成了"离退"或者"离职"。

解决方法:打开人员档案列表时,将勾选"离退"和"离职"的雇佣状态,就可以看到这条人员档案记录。然后选择这条错误人员档案,将这条人员档案记录进行修改,改成正确的雇佣状态。

任务五　客商信息档案设置

一、任务工单

设置客商信息档案任务工单

任务名称	客商信息档案	学时		班级	
组别		组长		小组成绩	
学生姓名		联系方式		个人成绩	
任务开始时间		任务完成场地		任务完成时长	

任务详情

子任务一：地区分类设置

分类编码	分类名称	分类编码	分类名称
01	东北地区	04	华南地区
02	华北地区	05	西北地区
03	华中地区	06	西南地区

子任务二：客户分类设置

分类编码	分类名称	分类编码	分类名称
01	批发企业	04	专卖店
02	百货零售专柜	05	委托代销
03	电商企业		

子任务三：客户档案（银行档案默认值均为是）

编码	简称	分类	地区	税号	开户银行	银行账号	地址
01	滨岛公司	01	02	234953256444566	工行黄河支行	9283984750	滨州市黄河十路渤海六路1号
02	北漠旗舰店	04	01	232353256445777	中行哈滨支行	9283984988	铁岭市漠河北路137号
03	新鄂公司	03	03	842353256445723	农行汉口支行	6783984759	武汉市长江路36号
04	滨泰公司	05	05	352353256445478	中行渤海支行	4532298475	滨州市黄河二十八路渤海六路1号
05	裕太百货大楼	02	04	662353256445474	建行徐家支行	3322984973	上海市徐家路38号
06	上京公司	05	06	432353256445474	交行王府支行	8853984973	北京市三湾路66号

(续表)

子任务四：供应商分类

分类编码	分类名称	分类编码	分类名称
01	原材料及辅助材料供应商	04	固定资产供应商
02	半成品供应商	05	修理服务供应商
03	成品供应商	06	运输服务供应商

子任务五：供应商档案（银行档案默认值均为是）

编码	简称	分类	地区	税号	开户银行	银行账号	地址
01	长道公司	02	02	234953256444566	农行黄河支行	1853949974	黄河路89号
02	滨江公司	03	04	953256487534554	中行长江支行	7539975482	长江路88号
03	宇翔公司	01	01	234953259854333	农行漠河支行	8753948425	漠北路89号
04	飞跃公司	02	05	6432253256444566	工行银川支行	9743549965	黄河路89号
05	宏菲公司	04	02	8860953256444985	建行黄河支行	9953949999	长江路7号
06	宏图电子厂	01	03	7764953256444988	农行洛河支行	5325649998	洛河路5号
07	滨渤修理厂	05	02	8860953256888986	交行滨北支行	5325648753	长江路6号
08	天亮速运有限公司	06	02	9960953256888986	建行黄三支行	5025688759	滨南路88号

思政元素：树立正确的财富观

思政案例：君子爱财，取之有道，合法财产受法律保护

党的二十大报告：培养造就大批德才兼备的高素质人才，是国家和民族长远发展大计

任务要求

1. 能按照任务工单要求录入地区分类、客户分类及供应商分类。
2. 能按照任务工单要求录入客户及供应商档案。
3. 任务工单没有要求的不填或者按照默认值设置

任务实施难点	任务完成正确率	操作错误	错误原因及改正方法

二、任务实施

（一）录入地区分类

（1）以账套主管"601赵启航"身份于2020年1月1日登录企业应用平台，单击左下角的"基础设置"栏，执行"基础档案"→"客商信息"→"地区分类"命令。双击"地区分类"，进入"地区分类"窗口。

(2)单击"增加"按钮,录入分类编码"01"、分类名称"东北地区"。单击"保存"按钮。
(3)以此类推,录入其他地区分类,全部录入完毕后,如图1-45所示。然后退出。

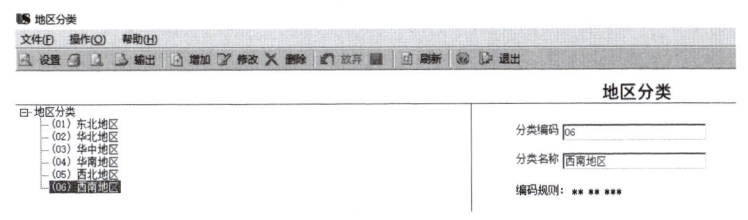

图1-45 地区分类

(二)录入客户分类

(1)在"基础设置"选项卡中,执行"基础档案"→"客商信息"→"客户分类"命令,进入"客户分类"窗口。
(2)单击"增加"按钮,录入分类编码"01"、分类名称"批发企业"。单击"保存"按钮。
(3)以此类推,录入其他客户分类,全部录入完毕后,如图1-46所示。然后退出。

图1-46 客户分类

(三)录入客户档案

(1)在"基础设置"选项卡中,执行"基础档案"→"客商信息"→"客户档案"命令,进入"客户档案"窗口,如图1-47所示。

图1-47 "客户档案"窗口

(2)单击左上角"增加"按钮,进入"增加客户档案"标签窗口,如图1-48所示。

图1-48 增加客户档案

(3) 录入客户编码"01"、客户简称"滨岛公司"、分类"01"、地区"02"、税号"234953256444566"。单击左上角的"银行"按钮，进入"客户银行档案"窗口，单击"增加"按钮，所属银行选择"中国工商银行"，开户银行录入"工行黄河支行"，银行账号录入"9283984750"，默认值选择"是"，如图1-49所示。单击"保存"按钮后，退出"客户银行档案"窗口，返回至"增加客户档案"标签窗口。

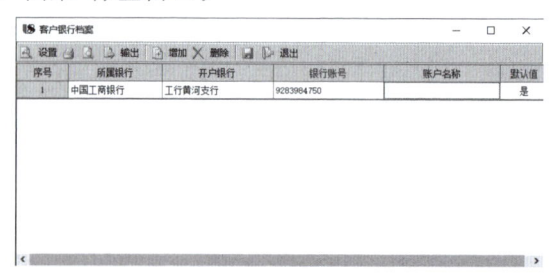

图1-49 客户银行档案

(4) 单击"联系"标签，在地址栏录入"滨州市黄河十路渤海六路1号"，如图1-50所示。单击左上角"保存"按钮或者"保存并新增"按钮。

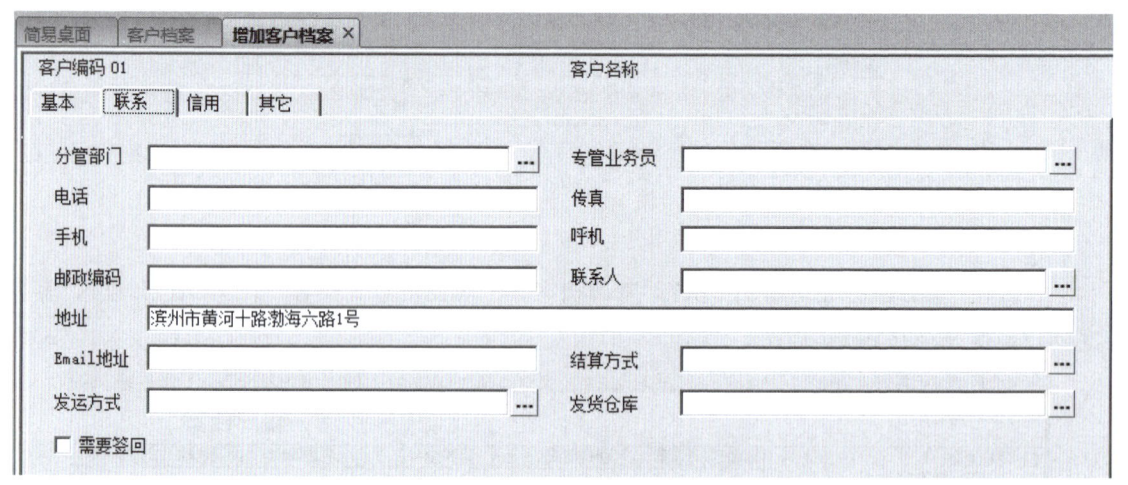

图1-50 录入地址

(5) 同理，继续录入其他客户档案信息。录入完毕后关闭"增加客户档案"标签窗口。返回至"客户档案"窗口，如图1-51所示。

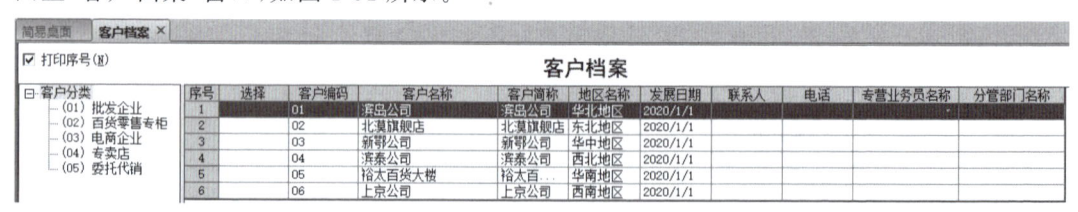

图1-51 客户档案列表

（四）录入供应商分类

(1) 在"基础设置"选项卡中，执行"基础档案"→"客商信息"→"供应商分类"命令，进入"供应商分类"窗口，如图1-52所示。

图 1-52 供应商分类窗口

(2)单击"增加"按钮,录入分类编码"01"、分类名称"原材料及辅助材料供应商",如图 1-53 所示。单击上方"保存"按钮。

图 1-53 供应商分类录入

(3)以此类推,录入其他供应商分类,录入完毕后,如图 1-54 所示。单击"退出"按钮退出"供应商分类"窗口。

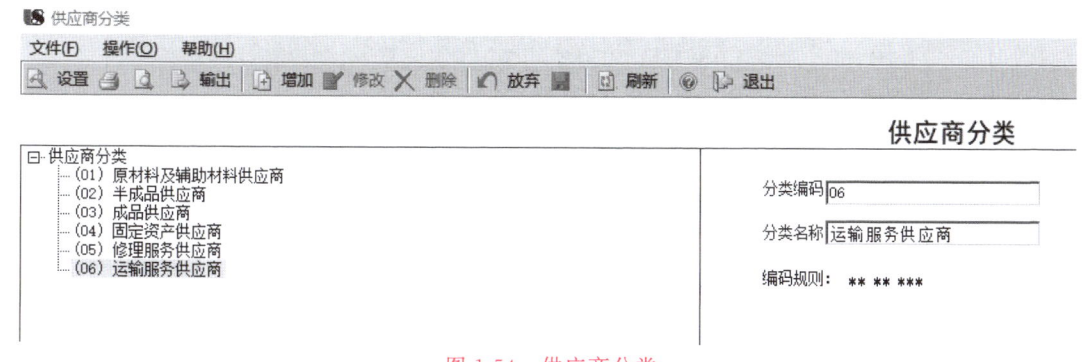

图 1-54 供应商分类

(五)录入供应商档案

(1)在"基础设置"选项卡中,执行"基础档案"→"客商信息"→"供应商档案"命令,进入"供应商档案"窗口,如图 1-55 所示。

图 1-55 供应商档案

(2)单击"增加"按钮,进入"增加供应商档案"标签窗口。录入供应商编码"01"、供应商简称"长道公司",所属分类选择"02—半成品供应商",所属地区选择"02—华北地区",税号

录入"234953256444566",开户银行录入"农行黄河支行",银行账号录入"1853949974",如图1-56所示。单击"联系"标签,在地址栏录入"黄河路89号",单击"保存后新增"按钮。

图1-56 录入供应商档案

(3) 同理,根据任务工单录入其他供应商档案。全部录入完毕之后,如图1-57所示。

图1-57 供应商档案列表

任务指导:

(1) 录入供应商档案时,银行相关信息可以直接在"增加供应商档案"标签窗口中录入,也可以单击左上角"银行"按钮,进入"供应商银行档案"窗口进行录入。

(2) 供应商的全称不是必填项目,可只录入供应商的简称。

三、常见错误解析

修改客户与供应商信息时,保存不了信息。

原因分析: 软件设计问题。

解决方法: 单击左上角"银行"按钮,先保存银行信息,这样就可以保存客户与供应商信息了。

任务六　存货档案设置

一、任务工单

设置存货档案任务工单

任务名称	存货档案	学时		班级	
组别		组长		小组成绩	
学生姓名		联系方式		个人成绩	
任务开始时间		任务完成场地		任务完成时长	

任务详情

子任务一：设置存货分类

分类编码	分类名称	分类编码	分类名称
1	原材料	4	工具零件
101	硅芯片	401	拆装螺丝刀
102	主板	402	扳手
103	CPU	403	螺丝
104	硬盘	5	劳务服务
105	机箱	501	运输服务
2	产成品	502	安装劳务
201	A型系列产品	503	维修服务
202	B型系列产品	6	包装物
203	C型系列产品	601	小纸盒
3	关联产品	602	大纸箱
301	硬盘盒	7	固定资产
302	U盘	701	生产线
303	配套软件	702	轿车

子任务二：设置计量单位组

计量单位组编码	计量单位组名称	计量单位组类别
01	无换算关系	无换算率
02	有换算关系	有换算率（固定换算率）

子任务三：设置计量单位

计量单位编码	计量单位名称	所属计量单位组名称
01	盒	有换算关系（换算率0.1）

(续表)

02	箱(主计量单位)	有换算关系(换算率1)
03	块	有换算关系(换算率0.01)
04	个	无换算关系
05	台	无换算关系
06	把	无换算关系
07	公里	无换算关系
08	包	无换算关系
09	条	无换算关系
10	辆	无换算关系

子任务四:设置存货档案

存货编码	存货名称	存货分类编码	计量单位组	主计量单位	税率/%	存货属性
01	可控硅芯片	101	01	条	13	外购、生产耗用、内销、外销
02	商用主板	102	02	箱	13	外购、生产耗用、内销、外销
03	PXA处理器	103	01	个	13	外购、生产耗用、内销、外销
04	1T固态硬盘	104	01	个	13	外购、生产耗用、内销、外销
05	小A型机箱	105	01	个	13	外购、生产耗用、内销、外销
06	A-1笔记本电脑	201	01	台	13	外购、自制、内销、外销
07	B-1笔记本电脑	202	01	台	13	外购、自制、内销、外销
08	C-1笔记本电脑	203	01	台	13	外购、自制、内销、外销
09	透明硬盘盒	301	01	个	13	外购、自制、内销、外销
10	128GB U盘	302	01	个	13	外购、自制、内销、外销
11	十字螺丝刀	401	01	把	13	外购
12	运输费	501	01	公里	9	外购、内销、外销、应税劳务
13	显示器包装纸箱	602	01	个	13	外购、自制
14	C生产线	701	01	条	13	外购、资产
15	红色小轿车	702	01	辆	13	外购、资产

思政元素:创新精神

思政案例:滨州市启航股份有限公司经过不断的技术改进,推陈出新,不断推出高端新产品占领市场

党的二十大报告:完善科技创新体系。坚持创新在我国现代化建设全局中的核心地位

任务要求

能正确录入存货相关信息

任务实施难点	任务完成正确率	操作错误	错误原因及改正方法

二、任务实施

（一）设置存货分类

(1)以账套主管"601赵启航"的身份于2020年1月1日登录企业应用平台，单击左下角的"基础设置"栏，执行"基础档案"→"存货"→"存货分类"命令。双击"存货分类"，进入"存货分类"窗口。

(2)单击"增加"按钮，录入分类编码"1"、分类名称"原材料"。单击"保存"按钮，单击"(1)原材料"，单击"增加"按钮，分类编码录入"101"，分类名称录入"硅芯片"，然后单击"保存"按钮。

(3)以此类推，录入其他存货分类，全部录入完毕后，如图1-58所示。

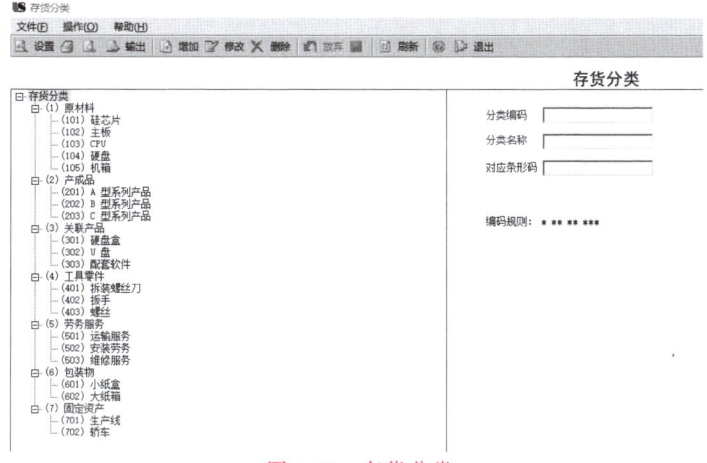

图1-58 存货分类

（二）设置计量单位组

(1)在"基础设置"选项卡中，执行"基础档案"→"存货"→"计量单位"命令，进入"计量单位-计量单位组"窗口。

(2)单击"分组"按钮，打开"计量单位组"对话框，单击"增加"按钮，录入计量单位编码"01"、计量单位组名称"无换算关系"，计量单位组类别选择"无换算率"，然后单击"保存"按钮。

(3)录入计量单位编码"02"、计量单位组名称"有换算关系"，计量单位组类别选择"固定换算率"，然后单击"保存"按钮，如图1-59所示。

图1-59 计量单位组

(三)设置计量单位

(1)在"基础设置"选项卡中,执行"基础档案"→"存货"→"计量单位"命令,进入"计量单位-计量单位组"窗口。

> **任务指导:**
> 增加计量单位的分类之后,"计量单位-计量单位组"窗口左上方显示的窗口名称为"计量单位-(01)无换算关系＜无换算率＞"、"计量单位-(02)有换算关系＜固定换算率＞"。

(2)选中"(01)无换算关系＜无换算率＞",如图1-60所示。

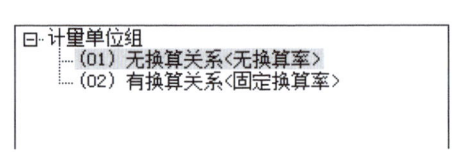

图1-60 选中无换算关系计量单位组

(3)单击"单位"按钮,打开"计量单位"对话框,单击"增加"按钮,计量单位编码录入"04",计量单位名称录入"个",然后单击"保存"按钮。同理,继续增加计量单位组为无换算关系-无换算率的计量单位,录入完毕后,如图1-61所示。单击"退出"按钮,返回至"计量单位-计量单位组"窗口。

图1-61 录入无换算关系的计量单位

(4)选中"(02)有换算关系＜固定换算率＞",单击"单位"按钮,打开"计量单位"对话框,单击"增加"按钮,计量单位编码录入"01",计量单位名称录入"盒",取消勾选"主计量单位标志",换算率录入"0.10",然后单击"保存"按钮(保存后盒的"主计量单位标志"暂时为"是",

换算率变成了"1.00")。再单击"增加"按钮,计量单位编码录入"02",计量单位名称录入"箱",勾选主计量单位,然后单击"保存"按钮。

这时计量单位名称"箱"的主计量单位标志为"是"。单击下方表体中的"盒",然后单击"修改"按钮,将单位"盒"的换算率改为"0.10"。然后单击"保存"按钮。

接着继续单击"增加"按钮,计量单位编码录入"03",计量单位名称录入"块",换算率录入"0.01",单击"保存"按钮。选中 01 所在的行,单击"修改"按钮,将换算率改为"0.10",然后单击"保存"按钮。如图 1-62 所示。

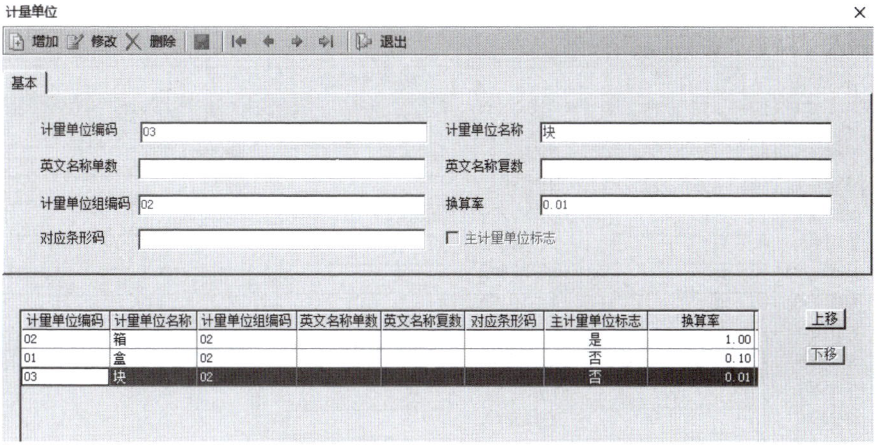

图 1-62 录入有换算关系的计量单位

(四)录入存货档案

(1)在"基础设置"选项卡中,执行"基础档案"→"存货"→"存货档案"命令,进入"存货档案"窗口,单击"(1)原材料"前的加号,展开原材料分类。单击选中"(101)硅芯片",然后单击"增加"按钮,录入存货编码"01"、存货名称"可控硅芯片",计量单位组选择"01－无换算关系",主计量单位选择"09－条",进项销项税率均改为"13.00",存货属性勾选"内销""外销""外购""生产耗用",如图 1-63 所示,然后单击"保存并新增"按钮。

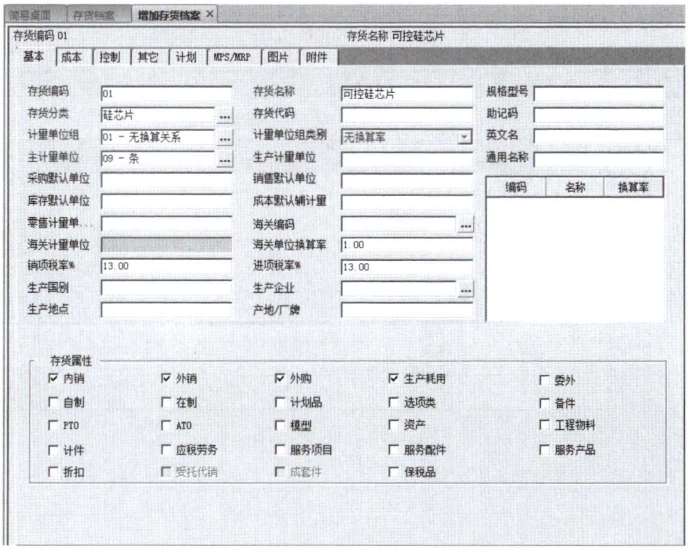

图 1-63 无换算关系的存货档案举例

(2)以此类推,继续录入其他计量单位无换算关系的存货档案,税率均为13%(运输费税率为9%)。

(3)单击"增加"按钮,以此类推,继续录入计量单位有换算关系的存货。在"基础设置"选项卡中,执行"基础档案"→"存货"→"存货档案"命令,进入"存货档案"窗口,单击"(1)原材料"前的加号,展开原材料分类。单击"选中(102)主板",然后单击"增加"按钮,录入存货编码"02"、存货名称"商用主板",计量单位组选择"02－有换算关系",主计量单位选择"02－箱",销项进项税率均改为"13.00",存货属性勾选"内销""外销""外购""生产耗用",如图1-64所示,然后单击"保存"按钮。录入完毕后如图1-65所示。单击"退出"按钮退出"存货档案"窗口。

图1-64 计量单位有换算关系的存货

图1-65 存货档案

任务指导：

（1）在录入计量单位为有换算关系的存货时，主计量单位均为"箱"，任务工单中的计量单位为生产计量单位及采购默认计量单位。

（2）运输服务增值税税率为9%。

三、常见错误解析

录入主计量单位时，单击右侧"…"按钮，发现只有一个选项，修改不了主计量单位。如图1-66所示。

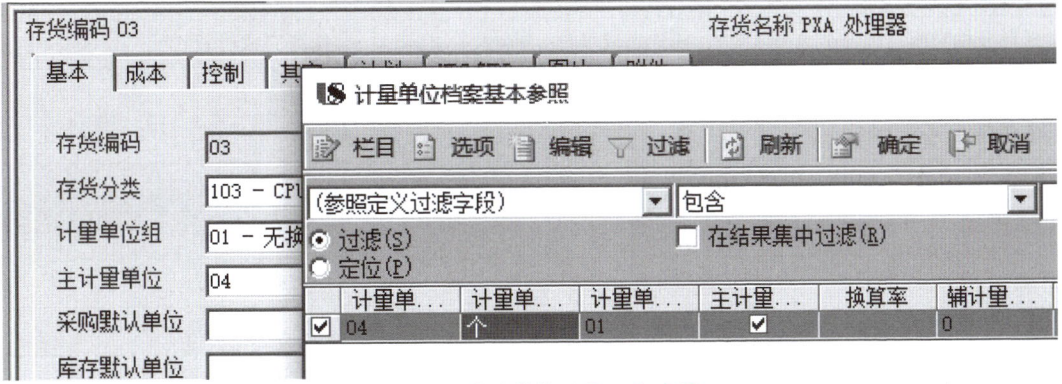

图1-66 计量单位只有一个选项

解决方法： 先在主计量单位栏删除主计量单位"04"，再单击右侧"…"按钮，就可以选择主计量单位了。如图1-67所示。

图1-67 计量单位有多个选项

任务七　业务信息设置

一、任务工单

业务信息设置任务工单

任务名称	业务信息设置	学时		班级	
组别		组长		小组成绩	
学生姓名		联系方式		个人成绩	
任务开始时间		任务完成场地		任务完成时长	

任务详情

子任务一：仓库档案设置

分类编码	仓库名称	分类编码
01	原材料仓库	先进先出法
02	产成品仓库	先进先出法
03	关联产品库	先进先出法
04	工具零件库	先进先出法
05	包装物仓库	全月平均法
06	固定资产仓库（勾选资产仓）	个别计价法

子任务二：收发类别设置

收发类别编码	收发类别名称	收发标志	收发类别编码	收发类别名称	收发标志
1	入库	收	2	出库	发
101	采购入库	收	201	销售出库	发
102	采购退货	收	202	销售退货	发
103	盘盈入库	收	203	盘亏出库	发
104	产成品入库	收	204	委托代销出库	发
105	其他入库	收	205	其他出库	发

子任务三：采购和销售类型设置

	采购类型编码及名称	入库类别		销售类型编码及名称	出库类别
采购类型	01 正常采购	采购入库	销售类型	01 正常销售	销售出库
	02 受托采购	其他入库		02 委托代销	委托代销出库
	03 采购退货	采购退货		03 销售退货	销售退货
	04 直运采购	采购入库		04 零售	销售出库

(续表)

子任务四:费用项目信息			
费用项目分类编码	费用项目分类名称	费用项目编码	费用项目名称
0	无分类	01	运输费
0	无分类	02	委托代销手续费

子任务五:非合理损耗类型信息	
非合理损耗类型编码	非合理损耗类型名称
01	运输部门责任

思政元素:爱护企业公共财物
思政案例:仓库保管员应该准确计量、保管企业财物,防止企业资产流失
党的二十大报告:培养造就大批德才兼备的高素质人才,是国家和民族长远发展大计

任务要求			
能根据任务工单要求正确录入基础设置中的业务信息			
任务实施难点	任务完成正确率	操作错误	错误原因及改正方法

二、任务实施

(一)录入仓库档案

(1)以账套主管"601 赵启航"身份于 2020 年 1 月 1 日登录企业应用平台,单击左下角的"基础设置"栏,执行"基础档案"→"业务"→"仓库档案"命令。双击"仓库档案",进入"仓库档案"窗口。

(2)单击"增加"按钮,录入仓库编码"01",仓库名称录入或者选择录入"原材料仓库",计价方式选择录入"先进先出法",其余设置默认。如图 1-68 所示。单击左上角"保存"按钮。

图 1-68 仓库档案

(3)同理,继续录入其他仓库名称档案。特别注意固定资产仓库档案必须勾选"资产仓"。

(二)录入收发类别

(1)以账套主管"601赵启航"身份于2020年1月1日登录企业应用平台,单击左下角的"基础设置"栏,执行"基础档案"→"业务"→"收发类别"命令。双击"收发类别",进入"收发类别"窗口。

(2)单击"增加"按钮,收发类别编码录入"1",收发类别名称录入"入库",收发标志选择"收",单击"保存"按钮,同理,收发类别编码录入"2",收发类别名称录入"出库",收发标志选择"发",单击"保存"按钮。

(3)单击"(1)入库",单击"增加"按钮,收发类别编码改为"101",收发类别名称录入"采购入库",单击"保存"按钮。

(4)同理,继续录入其他收发类别,录入完毕后如图1-69所示。

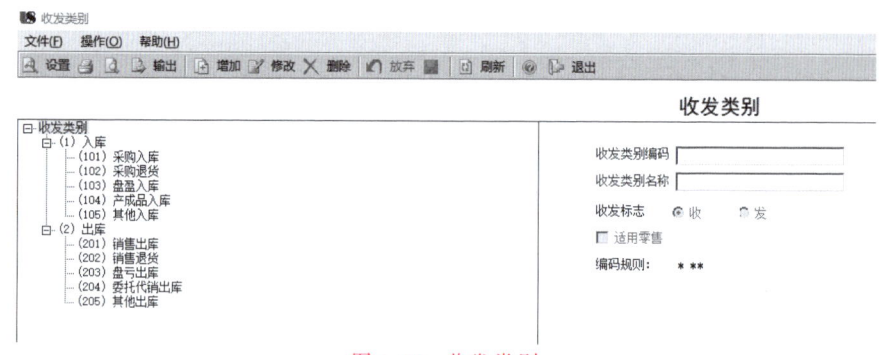

图1-69 收发类别

(三)录入采购类型

(1)以账套主管"601赵启航"身份于2020年1月1日登录企业应用平台,单击左下角的"基础设置"栏,执行"基础档案"→"业务"→"采购类型"命令。双击"采购类型",进入"采购类型"窗口。

(2)单击"增加"按钮,采购类型编码录入"01",采购类型名称录入"正常采购",入库类别选择"采购入库",然后单击"保存"按钮。

(3)同理,继续录入其他采购类型,录入完毕后如图1-70所示。

序号	采购类型编码	采购类型名称	入库类别	是否默认值	是否委外默认值	是否列入MPS/MRP计划
1	01	正常采购	采购入库	否	否	是
2	02	委托采购	其他入库	否	否	是
3	03	采购退货	采购退货	否	否	是
4	04	直运采购	采购入库	否	否	是

图1-70 采购类型

(四)录入销售类型

(1)以账套主管"601赵启航"身份于2020年1月1日登录企业应用平台,单击左下角的"基础设置"栏,执行"基础档案"→"业务"→"销售类型"命令。双击"销售类型",进入"销售类型"窗口。

(2)单击"增加"按钮,销售类型编码录入"01",销售类型名称录入"正常销售",出库类别选择"销售出库",然后单击"保存"按钮。

(3)同理,继续录入其他销售类型,录入完毕后如图 1-71 所示。

图 1-71　销售类型

(五)录入费用项目分类

(1)以账套主管"601 赵启航"身份于 2020 年 1 月 1 日登录企业应用平台,单击左下角的"基础设置"栏,执行"基础档案"→"业务"→"费用项目分类"命令。双击"费用项目分类",进入"费用项目分类"窗口。

(2)单击"增加"按钮,分类编码录入"0",分类名称录入"无分类",如图 1-72 所示。然后单击"保存"按钮。

图 1-72　费用项目分类

(六)录入费用项目档案

(1)以账套主管"601 赵启航"身份于 2020 年 1 月 1 日登录企业应用平台,单击左下角的"基础设置"栏,执行"基础档案"→"业务"→"费用项目"命令。双击"费用项目",进入"费用项目档案"窗口。

(2)单击"增加"按钮,费用项目编码录入"01",费用项目名称录入"运输费",费用项目分类选择"无分类"然后单击"保存"按钮。同理,继续录入其他费用项目档案,录入完毕后如图 1-73 所示。

图 1-73　费用项目

(七)录入非合理损耗类型信息

(1)执行"基础档案"→"业务"→"非合理损耗类型"命令。双击"非合理损耗类型",进入"非合理损耗类型"窗口。

(2)单击"增加"按钮,非合理损耗类型编码录入"01",非合理损耗类型名称录入"运输部门责任",单击"保存"按钮,如图1-74所示。

图1-74 非合理损耗类型

三、常见错误解析

费用项目分类输入时,费用项目分类基本参照中无项目。如图1-75所示。

图1-75 费用项目分类基本参照中无项目

原因分析:没有录入费用项目分类"无分类",无分类也需录入一个名称为"无分类"的分类。

解决方法:退出"费用项目"窗口,执行"基础档案"→"业务"→"费用项目分类"命令,录入分类编码"0"、分类名称"无分类"的费用项目分类。然后再录入费用项目。

任务八 单据设置

一、任务工单

单据设置任务工单

任务名称	单据设置	学时		班级	
组别		组长		小组成绩	
学生姓名		联系方式		个人成绩	
任务开始时间		任务完成场地		任务完成时长	
任务详情					
子任务一:单据格式设置					
增加应收收款单"订单号"表头					
子任务二:单据编号设置					

项目一 建账及基础设置

(续表)

1. 设置采购管理系统中的采购请购单、采购订单、采购到货单、采购专用发票、采购普通发票:手工改动,重号时自动重取;

　　设置库存管理系统中的采购入库单、产成品入库单:手工改动,重号时自动重取;

　　设置销售管理系统中的销售报价单、销售订单、销售专用发票、销售普通发票、销售发货单、销售零售日报:手工改动,重号时自动重取;

　　设置库存管理系统中的销售出库单:手工改动,重号时自动重取;

2. 设置应收款管理系统中的收款单、付款单、其他应收单:手工改动,重号时自动重取;

3. 设置应付款管理系统中的收款单、付款单:手工改动,重号时自动重取

思政元素:一丝不苟的工作态度

思政案例:学生在账套操作练习过程中,忘了设置单据编号,导致后续填单据时发现单据编号改不了,应在操作过程中避免这样的疏漏

党的二十大报告:健全终身职业技能培训制度

任务要求

1. 能根据任务工单正确设置单据信息。
2. 任务工单没有要求的按照默认设置

任务实施难点	任务完成正确率	操作错误	错误原因及改正方法

二、任务实施

(一)设置单据格式

(1)以账套主管"601 赵启航"身份于 2020 年 1 月 1 日登录企业应用平台,单击左下角的"基础设置"栏,执行"基础档案"→"单据设置"→"单据格式设置"命令。双击"单据格式",进入"单据格式设置"窗口。

(2)在左侧单据目录分类列表中,单击"应收款管理"前的"＋"号,然后依次单击"应收收款单"及其下级项目"显示"前的"＋"号,如图 1-76 所示。

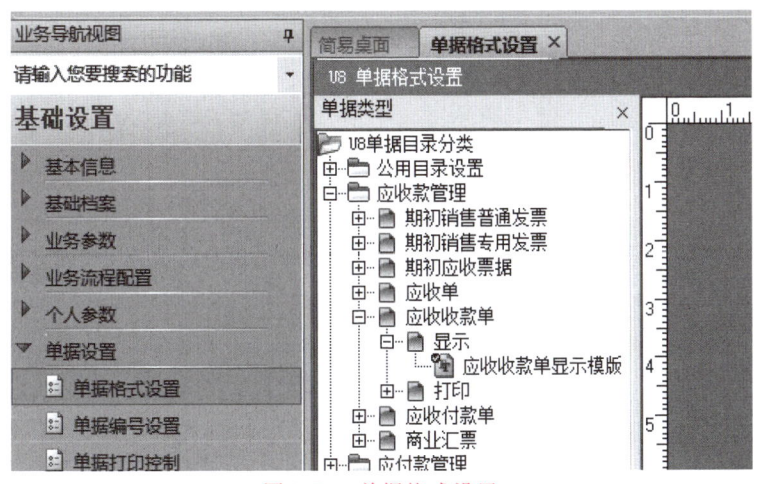

图 1-76　单据格式设置

（3）单击应收收款单显示模板，右侧出现收款单模板，单击左上方"表头项目"，打开"表头"对话框，拖动滚动条，找到并勾选"41订单号"，如图1-77所示。单击"确定"按钮返回至收款单"单据格式设置"窗口。单击左上方"保存"按钮。

图1-77　应收收款单表头设置

（二）设置单据编号

1. 以账套主管"601赵启航"身份于2020年1月1日登录企业应用平台，单击左下角的"基础设置"栏，执行"基础档案"→"单据设置"→"单据编号设置"命令。双击"单据编号设置"，进入"单据编号设置"窗口。

（2）单击"采购管理"前的"＋"号，展开采购管理下级项目，单击选择"采购订单"，单击叉号左边的"修改"按钮，勾选"手工改动,重号时自动重取"，如图1-78所示。单击"保存"按钮。

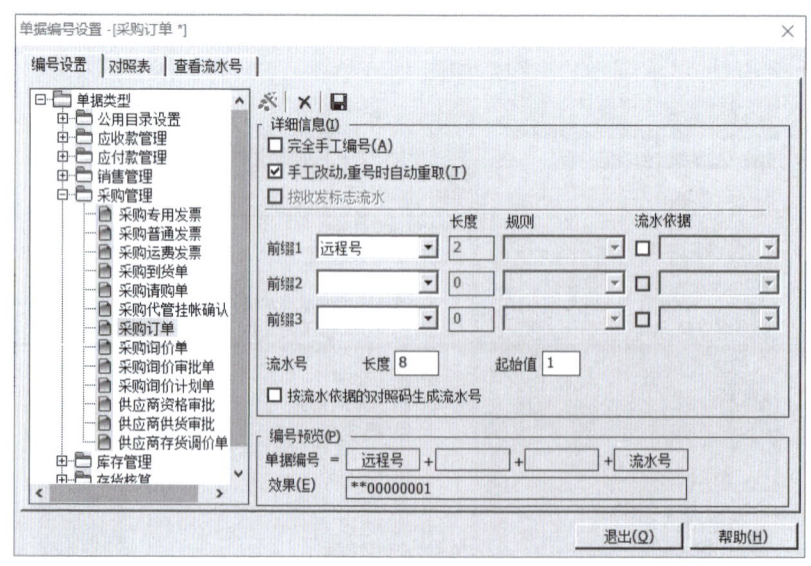

图1-78　采购订单编号设置

（3）同理，设置任务工单要求的其他订单编号。

任务指导：

　　勾选"完全手工编号"与勾选"手工改动，重号时自动重取"有联系也有区别。

　　勾选了"完全手工编号"的单据，在新增填写单据的时候单据编号为空，需要填制人输入编号；勾选了"手工改动，重号时自动重取"的单据，在新增填写单据时系统自动编号，填制人可以手工改动编号，但是若编号与已有的单据编号重号，则系统自动分配编号。

三、常见错误解析

修改单击编号设置时，勾选不了"手工改动，重号时自动重取"。
原因分析： 没有单击"修改"按钮，"修改"按钮如图 1-79 所示。
解决方法： 先单击"修改"按钮，再勾选"手工改动，重号时自动重取"。

图 1-79　修改按钮

项目二 总账管理初始化设置

任务一　总账选项与会计科目设置

一、任务工单

总账选项与会计科目设置任务工单

任务名称	总账选项与会计科目设置	学时		班级	
组别		组长		小组成绩	
学生姓名		联系方式		个人成绩	
任务开始时间		任务完成场地		任务完成时长	

任务详情

子任务一：总账选项设置

标签页	参数设置
凭证	制单序时控制
	支票控制
	可使用应收应付受控科目
权限	出纳凭证必须经由出纳签字
	不允许修改、作废他人填制的凭证
	可查询他人凭证
会计日历	数量小数位数和单价小数位数均为2位

子任务二：会计科目设置（科目编码为4位的为系统现有科目，无须增加）

科目编码	科目名称	辅助账核算
1001	库存现金	日记账
1002	银行存款	

(续表)

科目编码	科目名称	辅助账核算
100201	农行存款	日记账、银行账
100202	工行存款	日记账、银行账
1221	其他应收款	个人往来
1121	应收票据	客户往来(应收系统受控)
1122	应收账款	客户往来(应收系统受控)
1123	预付账款	供应商往来(应付系统受控)
1403	原材料	
140301	硅芯片	
14030101	可控硅芯片	数量核算(条)
140302	主板	
14030201	商用主板	数量核算(箱)
140303	CPU	
14030301	PXA 处理器	数量核算(个)
140304	硬盘	
14030401	1T 固态硬盘	数量核算(个)
140305	机箱	
14030501	小 A 型机箱	数量核算(个)
1405	库存商品	
140501	A 型系列产品	
14050101	A-1 笔记本电脑	数量核算(台)
140502	B 型系列产品	
14050201	B-1 笔记本电脑	数量核算(台)
140503	C 型系列产品	
14050301	C-1 笔记本电脑	数量核算(台)
140504	硬盘盒	
14050401	透明硬盘盒	数量核算(个)
140505	U 盘	
14050501	128GBU 盘	数量核算(个)
1411	周转材料	
141101	拆装螺丝刀	
14110101	十字螺丝刀	数量核算(把)
141102	大纸箱	
14110201	显示器包装纸箱	数量核算(个)
1901	待处理财产损溢	

(续表)

科目编码	科目名称	辅助账核算
190101	待处理流动资产损溢	
190102	待处理固定资产损溢	
2201	应付票据	供应商往来（应付系统受控）
2202	应付账款	
220201	应付货款	供应商往来（应付系统受控）
220202	应付暂估款	供应商往来（不受控）
2203	预收账款	客户往来（应收系统受控）
2211	应付职工薪酬	
221101	工资	部门核算
221102	福利费	部门核算
221103	工会经费	部门核算
221104	职工教育经费	部门核算
2221	应交税费	
222101	应交增值税	
22210101	进项税额	
22210102	销项税额	
222102	未交增值税	
2231	应付利息	
4104	利润分配	
410405	未分配利润	
5001	生产成本	
500101	直接材料	
500102	直接人工	
500103	制造费用	
500104	折旧费	
500105	其他	
5101	制造费用	
510101	工资	
510102	折旧费	
510103	其他	
6601	销售费用	
6602	管理费用	
660201	薪资	部门核算
660202	福利费	部门核算

(续表)

科目编码	科目名称	辅助账核算
660203	办公费	部门核算
660204	差旅费	部门核算
660205	折旧费	部门核算
660206	招待费	部门核算
660207	其他	部门核算
6603	财务费用	
660301	利息支出	
660302	其他	

子任务三　指定会计科目

指定库存现金科目为现金科目
指定银行存款科目为银行科目

思政元素:遵守会计法律法规
思政案例:企业会计信息化权限划分应该清晰,账套主管设置总账选项时,应设置"不允许修改他人填制的凭证",这样可以有效进行全责划分,避免出现修改他人所填凭证的情况
党的二十大报告:坚持全面依法治国,推进法治中国建设

任务要求

1.能正确设置总账选项
2.能正确设置会计科目
3.会制定会计科目
4.能解决在设置会计科目过程中遇到的操作问题

任务实施难点	任务完成正确率	操作错误	错误原因及改正方法

二、任务实施

(一)总账选项设置

(1)以账套主管"601赵启航"身份于2020年1月1日登录企业应用平台,单击左下角的"业务工作"栏,执行"财务会计"→"总账"→"设置"命令。双击"选项",打开"选项"对话框。

(2)单击"编辑"按钮,勾选"制单序时控制"(若已经默认勾选,则不用操作,下同),勾选"支票控制""可以使用应收受控科目""可以使用应付受控科目""可以使用存货受控科目",系统提示"受控科目被其他系统使用时,会造成与总账对账不平",单击"确定"按钮。设置完毕后如图2-1所示。

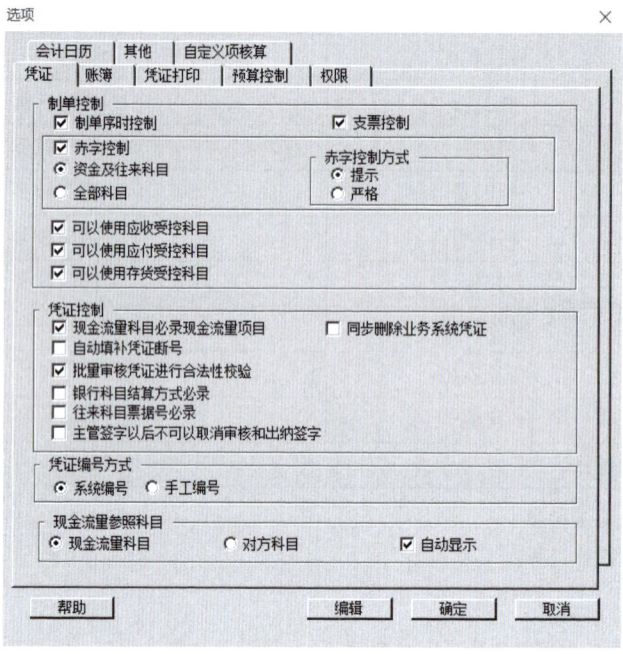

图 2-1 选项—凭证标签页设置

(3)单击"权限"标签页,勾选"出纳凭证必须经由出纳签字",勾选"可查询他人凭证"(若已经勾选,则不用操作),取消勾选"允许修改、作废他人填制的凭证"。如图 2-2 所示。

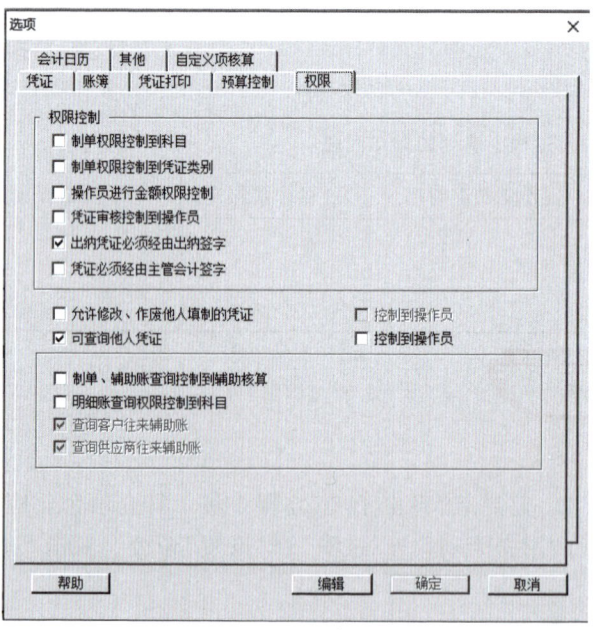

图 2-2 选项—权限标签页设置

(4)单击"会计日历"标签页,将数量小数位、单价小数位、本位币精度均改为"2"(已经是 2 的不用操作)。改好后如图 2-3 所示,单击"确定"按钮。

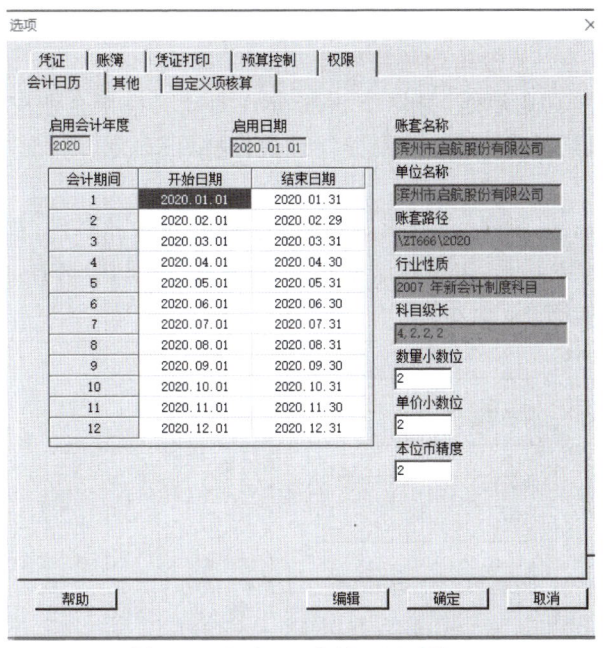

图 2-3 选项——会计日历页设置

(二)会计科目设置

1. 进入"会计科目录入"窗口

以账套主管"601 赵启航"身份于 2020 年 1 月 1 日登录企业应用平台,单击左下角的"基础设置"栏,执行"基础档案"→"财务"→"会计科目"命令。双击"会计科目",进入"会计科目录入"窗口。

2. 增加会计科目

(1)单击"增加"按钮,打开"新增会计科目"对话框,输入科目编码"100201",科目名称"农行存款",选中"日记账""银行账",如图 2-4 所示。

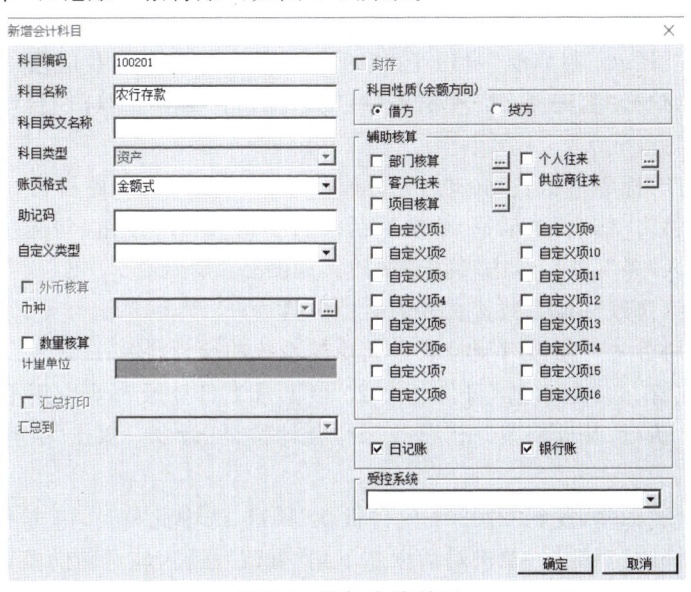

图 2-4 增加会计科目

(2)单击"确定"保存,继续增加其余二级、三级、四级等明细科目。

3. 修改会计科目——修改辅助核算科目

(1)以账套主管"601 赵启航"身份于 2020 年 1 月 1 日登录企业应用平台,单击左下角的"基础设置"栏,执行"基础档案"→"财务"→"会计科目"命令。双击"会计科目",进入"会计科目录入"窗口。

(2)单击"资产"标签,找到"1221 其他应收款"科目,选中此科目,单击上方"修改"按钮,打开"会计科目_修改"对话框,单击对话框右下角"修改"按钮,勾选右上角的"个人往来",然后单击"确定"按钮,如图 2-5 所示。

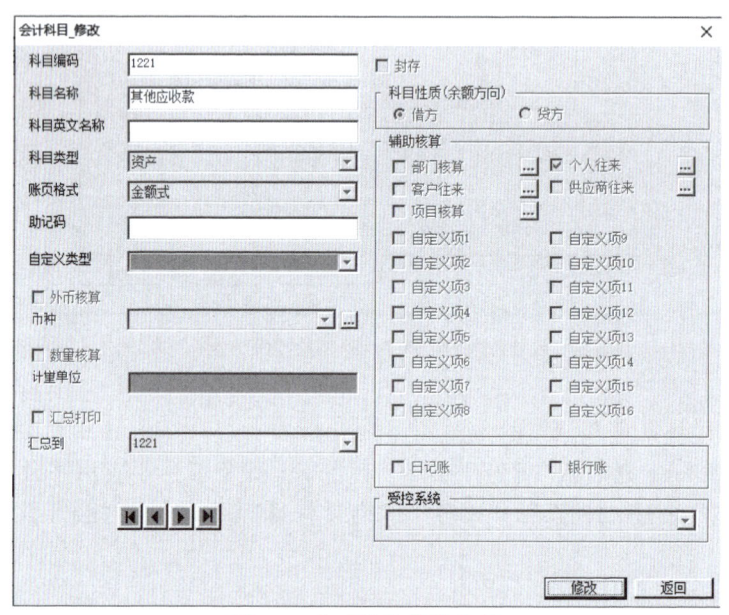

图 2-5　修改辅助核算科目

(3)同理,继续修改其他有辅助核算的会计科目(例如有部门核算的会计科目)。

4. 修改会计科目——修改有数量核算的会计科目

(1)以账套主管"601 赵启航"身份于 2020 年 1 月 1 日登录企业应用平台,单击左下角的"基础设置"栏,执行"基础档案"→"财务"→"会计科目"命令。双击"会计科目",进入"会计科目录入"窗口。

(2)单击"资产"标签,找到"14030101 可控硅芯片"科目,选中此科目,单击上方"修改"按钮,打开"会计科目_修改"对话框,单击对话框右下角"修改"按钮,勾选左下方的"数量核算",计量单位录入"条",然后单击"确定"按钮。如图 2-6 所示。

(3)同理,继续修改其他有数量核算的会计科目。

5. 修改会计科目——修改有受控或者无受控系统的会计科目

(1)以账套主管"601 赵启航"身份于 2020 年 1 月 1 日登录企业应用平台,单击左下角的"基础设置"栏,执行"基础档案"→"财务"→"会计科目"命令。双击"会计科目",进入"会计科目录入"窗口。

(2)单击"负债"标签,找到"220201 应付货款"科目,选中此科目,单击上方"修改"按钮,打开"会计科目_修改"对话框,单击对话框右下角"修改"按钮,勾选辅助核算中的"供应商往来",下方受控系统出现"应付系统"字样。如图 2-7 所示。单击"确定"按钮。

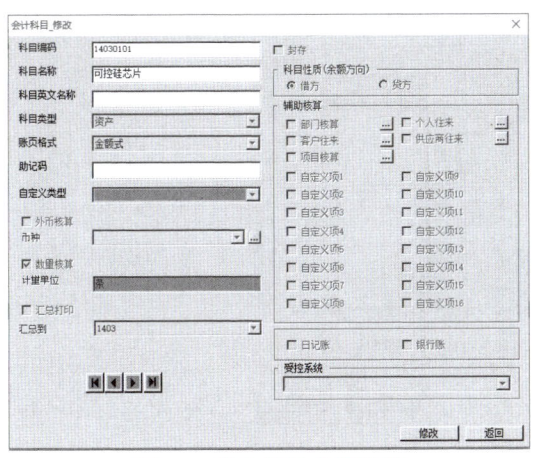

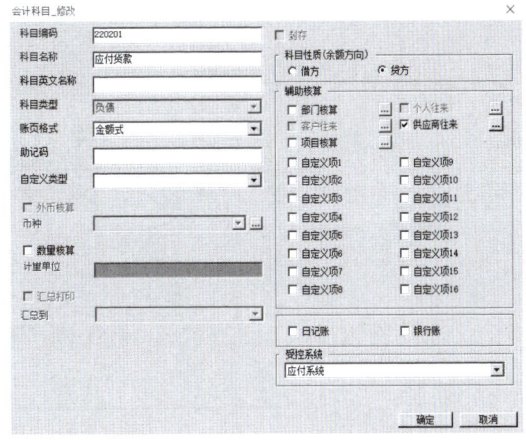

图 2-6　修改数量核算科目　　　　　图 2-7　有受控系统的会计科目

(3)单击"负债"标签,找到"220202 应付暂估款"科目,选中此科目,单击上方"修改"按钮,打开"会计科目_修改"对话框,单击对话框右下角"修改"按钮,勾选辅助核算中的"供应商往来",下方受控系统出现"应付系统"字样,将受控系统修改为空白,如图 2-8 所示。单击"确定"按钮。

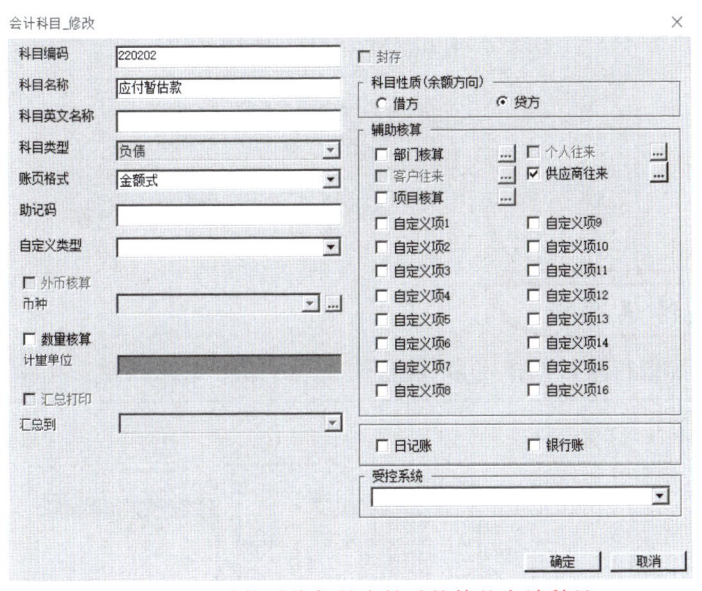

图 2-8　无受控系统但是有辅助核算的会计科目

(三)指定指定会计科目

(1)以账套主管"601 赵启航"身份于 2020 年 1 月 1 日登录企业应用平台,单击左下角的"基础设置"栏,执行"基础档案"→"财务"→"会计科目"命令。双击"会计科目",进入"会计科目录入"窗口。

(2)执行"编辑"→"指定科目"命令,打开"指定科目"对话框,单击">"按钮,将"1001 库存现金"从待选科目栏移至已选科目栏。如图 2-9 所示。

(3)同理,选中左侧的"银行科目",单击">"按钮,将"1002 银行存款"从待选科目栏移至已选科目栏。如图 2-10 所示。单击"确定"按钮。

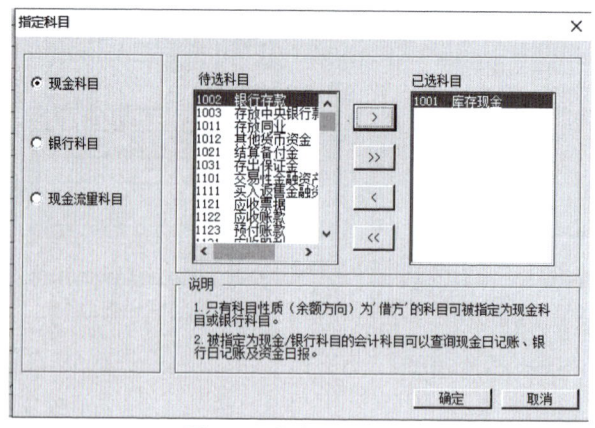

图 2-9　指定现金科目

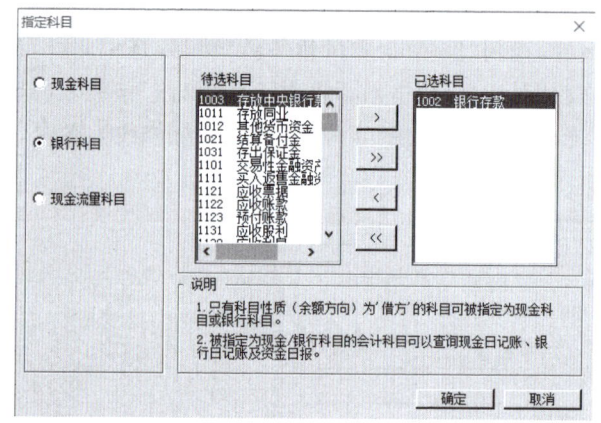

图 2-10　指定银行科目

三、常见错误解析

把现金科目和银行科目都指定为"现金科目"了,如图 2-11 所示。

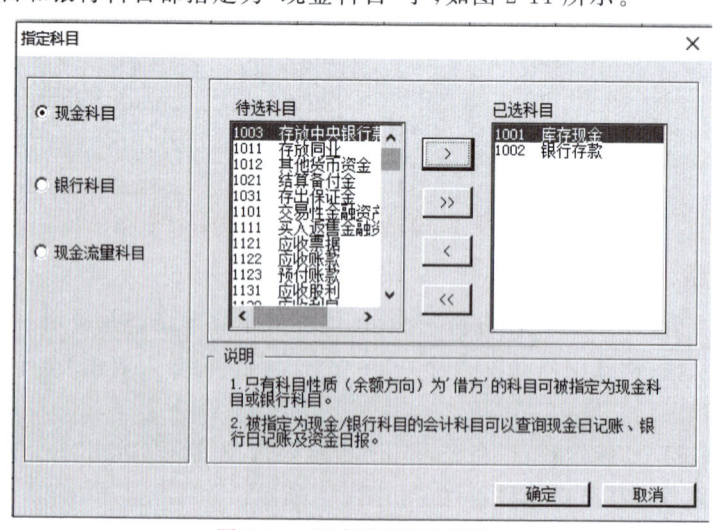

图 2-11　没有设置银行科目

解决方法: 应指定"银行科目"。

任务二　期初余额录入

一、任务工单

期初余额录入任务工单

任务名称	期初余额录入	学时		班级	
组别		组长		小组成绩	
学生姓名		联系方式		个人成绩	
任务开始时间		任务完成场地		任务完成时长	

任务详情

根据下列期初余额表以及附表录入期初余额

科目编码	科目名称	借贷方向	期初余额
1001	库存现金	借	4 600
1002	银行存款	借	475 789 002
100201	农行存款	借	372 223 136
100202	工行存款	借	103 565 866
1122	应收账款	借	80 000
1123	预付账款	借	680 000
1221	其他应收款	借	3 500
1231	坏账准备	贷	50 000
1403	原材料	借	1 240 000
140301	硅芯片	借	10 000
14030101	可控硅芯片	借	10 000
		条	（200 条）
140302	主板	借	1 200 000
14030201	商用主板	借	1 200 000
		箱	（1 000 箱）
140304	硬盘	借	30 000
14030401	1T 固态硬盘	借	30 000
		个	（50 个）
1405	库存商品	借	50 000
140501	A 型系列产品	借	50 000

(续表)

科目编码	科目名称	借贷方向	期初余额
14050101	A-1笔记本电脑	借	50 000
		台	(10台)
1601	固定资产	借	11 900 000
1602	累计折旧	贷	387 200
2201	应付票据	贷	45 000
2202	应付账款	贷	55 000
220201	应付货款	贷	55 000
2203	预收账款	贷	45 000
2221	应交税费	贷	−13 000
222101	应交增值税	贷	−13 000
22210101	进项税额	贷	−26 000
22210102	销项税额	贷	13 000
4001	实收资本	贷	487 099 236
4104	利润分配	贷	2 087 666
410415	未分配利润	贷	2 087 666
5001	生产成本	贷	9 000
500101	直接材料	贷	6 000
500102	直接人工	贷	3 000

附表一：

1122 应收账款期初余额明细

日期	客户	业务员	方向	金额
2019.12.12	滨岛公司	陆心怡	借	67 800
2019.12.28	滨泰公司	陆心怡	借	10 000
2019.12.30	上京公司	陆心怡	借	2 200
合计				80 000

附表二：

1221 其他应收款期初余额明细

日期	部门	个人	方向	金额
2019.12.16	公司办公室	李建	借	2 000
2019.12.30	销售部	陆心怡	借	1 500
合计				3 500

(续表)

附表三：

1123 预付账款期初余额明细

日期	供应商	业务员	方向	金额
2019.12.29	飞跃公司	宋子睿	借	680 000

附表四：

2201 应付票据期初余额明细

日期	供应商	方向	票号	金额
2019.12.20	飞跃公司	贷	201928376546	45 000

附表五：

220201 应付账款—应付货款期初余额明细

日期	供应商	业务员	方向	金额
2019.12.05	长道公司	宋子睿	贷	45 000
2019.12.22	宏图电子厂	宋子睿	贷	10 000
合计				55 000

附表六：

2203 预收账款期初余额明细

日期	客户	业务员	方向	金额
2019.12.08	北漠旗舰店	宋子睿	贷	45 000

思政元素：严谨的工作作风

思政案例：录入总账期初余额与其他系统的期初余额时，应该严谨认真，录入完毕之后进行核对和试算平衡，避免后续对账不平衡

党的二十大报告：健全终身职业技能培训制度

任务要求

1. 能正确录入账户期初余额。
2. 会试算平衡

任务实施难点	任务完成正确率	操作错误	错误原因及改正方法

二、任务实施

(一)录入无辅助核算并且无下级账户的账户期初余额

(1)以账套主管"601 赵启航"身份于 2020 年 1 月 1 日登录企业应用平台,单击左下角的"业务工作"栏,执行"财务会计"→"总账"→"设置"→"期初余额"命令,进入"期初余额录入"窗口。

(2)双击库存现金期初余额栏,直接录入金额"4 600.00",如图 2-12 所示。同理录入其他无辅助核算并且无下级账户的账户期初余额。

图 2-12 无辅助核算并且无下级账户的账户期初余额

(二)录入无辅助核算并且有下级账户的账户期初余额

(1)以账套主管"601 赵启航"身份于 2020 年 1 月 1 日登录企业应用平台,单击左下角的"业务工作"栏,执行"财务会计"→"总账"→"设置"→"期初余额"命令,进入"期初余额录入"窗口。

(2)双击农行存款期初余额栏,直接录入金额"372 223 136",双击工行存款期初余额栏,直接录入金额"103 565 866"。录完农行存款与工行存款这两个二级科目的期初余额之后,会看到一级科目银行存款的期初余额栏出现了两个明细科目金额的合计金额"475 789 002"。如图 2-13 所示。同理可录入其他无下级账户并且无辅助核算的账户期初余额。

图 2-13 无辅助核算并且有下级账户的账户期初余额

(三)录入有数量核算并且有下级账户的账户期初余额

(1)以账套主管"601 赵启航"身份于 2020 年 1 月 1 日登录企业应用平台,单击左下角的"业务工作"栏,执行"财务会计"→"总账"→"设置"→"期初余额"命令,进入"期初余额录入"窗口。

(2)双击可控硅芯片的期初余额栏,录入"10 000.00",条录入"200.00",录完后上级科目出现累计金额,如图 2-14 所示。同理,继续录入其他有数量核算和下级账户的期初余额。

图 2-14　录入有数量核算并且有下级账户的账户期初余额

（四）录入有期初往来余额明细的账户期初余额

（1）双击应收账款期初余额栏，进入"辅助期初余额"窗口，如图 2-15 所示。

图 2-15　"辅助期初余额"窗口

（2）单击"往来明细"按钮，进入"期初往来明细"窗口，如图 2-16 所示。

图 2-16　"期初往来明细"窗口

（3）单击"增行"按钮，日期录入"2019-12-12"，客户录入或者选择"滨岛公司"，业务员录入或者选择"陆心怡"，摘要录入"应收期初"，金额录入"67 800.00"。同理，继续增行，录入应收账款期初往来明细的其他内容。录入完毕后如图 2-17 所示。

日期	凭证号	客户	业务员	摘要	方向	金额	票号	票据日期	年度
2019-12-12		滨岛公司	陆心怡	应收期初	借	67,800.00			2020
2019-12-28		滨泰公司	陆心怡	应收期初	借	10,000.00			2020
2019-12-30		上京公司	陆心怡	应收期初	借	2,200.00			2020

图 2-17　期初往来明细

(4)单击"汇总"按钮,系统弹出"完成了往来明细到辅助期初表的汇总!"信息提示对话框,如图2-18所示。单击"确定"按钮,退出"期初往来明细"窗口。如图2-19所示。

图 2-18 完成往来明细到期初辅助表汇总

图 2-19 汇总后的辅助期初余额

(5)同理,录入其他需要录入期初辅助明细账户余额的账户。

(五)试算平衡

(1)全部账户期初余额录入完毕之后,如图2-20与图2-21所示。

任务指导:

①进入"辅助期初余额"窗口后,不要增行录入应收账款信息,必须进入"初期往来明细"录入应收账款期初余额信息。

②摘要内容符合经济业务即可,没有统一规定,可根据情况填写。

科目名称	方向	币别/计量	期初余额
库存现金	借		4,600.00
银行存款	借		475,789,002.00
农行存款	借		372,223,136.00
工行存款	借		103,565,866.00
存放中央银行款项	借		
存放同业	借		
其他货币资金	借		
结算备付金	借		
存出保证金	借		
交易性金融资产	借		
买入返售金融资产	借		
应收票据	借		
应收账款	借		80,000.00
预付账款	借		680,000.00
应收股利	借		
应收利息	借		
应收代位追偿款	借		
应收分保账款	借		
应收分保合同准备金	借		
其他应收款	借		3,500.00
坏账准备	贷		50,000.00

科目名称	方向	币别/计量	期初余额
原材料	借		1,240,000.00
硅芯片	借		10,000.00
可控硅芯片	借		10,000.00
	借	条	200.00
主板	借		1,200,000.00
商用主板	借		1,200,000.00
	借	箱	1,000.00
CPU	借		
PXA 处理器	借		
	借	个	
硬盘	借		30,000.00
1T 固态硬盘	借		30,000.00
	借	个	50.00
机箱	借		
小 A 型机箱	借		
材料成本差异	借		
库存商品	借		50,000.00
A 型系列产品	借		50,000.00
A-1 笔记本电脑	借		50,000.00
	借	台	10.00

图 2-20　期初余额（1）

科目名称	方向	币别/计量	期初余额
长期应收款	借		
未实现融资收益	贷		
存出资本保证金	借		
固定资产	借		11,900,000.00
累计折旧	贷		387,200.00
固定资产减值准备	贷		
在建工程	借		

科目名称	方向	币别/计量	期初余额
应付票据	贷		45,000.00
应付账款	贷		55,000.00
应付货款	贷		55,000.00
应付暂估款	贷		
预收账款	贷		45,000.00
应付职工薪酬	贷		
工资	贷		
福利费	贷		
工会经费	贷		
职工教育经费	贷		
应交税费	贷		-13,000.00
应交增值税	贷		-13,000.00
进项税额	贷		-26,000.00
销项税额	贷		13,000.00

图 2-21　期初余额(2)

(2)单击上方"试算"按钮，系统弹出"期初试算平衡表"对话框，如图 2-22 所示。

期初试算平衡表

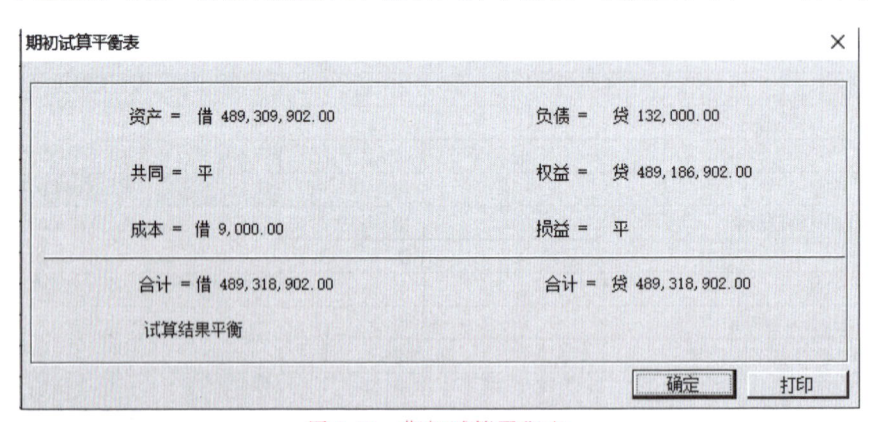

资产 = 借 489,309,902.00　　　　负债 = 贷 132,000.00

共同 = 平　　　　　　　　　　　权益 = 贷 489,186,902.00

成本 = 借 9,000.00　　　　　　　损益 = 平

合计 = 借 489,318,902.00　　　　合计 = 贷 489,318,902.00

试算结果平衡

图 2-22　期初试算平衡表

三、常见错误解析

录入"其他应收款"期初往来明细时，"部门"录入不了。如图 2-23 所示。

图 2-23　没法录入"部门"

原因分析："部门"与"个人"不对应,李建不是销售部的人。

解决方法：关闭提示信息,删除部门栏的"销售部",双击第二行"个人"栏,删除"李建"。再选择部门"销售部",然后选择个人"陆心怡",再录入其他信息。其他应收款的期初往来明细录入完毕后如图2-24所示。

图 2-24　录完其他应收款的期初往来明细

任务三　企业应用平台其他基础设置

一、任务工单

企业应用平台其他基础设置任务工单

任务名称	企业应用平台其他基础设置	学时		班级	
组别		组长		小组成绩	
学生姓名		联系方式		个人成绩	
任务开始时间		任务完成场地		任务完成时长	
任务详情					
子任务一:结算方式设置					

(续表)

结算方式编码	结算方式名称	是否票据管理
1	现金结算	否
2	支票结算	否
201	现金支票	是
202	转账支票	是
3	承兑汇票	否
301	商业承兑汇票	是
302	银行承兑汇票	是
4	电汇	否

子任务二：开户银行设置

编码	银行账号	币种	开户银行	所属银行编码	所属银行名称
01	746374937366	人民币	农业银行长江三十五路支行	04	中国农业银行
02	856335638898	人民币	工商银行黄河十二路支行	01	中国工商银行

子任务三：凭证类别设置

凭证类别以及限制信息

凭证类别	限制类型	限制科目
收款凭证	借方必有	1001,100201,100202
付款凭证	贷方必有	1001,100201,100202
转账凭证	凭证必无	1001,100201,100202

思政元素：良好的职业习惯

思政案例：学生在日常操作中总是有混淆凭证类别的情况发生，应提高会计凭证类别的识别能力，养成良好职业习惯与职业意识

党的二十大报告：健全终身职业技能培训制度

任务要求

能正确录入结算方式以及开户银行信息、凭证类别信息

任务实施难点	任务完成正确率	操作错误	错误原因及改正方法

二、任务实施

(一)录入结算方式

(1)以账套主管"601 赵启航"身份于 2020 年 1 月 1 日登录企业应用平台,单击左下角的"基础设置"栏,执行"基础档案"→"收付结算"→"结算方式"命令。双击"结算方式",进入"结算方式"窗口。

(2)单击"增加"按钮,结算方式编码录入"1",结算方式名称录入"现金结算",单击"保存"按钮。继续单击"增加"按钮,结算方式编码录入"2",结算方式名称录入"支票结算",单击"保存"按钮。选中"(2)支票结算",单击"增加"按钮,结算方式编码录入"201",结算方式名称录入"现金支票",勾选"是否票据管理",单击"保存"按钮。继续录入其他结算方式,录入完毕后如图 2-25 所示。

图 2-25 结算方式

任务指导:

现金支票、转账支票、商业承兑汇票、银行承兑汇票需要勾选"是否票据管理"。

(二)启用应收应付款管理系统

以账套主管"601 赵启航"身份于 2020 年 1 月 1 日登录企业应用平台,单击左下角的"基础设置"栏,执行"基本信息"→"系统启用"命令。双击"系统启用",打开"系统启用"对话框。启用应收款管理系统与应付款管理系统,如图 2-26 所示。

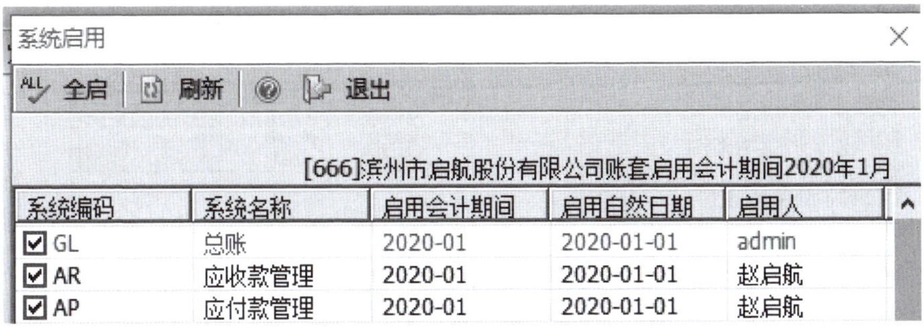

图 2-26 启用应收款管理系统和应付款管理系统

若应收应付款管理系统以及其他系统已经启用,则无须操作此步骤。

(三)开户银行设置

(1)以账套主管"601 赵启航"身份于 2020 年 1 月 1 日登录企业应用平台,单击左下角的"基础设置"栏,执行"基础档案"→"收付结算"→"本单位开户银行"命令。双击"本单位开户银行",进入"本单位开户银行"窗口。

(2)单击"增加"按钮,进入"增加本单位开户银行"窗口。录入编码"01"、银行账号"746374937366"、币种"人民币",开户银行录入"农业银行长江三十五路支行",选择所属银行编码及名称"04 中国农业银行",保存后退出。如图 2-27 所示。

序号	编码	银行账号	账户名称	是否暂封	开户银行	所属银行编码	所属银行名称
1	01	746374937366		否	农业银行长江三十五路支行	04	中国农业银行

图 2-27 本单位开户银行(1)

(3)同理,录入下一个开户银行,录入完毕后如图 2-28 所示。

序号	编码	银行账号	账户名称	是否暂封	开户银行	所属银行编码	所属银行名称
1	01	746374937366		否	农业银行长江三十五路支行	04	中国农业银行
2	02	856335638898		否	工商银行黄河十二路支行	01	中国工商银行

图 2-28 本单位开户银行(2)

(四)凭证类别设置

(1)以账套主管"601 赵启航"身份于 2020 年 1 月 1 日登录企业应用平台,单击左下角的"基础设置"栏,执行"基础档案"→"财务"→"凭证类别"命令。双击"凭证类别",打开"凭证类别预置"对话框。分类方式选择"收款凭证 付款凭证 转账凭证",如图 2-29 所示。

(2)单击"确定"按钮,打开"凭证类别"对话框,单击"修改"按钮,将收款凭证的限制类型改为"借方必有",限制科目参照选择录入"1001,100201,100202";将付款凭证的限制类型改为"贷方必有",限制科目参照选择录入"1001,100201,100202";将转账凭证的限制类型改为"凭证必无",限制科目参照选择录入"1001,100201,100202"。设置完毕之后如图 2-30 所示。

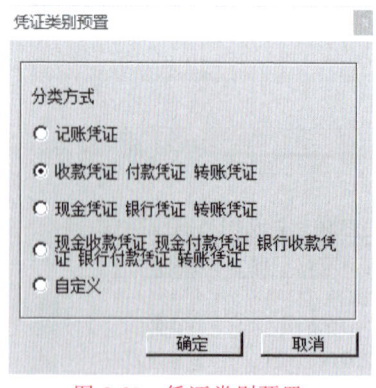

图 2-29 凭证类别预置

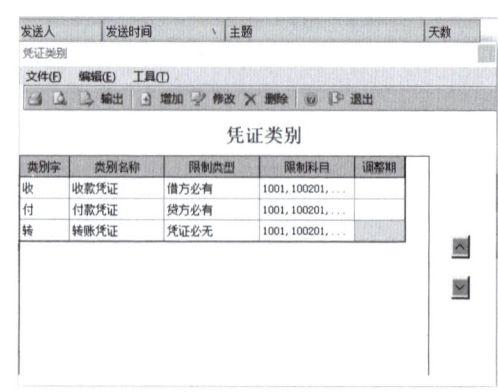

图 2-30 凭证类别

任务指导：

限制科目可以手动录入也可以先单击限制科目栏，再单击右侧的"..."按钮进行科目参照录入，手动录入时，要注意必须在英文状态下录入科目编码以及逗号。

三、常见错误解析

打开凭证类别预置对话框后，不小心选择了第一项"记账凭证"，如图 2-31 所示。单击"确定"按钮后，进入"凭证类别"窗口，发现凭证类别只剩一类"记账凭证"，没法填写"限制科目"，如图 2-32 所示。

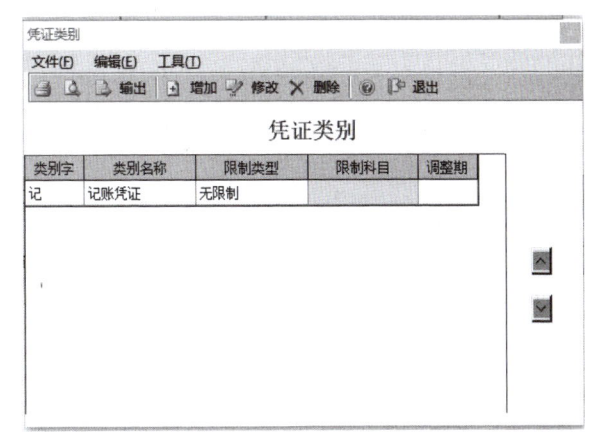

图 2-31　分类方式选择了"记账凭证"　　图 2-32　无法填写三个类别的"限制科目"

解决方法： 在"凭证类别"对话框中，选中"记账凭证"，单击上方"删除"按钮，系统弹出删除确认信息，单击"是"按钮。在"凭证类别"对话框中，单击"退出"按钮。重新执行"基础档案"→"财务"→"凭证类别"命令。双击"凭证类别"，打开"凭证类别预置"对话框。分类方式选择"收款凭证 付款凭证 转账凭证"，然后再进行后续操作。

项目三
固定资产管理系统供应链初始化设置

任务一　固定资产管理系统参数设置

一、任务工单

固定资产管理系统参数设置任务工单

任务名称	固定资产管理系统参数设置	学时		班级	
组别		组长		小组成绩	
学生姓名		联系方式		个人成绩	
任务开始时间		任务完成场地		任务完成时长	

任务详情:设置固定资产账套初始化参数

参数	参数设置	注意事项
启用月份	2020-01	启用月份必须大于或等于总账启用月份
折旧信息	本账套计提折旧;折旧方法:平均年限法(一);折旧汇总分配周期:1个月;当(月初已计提月份＝可使用月份-1)将剩余折旧全部提足(工作量法除外)	默认折旧方法为平均年限法(二),此处应改为平均年限法(一)
编码方式	资产类别编码长度:2112;固定资产编码方式:自动编码,类别编号＋序号;卡片序号长度默认	
账务接口	与账务系统对账;对账科目:固定资产对账科目:1601,累计折旧对账科目:1602,对账不平不允许固定资产月末结账	
补充参数	业务发生后立即制单;月末结账前一定要完成制单登账业务;固定资产默认入账科目:1601;累计折旧默认入账科目:1602	

(续表)

参数	参数设置	注意事项
选项设置	固定资产缺省入账科目:1601;累计折旧缺省入账科目:1602;减值准备默认入账科目:1603;增值税默认入账科目:22210101;固定资产清理默认入账科目:1606	可以录入科目编码,也可单击参照按钮选择录入

思政元素:树立正确的理财观

思政案例:固定资产是企业的"家底",理财先要盘点好家底。选择合适的固定工资产折旧方法有利于企业发展

党的二十大报告:提高全社会文明程度。实施公民道德建设工程

任务要求

能正确进行固定资产初始化设置

任务实施难点	任务完成正确率	操作错误	错误原因及改正方法

二、任务实施

(一)启用固定资产管理系统(若已经启用固定资产管理系统则无须此操作)

(1)以账套主管"601赵启航"身份于2020年1月1日登录企业应用平台,单击左下角的"基础设置"栏,执行"基础设置"→"基本信息"→"系统启用"命令,打开"系统启用"对话框。

(2)勾选"FA固定资产",日期改为2020年1月1日,如图3-1所示。单击"确定"按钮,系统弹出"确实要启用当前系统吗?"信息提示对话框,单击"是"按钮后退出。如果固定资产管理系统已经启用,则无须再进行此操作。

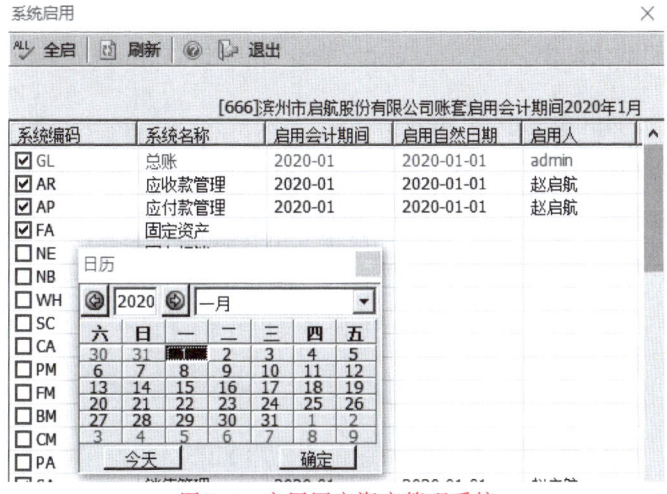

图3-1 启用固定资产管理系统

(二)固定资产管理系统初始化

(1)以账套主管"601 赵启航"身份于 2020 年 1 月 1 日登录企业应用平台,单击左下角的"业务工作"栏,执行"业务工作"→"财务会计"→"固定资产"命令,双击"固定资产",系统弹出"这是第一次打开此账套,还未进行过初始化,是否进行初始化?"信息提示对话框,如图 3-2 所示。

图 3-2　第一次打开固定资产账套

(2)单击"是"按钮,打开"初始化账套向导"对话框,选择"我同意",如图 3-3 所示。单击"下一步"按钮。进入第二步打开"启用月份"。

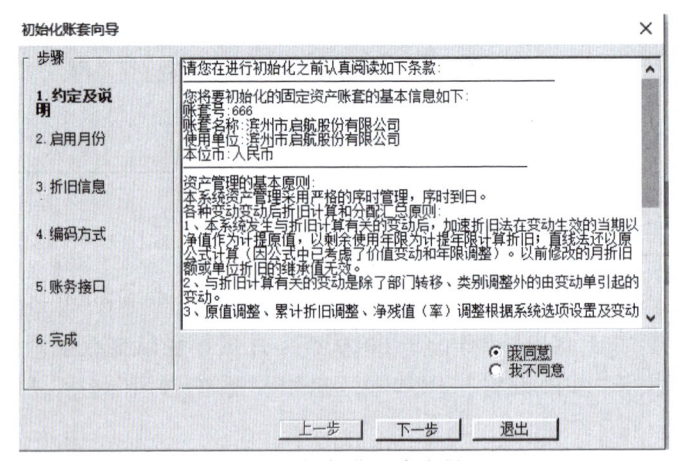

图 3-3　初始化账套向导

(3)账套启用月份默认 2020.01,如图 3-4 所示。单击"下一步"按钮,进入第三步"折旧信息",默认勾选"本账套计提折旧",主要折旧方法选择"平均年限法(一)",折旧汇总分配周期选择"1 个月",默认勾选"当(月初已计提月份＝可使用月份－1)时将剩余折旧全部提足(工作量法除外)",其他按照默认设置,如图 3-5 所示。单击"下一步"按钮,进入第四步"编码方式"。

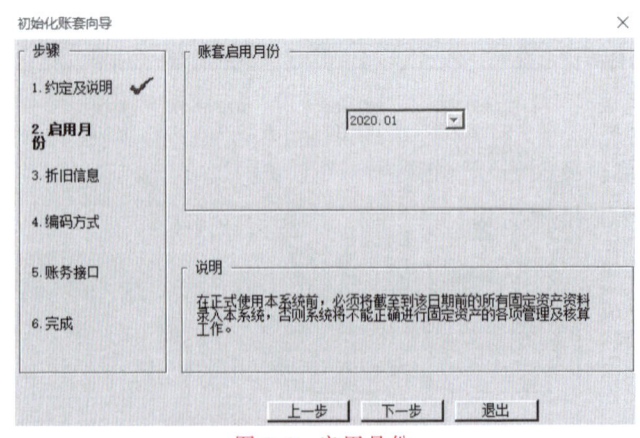

图 3-4　启用月份

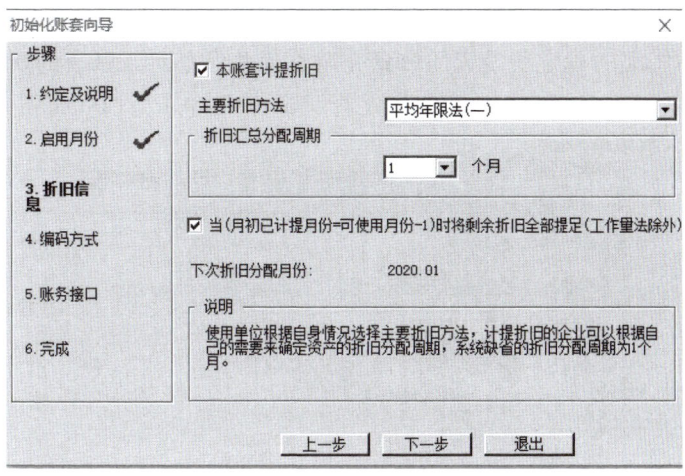

图 3-5 折旧信息

(4)资产类别编码方式默认"2112",将固定资产编码方式改为"自动编码",如图 3-6 所示,然后单击"下一步"按钮。进入第五步"账务接口"。

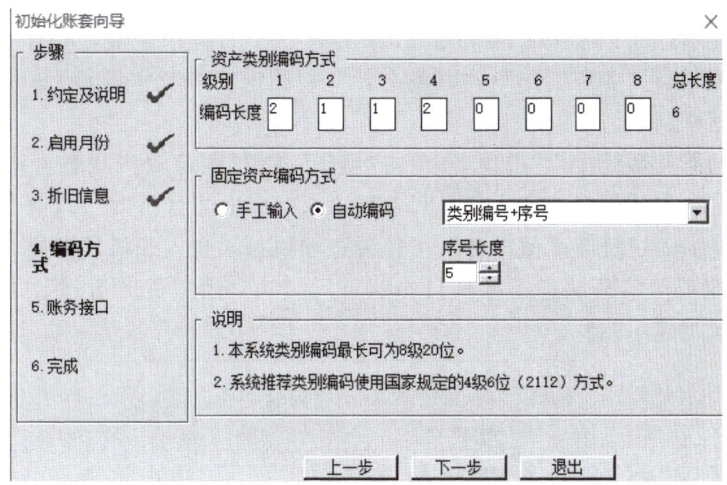

图 3-6 编码方式

(5)选择录入固定资产对账科目 1601、累计折旧对账科目 1602,其余按照系统默认设置,如图 3-7 所示。然后单击"下一步"按钮,进入第六步"完成",如图 3-8 所示。

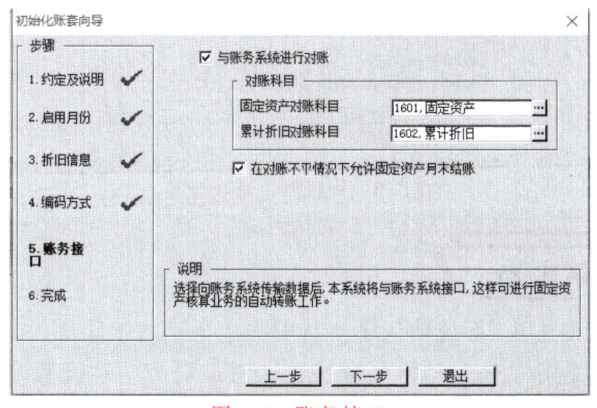

图 3-7 账务接口

(6)核对账套初始化信息,确认无误之后,单击"完成"按钮,系统弹出"已经完成了新账套的所有设置工作,是否确定所设置的信息完全正确并保存对新账套的所有设置?"。单击"是"按钮,系统提示"已经成功初始化本固定资产账套!",单击"确认"按钮。

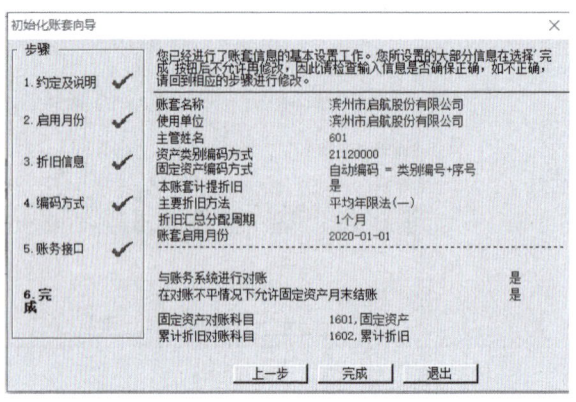

图 3-8 完成

(三)固定资产选项设置

(1)以账套主管"601 赵启航"身份于 2020 年 1 月 1 日登录企业应用平台,单击左下角的"业务工作"栏,执行"业务工作"→"财务会计"→"固定资产"→"设置"命令,双击"选项",打开"选项"对话框。

(2)选择"与账务系统接口"选项卡,单击"编辑"按钮,固定资产缺省入账科目参照录入"1601,固定资产",累计折旧缺省入账科目参照录入"1602,累计折旧",减值准备缺省入账科目参照录入"1603,固定资产减值准备",增值税进项税额缺省入账科目参照录入"22210101,进项税额",固定资产清理缺省入账科目参照录入"1606,固定资产清理",录入完毕后如图3-9 所示。单击"确定"按钮。

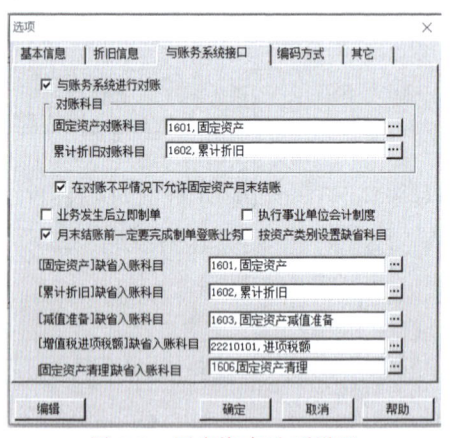

图 3-9 固定资产选项设置

三、常见错误解析

没有录入主要折旧方法,系统默认主要折旧方法为平均年限法(二)。

解决方法:执行"业务工作"→"财务会计"→"固定资产"→"设置"命令,双击"选项",打开"选项"对话框进行修改。

任务二　固定资产基础数据设置

一、任务工单

设置固定资产基础数据任务工单

任务名称	设置固定资产基础数据	学时		班级	
组别		组长		小组成绩	
学生姓名		联系方式		个人成绩	
任务开始时间		任务完成场地		任务完成时长	

任务详情

子任务一：设置固定资产类别

编码	类别名称	净残值率（%）	计量单位
01	非经营用设备	4	
02	经营用设备	4	
021	生产线	4	条
022	轿车	4	辆

子任务二：设置部门对应折旧科目

部门	对应折旧科目
管理部门（及其下属部门）	管理费用/折旧费
销售部	销售费用
采购部	管理费用/折旧费
生产部门（及其下属部门）	制造费用/折旧费

子任务三：设置增减方式对应入账科目

增减方式		对应入账科目
增加方式	减少方式	
直接购入		100201 银行存款/农行存款
在建工程转入		1604 在建工程
	出售	100201 银行存款/农行存款
	毁损	1606 固定资产清理
	资产交换	1606 固定资产清理

思政元素：保护国有资产不流失
思政案例：通过国有资产流失案例让学生认识到保护国有资产的重要性
党的二十大报告：广泛践行社会主义核心价值观

任务要求

能正确设置资产类别、部门对应折旧科目以及增减方式对应入账科目

(续表)

任务实施难点	任务完成正确率	操作错误	错误原因及改正方法

二、任务实施

(一)设置固定资产类别

(1)以账套主管"601赵启航"身份于2020年1月1日登录企业应用平台,单击左下角的"业务工作"栏,执行"财务会计"→"固定资产"→"设置"→"资产类别"命令,进入"资产类别"窗口。

(2)单击"增加"按钮,进入"资产类别-单张视图"窗口,录入类别名称"非经营用设备"、净残值率"4",如图3-10所示,单击"保存"按钮。

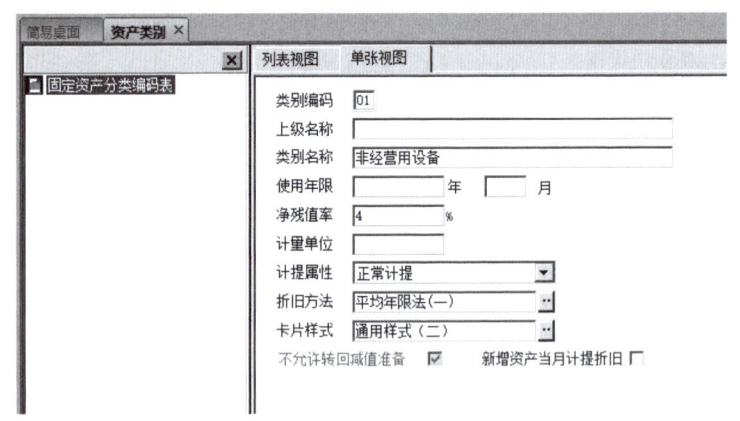

图3-10 第一类资产

(3)保存后类别编码跳转为"02",录入类别名称"经营用设备"、净残值率"4",如图3-11所示,单击"保存"按钮。

图3-11 第二类资产

(4)选中"02 经营用设备",系统弹出"是否保存数据?"信息提示对话框,单击"否"按钮。单击"增加"按钮,类别编码自动变成"021",录入类别名称"生产线"、计量单位"条",如图 3-12 所示,单击"保存"按钮。同理,增加"022 轿车"这个资产类别。设置完毕后单击"02 经营用设备",如图 3-13 所示。

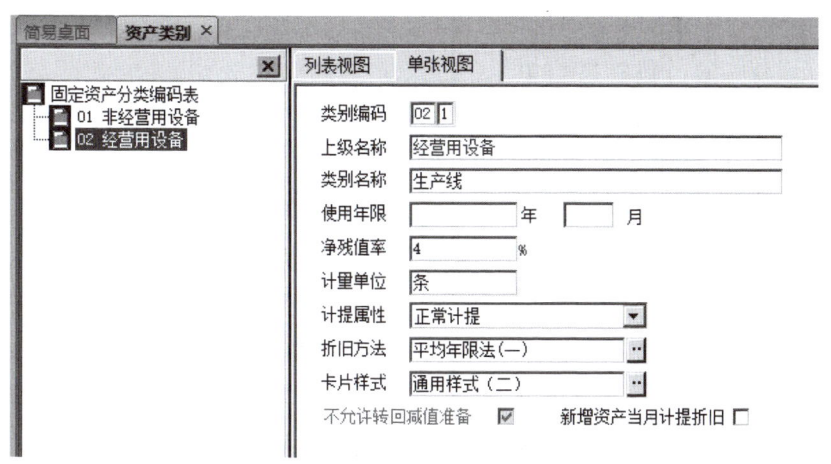

图 3-12　生产线

图 3-13　固定资产分类

(二)设置部门对应折旧科目

(1)以账套主管"601 赵启航"身份于 2020 年 1 月 1 日登录企业应用平台,单击左下角的"业务工作"栏,执行"财务会计"→"固定资产"→"设置"→"部门对应折旧科目"命令,进入"部门对应折旧科目"窗口。

(2)单击"管理部门"左侧的"＋"号,展开管理部门的下级部门:101 公司办公室与 102 财务部,双击"101 公司办公室",单击左上角"修改"按钮,折旧科目选择录入"660205"(管理费用/折旧费),如图 3-14 所示。单击左上方"保存"按钮。

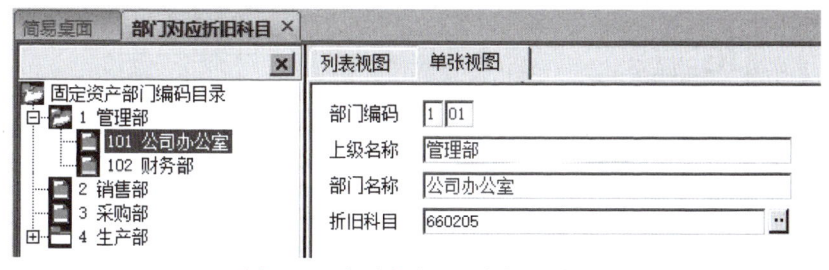

图 3-14　公司办公室对应折旧科目

(3)同理,录入其他部门的对应折旧科目,录入完毕后如图 3-15 所示。

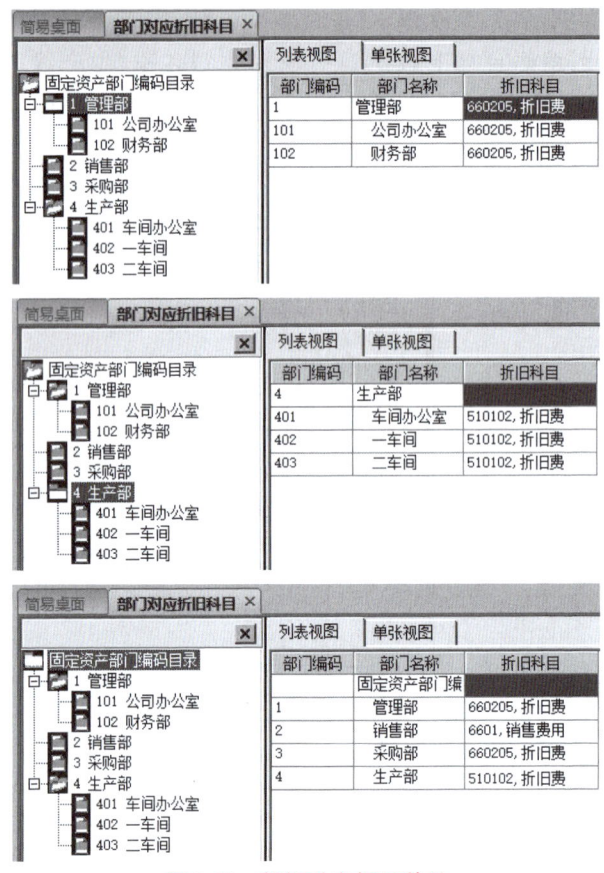

图 3-15　部门对应折旧科目

（三）设置增减方式对应入账科目

(1)以账套主管"601 赵启航"身份于 2020 年 1 月 1 日登录企业应用平台,单击左下角的"业务工作"栏,执行"财务会计"→"固定资产"→"设置"→"增减方式"命令,进入"增减方式"窗口。

(2)单击"增加方式"左侧"＋"号,双击"101 直接购入",单击左上方"修改"按钮,进入"增减方式-单张视图"窗口,对应入账科目选择录入"100201",如图 3-16 所示。

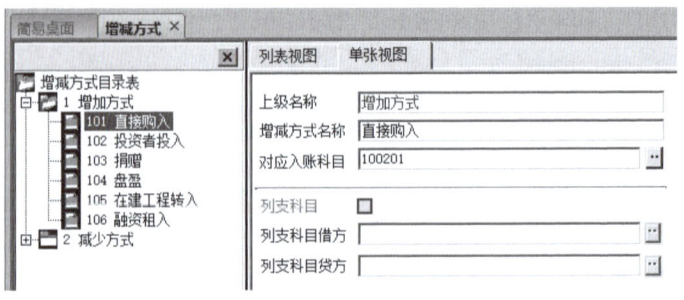

图 3-16　直接购入对应入账科目

(3)同理,录入其他对应入账科目,录入过程中发现减少方式没有"资产交换"这种减少方式,可以单击"减少方式",然后自行增加减少方式"资产交换",再录入对应入账科目,全部录入完毕后如图 3-17 所示。

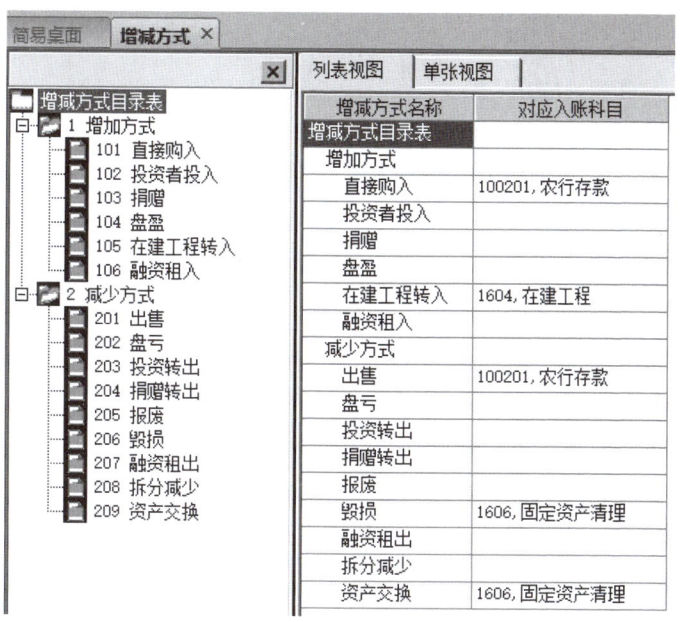

图 3-17　增减方式对应入账科目

三、常见错误解析

销售部门与采购部门的部门对应折旧科目不同，录入时容易出错。

任务三　固定资产原始卡片录入

一、任务工单

录入固定资产原始卡片任务工单

任务名称	录入固定资产原始卡片	学时		班级	
组别		组长		小组成绩	
学生姓名		联系方式		个人成绩	
任务开始时间		任务完成场地		任务完成时长	

任务详情

录入下列固定资产原始卡片信息

类别	固定资产名称	使用部门	使用状况	增加方式	开始使用日期	原值	累计折旧	可使用年限（以月表示）
021	A生产线	一车间	在用	直接购入	2019.01.02	300 000	144 000	20(240)
021	B生产线	一车间	在用	直接购入	2019.09.02	6 000 000	72 000	15(180)

(续表)

021	C生产线	二车间	在用	在建工程转入	2019.08.02	5 000 000	160 000	10 (120)
022	红色轿车	公司办公室	在用	直接购入	2019.03.08	200 000	2 400	15 (180)
022	黑色轿车	财务部	在用	直接购入	2019.05.26	300 000	7 200	10 (120)
022	白色轿车	公司办公室	在用	直接购入	2019.08.06	100 000	1 600	10 (120)

思政元素：认真负责的工作态度

思政案例：录入固定资产原始卡片时，固定资产可使用年限的计量单位应该用"月"表示，避免直接录入以"年"为单位的数字，保证折旧额的计算准确

党的二十大报告：加快建设国家战略人才力量，努力培养造就更多大师、战略科学家、一流科技领军人才和创新团队、青年科技人才、卓越工程师、大国工匠、高技能人才

任务要求

能按照任务工单正确录入固定资产原始卡片并对账成功

任务完成时长	任务完成正确率	操作错误	错误原因及改正方法

二、任务实施

（一）录入固定资产原始卡片

(1) 以账套主管"601 赵启航"身份于 2020 年 1 月 1 日登录企业应用平台，单击左下角的"业务工作"栏，执行"财务会计"→"固定资产"→"卡片"→"录入原始卡片"命令，进入"固定资产类别档案"窗口。如图 3-18 所示。

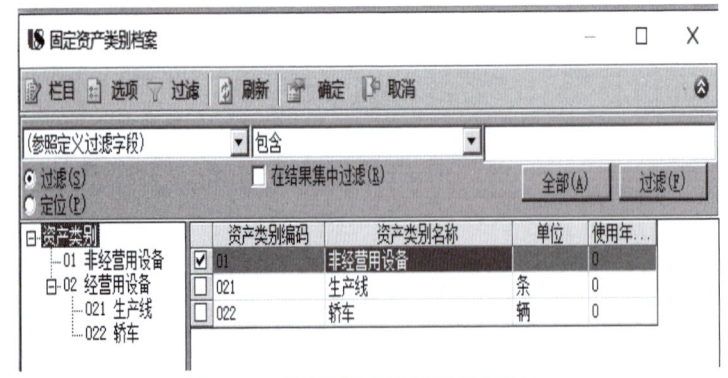

图 3-18 "固定资产类别档案"窗口

(2) 双击"021 生产线"，进入"固定资产卡片"窗口，将固定资产名称修改为"A 生产线"，

使用部门选择单部门使用,选择"一车间",增加方式录入"直接购入",使用状况参照录入"在用",开始使用日期录入"2019.01.02",原值录入"300,000.00",累计折旧录入"144,000.00",使用年限(月)录入"240",然后单击"保存"按钮。

(3)同理,录入其他固定产原始卡片。原始卡片录入完毕后,执行"财务会计"→"固定资产"→"卡片"→"卡片管理"命令,打开"查询条件选择——卡片管理"对话框,单击开始使用日期后面的日期,取消勾选该日期,单击"确定"按钮,进入"卡片管理"标签窗口,如图3-19所示。

图3-19 所有原始卡片

(二)与总账系统对账

执行"财务会计"→"固定资产"→"处理"→"对账"命令,系统弹出"与账务对账结果"信息提示对话框,结果平衡,如图3-20所示。

图3-20 固定资产与总账对账

三、常见错误解析

1.固定资产与账务对账结果对账不平衡
原因分析:
第一种原因:在总账系统中进行期初余额设置时,固定资产账户期初余额与累计折旧账户余额设置有误,但是因为期初余额录入后进行了试算平衡,固定资产与累计折旧期初余额设置错误的可能性比较小,所以一般情况下期初余额出错的可能性较小。

第二种原因:固定资产原始卡片录入错误,卡片录入项目中,原值和累计折旧录入错误。
解决方法:
首先检查总账系统期初余额中固定资产和累计折旧账户余额是否录入错误,若有错误,

则要更正。其次检查固定资产原始卡片中原值和累计折旧金额是否录入错误,若有错误,则要更正。

2. 在"卡片管理"标签窗口查询不到固定资产原始卡片

原因分析:执行"财务会计"→"固定资产"→"卡片"→"卡片管理"命令,打开"查询条件选择——卡片管理"对话框,没有取消勾选开始使用日期,导致查询不到卡片,因为原始卡片录入的固定资产是本会计期间之前就已经使用的固定资产,而在本账套中,本会计期间为2020年1月,而开始使用日期默认勾选2020年1月1日,所以查询不到原始卡片。

解决办法:执行"财务会计"→"固定资产"→"卡片"→"卡片管理"命令,打开"查询条件选择——卡片管理"对话框,单击开始使用日期后面的日期,取消勾选该日期,单击"确定"按钮,进入"卡片管理"标签窗口,就可以查询到原始卡片了。

项目四 供应链初始化设置

任务一 应收款管理系统参数设置

一、任务工单

应收款管理系统参数设置任务工单

任务名称	应收款管理系统参数设置	学时		班级	
组别		组长		小组成绩	
学生姓名		联系方式		个人成绩	
任务开始时间		任务完成场地		任务完成时长	
任务详情					
参数数据					
单据审核:日期依据单据日期;自动计算现金折扣;坏账处理方式为应收余额百分比法。 受控科目制单方式:明细到单据。 销售科目:依据"按存货"					
思政元素:局部与整体的关系 思政案例:基础设置与整个账套的关系相当于局部与整体的关系,基础设置阶段操作不正确可能影响全局,牵一发而动全身 党的二十大报告:深入开展社会主义核心价值观宣传教育,深化爱国主义、集体主义、社会主义教育,着力培养担当民族复兴大任的时代新人					
任务要求					
能按照任务工单要求正确设置应收款管理系统参数					

任务实施难点	任务完成正确率	操作错误	错误原因及改正方法

二、任务实施

(一)录入或修改参数

(1)以账套主管"601 赵启航"身份于 2020 年 1 月 1 日登录企业应用平台,单击左下角的"业务工作"栏,执行"业务工作"→"财务会计"→"应收款管理"→"设置"→"选项"命令。双击"选项",打开"账套参数设置"对话框,如图 4-1 所示。

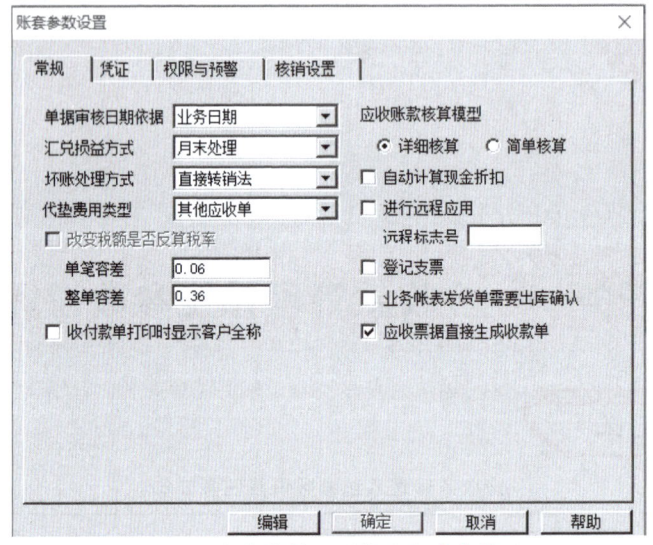

图 4-1 应收款管理系统账套参数设置

(2)单击"编辑"按钮,系统提示"选项修改需要重新登录才能生效",单击"确定"按钮。在"常规"标签页下,修改单据审核日期依据为"业务日期"(如果已经是业务日期可忽略),勾选"自动计算现金折扣",坏账处理方式改为"应收余额百分比法",如图 4-2 所示。

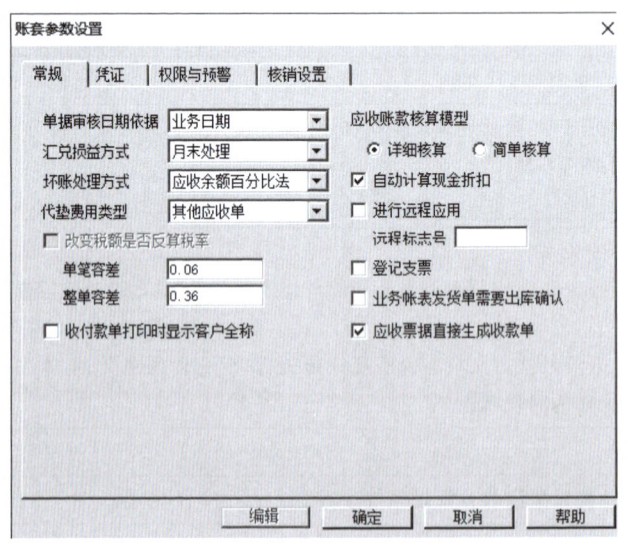

图 4-2 "常规"标签页

(3)单击"凭证"标签,将受控科目制单方式改为"明细到单据",销售科目依据选择"按存货",如图 4-3 所示。单击"确定"按钮。

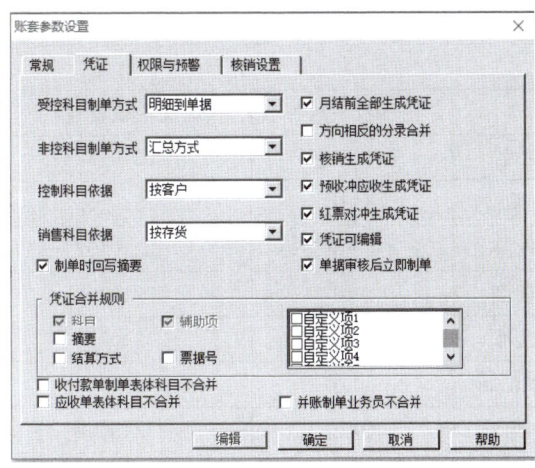

图 4-3 "凭证"标签页

三、常见错误解析

坏账处理方式如果没有改成应收余额百分比法，那么后续将无法设置坏账准备以及无法计提坏账准备。

任务二　应收科目设置

一、任务工单

应收款管理系统科目设置任务工单

任务名称	应收款管理系统科目设置	学时		班级	
组别		组长		小组成绩	
学生姓名		联系方式		个人成绩	
任务开始时间		任务完成场地		任务完成时长	

任务详情

子任务一：基本科目设置

科目名称	基本科目	科目名称	基本科目	科目名称	基本科目
应收科目	1122	预收科目	2203	税金科目	22210102
销售收入科目	6001	销售退回科目	6001	现金折扣科目	660302
坏账入账科目	1231	银行承兑科目	1121	商业承兑科目	1121

子任务二：控制科目设置

应收科目：1122；预收科目：2203

(续表)

子任务三:产品科目

存货编码	存货名称	销售收入科目	应交增值税科目	销售退回科目
01	可控硅芯片	6001	22210102	6001
02	商用主板	6001	22210102	6001
03	PXA处理器	6001	22210102	6001
04	1T固态硬盘	6001	22210102	6001
05	小A型机箱	6001	22210102	6001
06	A-1笔记本电脑	6001	22210102	6001
07	B-1笔记本电脑	6001	22210102	6001
08	C-1笔记本电脑	6001	22210102	6001
09	透明硬盘盒	6001	22210102	6001
10	128GB U盘	6001	22210102	6001
11	十字螺丝刀	6001	22210102	6001
12	运输费	6001	22210102	6001
13	显示器包装箱	6001	22210102	6001
14	C生产线	6001	22210102	6001
15	红色小轿车	6001	22210102	6001

子任务四:结算方式科目设置(本单位账号选择农行账号)

现金:1001;其他结算方式科目为:100201

子任务五:坏账准备设置

坏账准备设置:提取比例为0.5%,坏账准备期初余额为50 000元,坏账准备科目为1231,对方科目为6702信用减值损失

思政元素:一丝不苟的工作作风

思政案例:在设置"应收管理"科目时应准确无误,避免科目设置错误造成的后续凭证错误

党的二十大报告:着力培养担当民族复兴大任的时代新人

任务要求

能正确设置应收款管理系统参数;能增加新会计科目6702信用减值损失

任务实施难点	任务完成正确率	操作错误	错误原因及改正方法

二、任务实施

(一)录入基本科目

(1)以账套主管"601赵启航"身份于2020年1月1日登录企业应用平台,单击左下角的"业务工作"栏,执行"业务工作"→"财务会计"→"应收款管理"→"设置"→"初始设置"命令。双击"初始设置",进入"初始设置"窗口。

(2)单击"基本科目设置",单击左上方"增加"按钮,基础科目种类录入"应收科目",科目选择录入"1122",币种录入"人民币",如图4-4所示。

基础科目种类	科目	币种
应收科目	1122	人民币

图4-4 应收科目设置

(3)同理,继续录入其他基本科目,录入完毕后如图4-5所示。

基础科目种类	科目	币种
应收科目	1122	人民币
预收科目	2203	人民币
税金科目	22210102	人民币
销售收入科目	6001	人民币
销售退回科目	6001	人民币
现金折扣科目	660302	人民币
坏账入账科目	1231	人民币
银行承兑科目	1121	人民币
商业承兑科目	1121	人民币

图4-5 基本科目设置

(二)录入控制科目

(1)以账套主管"601赵启航"身份于2020年1月1日登录企业应用平台,单击左下角的"业务工作"栏,执行"业务工作"→"财务会计"→"应收款管理"→"设置"→"初始设置"命令。双击"初始设置",进入"初始设置"窗口。

(2)单击"控制科目设置",将所有客户应收科目设置为"1122",预收科目设置为"2203"。设置完毕后如图4-6所示。

客户编码	客户简称	应收科目	预收科目
01	滨岛公司	1122	2203
02	北漠旗舰店	1122	2203
03	新鄂公司	1122	2203
04	滨泰公司	1122	2203
05	裕太百货大楼	1122	2203
06	上京公司	1122	2203

图4-6 控制科目设置

(三)录入产品科目

(1)以账套主管"601赵启航"身份于2020年1月1日登录企业应用平台,单击左下角的"业务工作"栏,执行"业务工作"→"财务会计"→"应收款管理"→"设置"→"初始设置"命令。双击"初始设置",进入初始设置窗口。

(2)单击"产品科目设置",将所有存货销售收入科目设置为"6001",应交增值税科目设置为"22210102",销售退回科目设置为"6001"。设置完毕后如图4-7所示。

图 4-7　产品科目设置

(四)结算方式科目设置

(1)以账套主管"601 赵启航"身份于 2020 年 1 月 1 日登录企业应用平台,单击左下角的"业务工作"栏,执行"业务工作"→"财务会计"→"应收款管理"→"设置"→"初始设置"命令。双击"初始设置",进入"初始设置"窗口。

(2)单击"结算方式科目设置",结算方式选择"现金结算",币种选择"人民币",本单位账号选择农行账号,科目选择"1001"。同理,设置其他结算方式科目,其他结算方式科目选择"100201",设置完毕后如图 4-8 所示。

图 4-8　结算方式科目设置

(五)坏账准备设置

(1)以账套主管"601 赵启航"身份于 2020 年 1 月 1 日登录企业应用平台,单击左下角的"业务工作"栏,执行"业务工作"→"财务会计"→"应收款管理"→"设置"→"初始设置"命令。双击"初始设置",进入"初始设置"窗口。

(2)单击"坏账准备设置",提取比例录入"0.500"(只需录入"0.500",已有百分号),坏账准备期初余额录入"50 000.00",坏账准备科目选择"1231",对方科目选择"6702"(应先增加 6702 信用减值损失这个支出类科目,然后对方科目选择"6702")。录入完毕后如图 4-9 所示。单击"确定"按钮,系统提示储存完毕,再单击"确定"按钮。

图 4-9　坏账准备设置

三、常见错误解析

1. 录入产品科目时,发现表格中是产品类别名称而不是产品名称,如图 4-10 所示。

类别编码	类别名称	销售收入科目	应交增值税科目	销售退回科目	税率
1	原材料				
101	硅芯片				
102	主板				
103	CPU				
104	硬盘				
105	机箱				
2	产成品				
201	A 型系列产品				
202	B 型系列产品				
203	C 型系列产品				

图 4-10　产品科目中为类别名称而不是产品名称

原因分析: 应收款管理选项设置错误。

解决方法: 执行"业务工作"→"财务会计"→"应收款管理"→"设置"→"选项"命令。双击"选项",进入"账套参数设置"窗口。单击"编辑"按钮,系统弹出提示信息,单击"确定"按钮。选择"凭证"标签,将销售科目依据改为"按存货",单击"确定"按钮。

再执行"业务工作"→"财务会计"→"应收款管理"→"设置"→"初始设置"命令。双击"初始设置",进入"初始设置"窗口。单击"产品科目设置",表中呈现的是存货名称,就可以继续设置产品科目了。

2. 想进行坏账准备设置时,发现初始设置窗口没有该选项,如图 4-11 所示。

图 4-11　初始设置窗口无处设置坏账准备相关内容

原因分析: 应收款管理选项设置错误,坏账处理方式采用直接转销法,没有改成应收余额百分比法。

解决方法: 执行"业务工作"→"财务会计"→"应收款管理"→"设置"→"选项"命令。双击"选项",进入"账套参数设置"窗口。单击"编辑"按钮,系统弹出提示信息后单击"确定"按钮。将坏账处理方式改为"应收余额百分比法",单击"确定"按钮。然后就可以在初始设置窗口中进行坏账准备设置了。

任务三　应收款管理系统期初余额设置

一、任务工单

应收款管理系统期初余额设置任务工单

任务名称	应收款管理系统期初余额设置	学时		班级	
组别		组长		小组成绩	
学生姓名		联系方式		个人成绩	
任务开始时间		任务完成场地		任务完成时长	

任务详情

子任务一：应收账款期初余额明细

1122 应收账款期初余额明细

日期	客户	业务员及其部门	方向	金额	单据类型以及业务详情
2019.12.12	滨岛公司	陆心怡（销售部）	借	67 800	销售专用发票 （票号：XS00000001） 销售10台A1笔记本电脑给滨岛公司，不含税单价为6 000元/台，增值税税率为13%，增值税为7 800元/台。
2019.12.28	滨泰公司	陆心怡（销售部）	借	10 000	其他应收单
2019.12.30	上京公司	陆心怡（销售部）	借	2 200	其他应收单
合计				80 000	

子任务二：预收账款期初余额明细

2203 预收账款期初余额明细

日期	客户	结算方式	方向	金额
2019.12.08	北漠旗舰店	转账支票（票号：QC28736468）	贷	45 000

思政元素：诚信道德观

思政案例：树立社会普遍的诚信道德观，能有效缓解坏账问题

党的二十大报告：推动明大德、守公德、严私德，提高人民道德水准和文明素养

任务要求

能按照任务工单要求在应收款管理系统中正确设置应收款管理系统期初余额

任务实施难点	任务完成正确率	操作错误	错误原因及改正方法

二、任务实施

（一）录入应收账款期初余额

(1)以账套主管"601赵启航"身份于2020年1月1日登录企业应用平台，单击左下角的"业务工作"栏，执行"业务工作"→"财务会计"→"应收款管理"→"设置"→"期初余额"命令。双击"期初余额"，打开"期初余额—查询"对话框，如图4-12所示。

(2)单击"确定"按钮，进入"期初余额明细表"窗口，单击"增加"按钮，打开"单据类别"对话框，如图4-13所示。

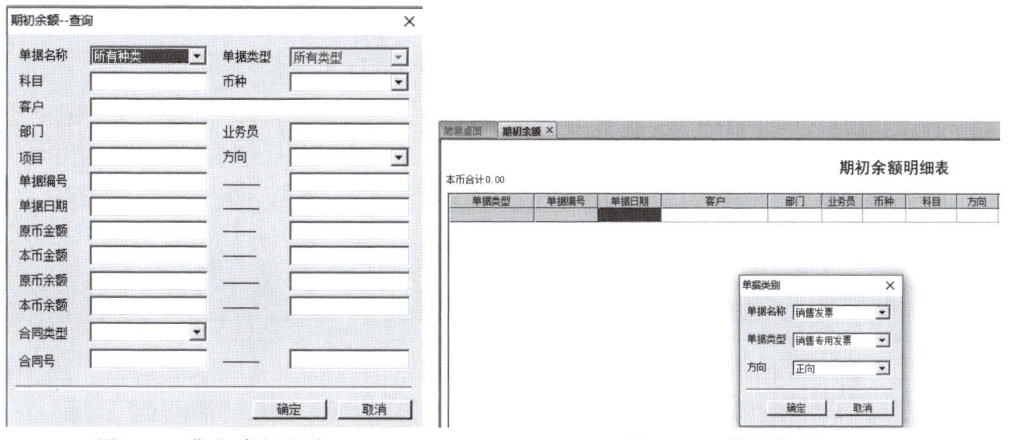

图 4-12　期初余额查询　　　　　图 4-13　单据类别

(3)单据名称选择"销售发票"，单据类型选择"销售专用发票"，方向选择"正向"，单击"确定"按钮，进入"期初销售发票"窗口，如图4-14所示。

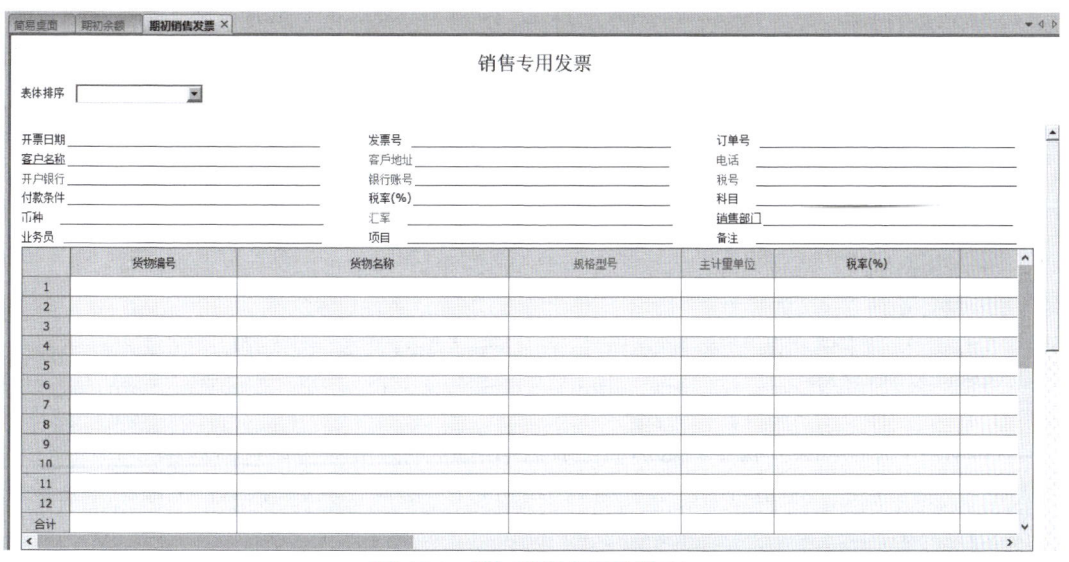

图 4-14　期初销售专用发票(1)

(4)单击"增加"按钮，在表头项目中，开票日期改为"2019-12-12"，发票号改为"XS00000001"，客户名称参照录入"滨岛公司"，业务员录入"陆心怡"，销售部门录入"销售部"。在表体项目中，货物编号选择"06"，货物名称录入"A-1笔记本电脑"，数量录入

"10.00",无税单价录入"6 000.00",单击"保存"按钮,如图4-15所示。录入完销售专用发票信息后,关闭"期初销售发票"窗口。

图4-15 期初销售专用发票(2)

(5)继续单击"增加"按钮,打开"单据类别"对话框,单据名称选择"应收单",单据类型选择"其他应收单",方向选择"正向",单击"确定"按钮,进入"单据录入"窗口,如图4-16所示。

图4-16 应收单录入窗口

(6)单击左上角"增加"按钮,单据日期改为"2019-12-28",客户选择录入"滨泰公司",金额录入"10 000.00",业务员选择录入陆心怡。输入完毕后单击"保存"按钮,如图4-17所示。

图4-17 应收单录入

(7)同理,录入其余应收单。录入完毕后关闭应收单单据录入窗口以及期初余额窗口。重新双击"期初余额",单击"确定"按钮进入"期初余额"窗口,应收账款期初余额输入完毕后如图4-18所示。

图 4-18　期初余额明细表

(二) 录入预收账款期初余额

(1) 以账套主管"601 赵启航"身份于 2020 年 1 月 1 日登录企业应用平台,单击左下角的"业务工作"栏,执行"业务工作"→"财务会计"→"应收款管理"→"设置"→"期初余额"命令。双击"期初余额",打开"期初余额—查询"对话框,如图 4-12 所示。

(2) 单据名称选择"预收款",单击"确定"按钮,进入"期初余额"窗口。

(3) 单击"增加"按钮,打开"单据类型"对话框,单据名称选择"预收款",单据类型选择"收款单",方向选择"正向",单击"确定"按钮,进入"期初单据录入"窗口。

(4) 单击"增加"按钮,日期修改为"2019-12-08",客户录入"北漠旗舰店",结算方式录入"转账支票",金额录入"45 000.00",票据号录入"QC28736468",然后单击"保存"按钮,保存完毕后如图 4-19 所示。

要注意表体内容中款项类型是否为"预收款",若不是,则应该改为"预收款"。

图 4-19　预收款期初余额

(三) 应收款管理系统期初余额与总账系统对账

(1) 以账套主管"601 赵启航"身份于 2020 年 1 月 1 日登录企业应用平台,单击左下角的"业务工作"栏,执行"业务工作"→"财务会计"→"应收款管理"→"设置"→"期初余额"命令。双击"期初余额",打开"期初余额—查询"对话框,如图 4-12 所示。

(2) 单击"确定"按钮,进入"期初余额"窗口,如图 4-20 所示。

图 4-20　期初余额明细表

(3) 单击左上方"对账"按钮,进入"期初对账"窗口,如图 4-21 所示。差额为 0,说明对账成功。

科目		应收期初		总账期初		差额	
编号	名称	原币	本币	原币	本币	原币	本币
1121	应收票据	0.00	0.00	0.00	0.00	0.00	0.00
1122	应收账款	80,000.00	80,000.00	80,000.00	80,000.00	0.00	0.00
2203	预收账款	-45,000.00	-45,000.00	-45,000.00	-45,000.00	0.00	0.00
	合计		35,000.00		35,000.00		0.00

图 4-21　期初对账

三、常见错误解析

1. 应收款管理系统期初余额与总账对账不平衡,有差额。

原因分析:

(1)应收账款期初余额录入不完整或者金额录错,这种原因可能性较大。

(2)总账期初余额录入错误,这种原因可能性较小。

解决方法:

(1)检查应收账款期初余额录入是否正确。若有错误则进行修改。

(2)检查总账期初余额录入是否正确。若有错误则进行修改。

2. 应收款管理系统期初余额窗口左上方没有"对账"按钮。

原因分析: 应收款管理系统启用时间不对,一般应晚于总账系统启用的会计期间。

解决方法: 检查应收款管理系统启用时间是否为 2020 年 1 月 1 日,若晚于总账系统启用时间,则需引入正确账套再进行后续操作。

任务四　销售管理系统参数设置

一、任务工单

销售管理系统参数设置任务工单

任务名称	销售管理系统参数设置	学时		班级	
组别		组长		小组成绩	
学生姓名		联系方式		个人成绩	
任务开始时间		任务完成场地		任务完成时长	
任务详情					
参数数据					
销售管理系统销售选项设置中有如下内容: 有零售日报业务; 有销售调拨业务; 有委托代销业务; 有直运销售业务;					

(续表)

取消销售生成出库单；
新增退货单参照发货单

思政元素：创新思维
思政案例：多元化的销售渠道
随着网络信息时代的发展,销售早就不局限于线下批发零售,而是拓展了多种销售渠道,包括各种电商平台各种直播平台以及社交平台
党的二十大报告：必须坚持科技是第一生产力、人才是第一资源、创新是第一动力,深入实施科教兴国战略、人才强国战略、创新驱动发展战略,开辟发展新领域新赛道,不断塑造发展新动能新优势

任务要求
能正确设置销售管理系统参数

任务实施难点	任务完成正确率	操作错误	错误原因及改正方法

二、任务实施

(一)录入应收账款期初余额

(1)以账套主管"601 赵启航"身份于 2020 年 1 月 1 日登录企业应用平台,单击左下角的"业务工作"栏,执行"业务工作"→"供应链"→"销售管理"→"设置"→"销售选项"命令。打开"销售选项"对话框,如图 4-22 所示。

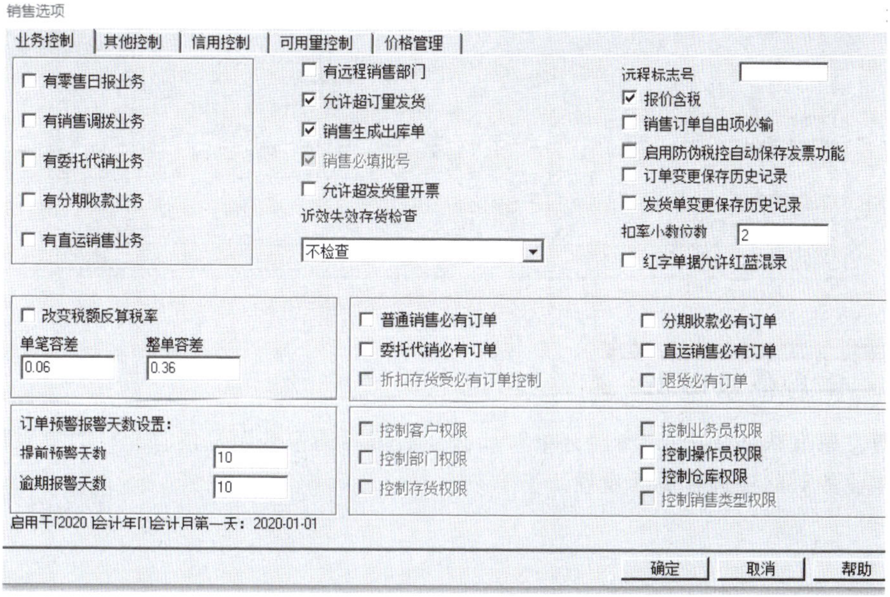

图 4-22 销售选项

(2)在"业务控制"标签页下,勾选"有零售日报业务""有销售调拨业务""有委托代销业务""有直运销售业务",取消勾选"销售生成出库单",如图4-23所示。

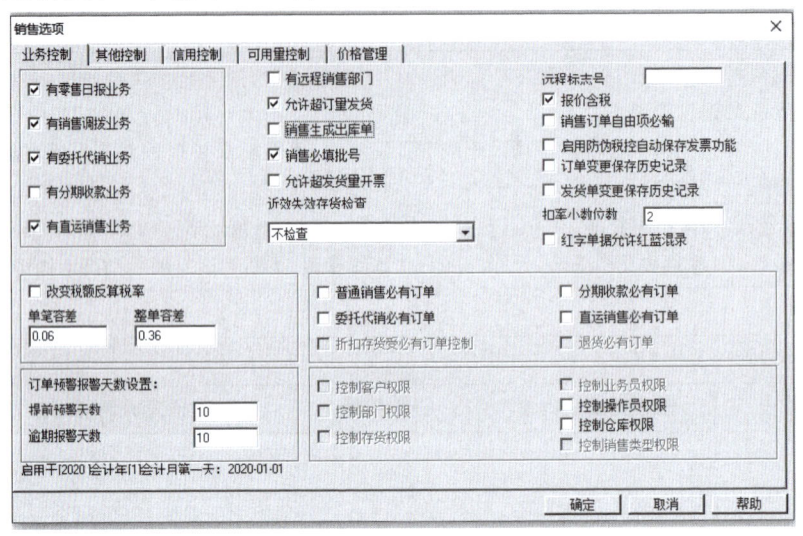

图4-23 业务控制标签页设置

(3)单击"其他控制"标签页,新增退货单默认选择"参照发货",如图4-24所示,单击"确定"按钮。

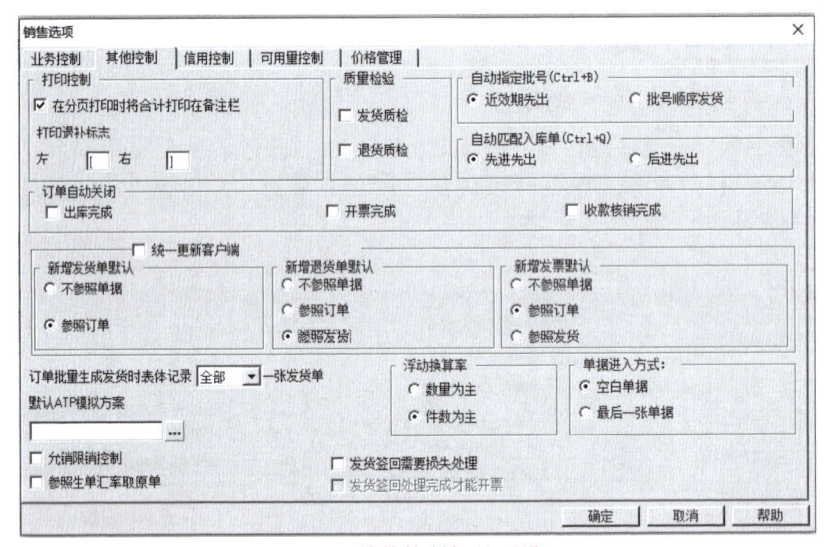

图4-24 其他控制标签页设置

三、常见错误解析

新增发票默认如果选择"参照订单",那么今后填写销售专用发票时会自动参照订单,应根据具体业务对此项进行灵活设置。

任务五 应付款管理系统参数设置

一、任务工单

应付款管理系统参数设置任务工单

任务名称	应付款管理系统参数设置	学时		班级	
组别		组长		小组成绩	
学生姓名		联系方式		个人成绩	
任务开始时间		任务完成场地		任务完成时长	
任务详情					
参数数据					
单据审核日期依据为单据日期； 自动计算现金折扣； 受控科目制单方式明细到单据； 采购科目依据按存货； 其他参数为系统默认					
思政元素:明礼诚信的道德观 思政案例:通过企业不拖欠欠款的案例让学生意识到诚信经营的重要性 党的二十大报告:提高全社会文明程度。实施公民道德建设工程,弘扬中华传统美德,加强家庭家教家风建设,加强和改进未成年人思想道德建设,推动明大德、守公德、严私德,提高人民道德水准和文明素养					
任务要求					
能正确设置应收款管理系统参数					
任务完成时长	任务完成正确率	操作错误	错误原因及改正方法		

二、任务实施

（1）以账套主管"601 赵启航"身份于 2020 年 1 月 1 日登录企业应用平台,单击左下角的"业务工作"栏,执行"业务工作"→"财务会计"→"应付款管理"→"设置"→"选项"命令。双击"选项",打开"账套参数设置"对话框。

（2）在"常规"标签页下,单击"编辑"按钮,系统弹出"选项修改需要重新登录才能生效"信息提示对话框,单击"确定"按钮。修改单据审核日期依据为"单据日期",勾选"自动计算现金折扣",如图 4-25 所示。

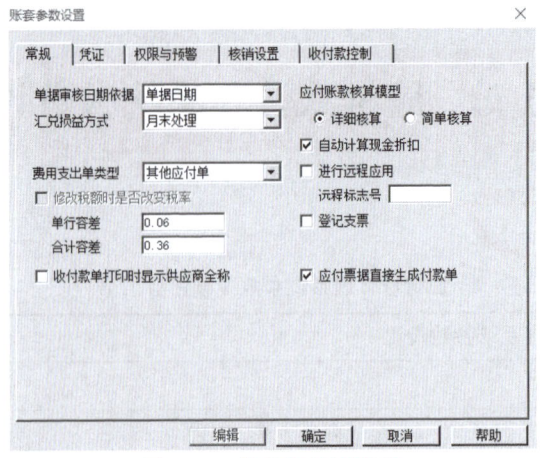

图 4-25　常规标签页设置

（3）单击"凭证"标签页，将受控科目制单方式修改为"明细到单据"，采购科目依据修改为"按存货"，如图 4-26 所示。单击"确定"按钮。

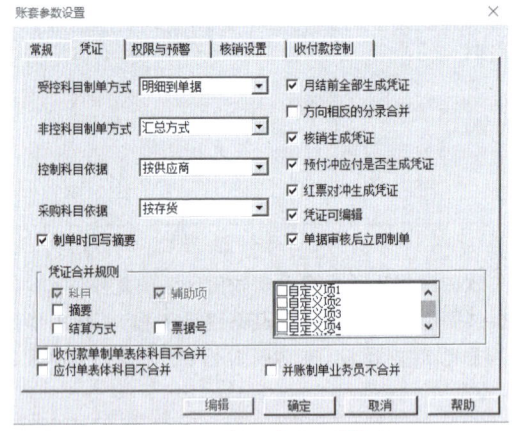

图 4-26　凭证标签页设置

> **任务指导：**
>
> （1）单据审核日期依据
>
> 系统提供两种确认单据审核日期的依据，即单据日期和业务日期。
>
> 若选择单据日期，则在单据处理功能中进行单据审核时，系统自动将单据的审核日期（即入账日期）记为该单据的单据日期。
>
> 若选择业务日期，则在单据处理功能中进行单据审核时，系统自动将单据的审核日期（即入账日期）记为当前业务日期（即登录日期）。
>
> （2）自动计算现金折扣
>
> 系统提供显示现金折扣和不显示现金折扣两种方式。
>
> 若供应商提供了在信用期间提前付款可给予优惠的政策，则可以选择显示现金折扣，系统会在核销界面显示可享受折扣和本次折扣，并计算可享受的折扣。
>
> 若选择了不显示现金折扣，则系统既不计算也不显示现金折扣。
>
> （3）受控科目制单方式

系统提供明细到供应商、明细到单据两种制单方式。

明细到供应商：将一个供应商的多笔业务合并生成一张凭证时，若核算这多笔业务的控制科目相同，则系统会将自动将其合并成一条分录。这种方式的目的是在总账系统中能够根据供应商来查询其详细信息。

明细到单据：将一个供应商的多笔业务合并生成一张凭证时，系统会将每一笔业务形成一条分录。这种方式的目的是在总账系统中也能查到每个供应商的每笔业务的详细情况。

在账套使用过程中，可以随时修改该参数的设置。受控科目在合并分录时若自动取出的科目相同，辅助项为空，则不予合并成一条分录。

任务六　应付款管理系统基本科目设置

一、任务工单

应付款管理系统基本科目设置任务工单

任务名称	应付款管理系统基本科目设置	学时		班级	
组别		组长		小组成绩	
学生姓名		联系方式		个人成绩	
任务开始时间		任务完成场地		任务完成时长	
任务详情					

子任务一：基本科目设置

应付科目：220201；预付科目：1123；采购科目：1402；现金折扣科目：660302；税金科目：22210101；银行承兑科目：2201；商业承兑科目：2201

子任务二：控制科目设置（所有供应商的控制科目）

应付科目：220201；预付科目 1123

子任务三：产品科目设置

存货编码	存货名称	采购科目	产品采购税金科目
01	可控硅芯片	1402	22210101
02	商用主板	1402	22210101
03	PXA 处理器	1402	22210101
04	1T 固态硬盘	1402	22210101
05	小 A 型机箱	1402	22210101
06	A-1 笔记本电脑	1402	22210101
07	B-1 笔记本电脑	1402	22210101
08	C-1 笔记本电脑	1402	22210101

(续表)

09	透明硬盘盒	1402	22210101
10	128GB U盘	1402	22210101
11	十字螺丝刀	1402	22210101
12	运输费	1402	22210101
13	显示器包装纸箱	1402	22210101
14	C生产线	1601	22210101
15	红色小轿车	1601	22210101

子任务四:结算方式科目设置(本单位账号默认农行账号)

现金结算方式科目:1001

现金支票、转账支票、电汇等其他结算方式科目:100201

思政元素:增强民族自信

思政案例:滨州市启航股份有限公司不断开发新产品,芯片技术实现突破,达到国际先进水平,拓展了海外市场,大大提高了民族自信

党的二十大报告:推进文化自信自强,铸就社会主义文化新辉煌

任务要求

能正确设置应收款管理系统参数

任务实施难点	任务完成正确率	操作错误	错误原因及改正方法

二、任务实施

(一)基本科目设置

(1)以账套主管"601赵启航"身份于2020年1月1日登录企业应用平台,单击左下角的"业务工作"栏,执行"业务工作"→"财务会计"→"应付款管理"→"设置"→"初始设置"命令,进入"初始设置"窗口,如图4-27所示。

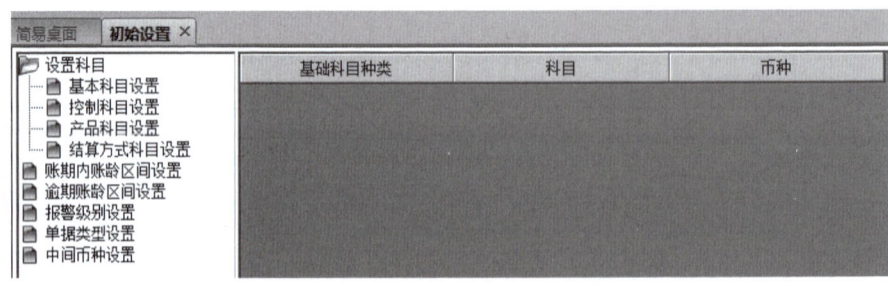

图4-27 "初始设置"窗口

(2)选择"基本科目设置",单击"增加"按钮,基本科目种类改为"应付科目",科目选择"220201",币种选择"人民币"。同理,继续增加其他基本科目,录入完毕后如图4-28所示。

基础科目种类	科目	币种
应付科目	220201	人民币
预付科目	1123	人民币
采购科目	1402	人民币
现金折扣科目	660302	人民币
税金科目	22210101	人民币
银行承兑科目	2201	人民币
商业承兑科目	2201	人民币

图 4-28　基本科目设置

(二)控制科目设置

(1)以账套主管"601 赵启航"身份于 2020 年 1 月 1 日登录企业应用平台,单击左下角的"业务工作"栏,执行"业务工作"→"财务会计"→"应付款管理"→"设置"→"初始设置"命令,进入"初始设置"窗口。

(2)选择"控制科目设置",将所有供应商的应付科目设置为"220201",预付科目设置为"1123",录入完毕后如图 4-29 所示。

供应商编码	供应商简称	应付科目	预付科目
01	长道公司	220201	1123
02	滨江公司	220201	1123
03	宇翔公司	220201	1123
04	飞跃公司	220201	1123
05	宏菲公司	220201	1123
06	宏图电子厂	220201	1123
07	滨勃修理厂	220201	1123
08	天亮速运有限公司	220201	1123

图 4-29　控制科目设置

(三)产品科目设置

(1)以账套主管"601 赵启航"身份于 2020 年 1 月 1 日登录企业应用平台,单击左下角的"业务工作"栏,执行"业务工作"→"财务会计"→"应付款管理"→"设置"→"初始设置"命令,进入"初始设置"窗口。

(2)选择"产品科目设置",将所有存货采购科目设置为"1402",将所有产品采购税金科目设置为"22210101",设置完毕后如图 4-30 所示。

存货编码	存货名称	存货规格	采购科目	产品采购税
01	可控硅芯片		1402	22210101
02	商用主板		1402	22210101
03	PXA 处理器		1402	22210101
04	1T 固态硬盘		1402	22210101
05	小 A 型机箱		1402	22210101
06	A-1 笔记本电脑		1402	22210101
07	B-1 笔记本电脑		1402	22210101
08	C-1 笔记本电脑		1402	22210101
09	透明硬盘盒		1402	22210101
10	128GB U 盘		1402	22210101
11	十字螺丝刀		1402	22210101
12	运输费		1402	22210101
13	显示器包装纸箱		1402	22210101
14	C 生产线		1402	22210101
15	红色小桥车		1402	22210101

图 4-30　产品科目设置

(四)结算方式科目设置

(1)以账套主管"601 赵启航"身份于 2020 年 1 月 1 日登录企业应用平台,单击左下角的"业务工作"栏,执行"业务工作"→"财务会计"→"应付款管理"→"设置"→"初始设置"命令,进入"初始设置"窗口。

(2)选择"结算方式科目设置",单击"增加"按钮,结算方式选择"201 现金支票",币种选择"人民币",本单位账号选择农行账号"746374937366",科目录入"100201"。同理录入其他结算方式的币种、本单位账号和科目。录入完毕后如图 4-31 所示。

图 4-31　结算方式科目设置

三、常见错误解析

进行控制科目设置时,发现表格内不是供应商而是存货,如图 4-32 所示。

图 4-32　控制科目依据为存货

原因分析: 应付款管理系统选项设置错误。

解决方法: 将账套参数设置中的控制科目依据改为"按供应商",如图 4-33 所示。

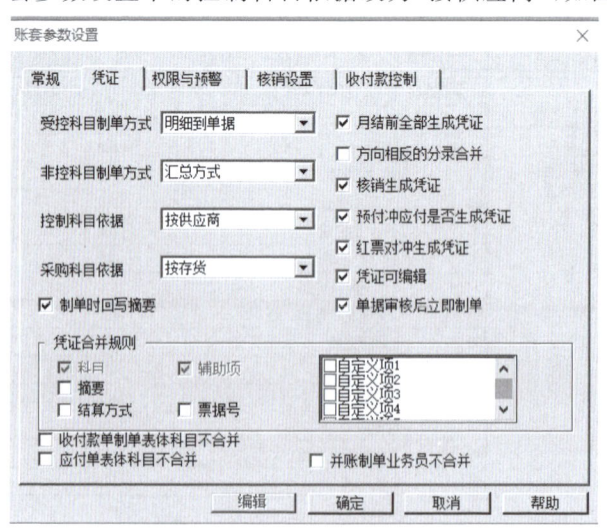

图 4-33　控制科目依据

任务七 应付款管理系统期初余额设置

一、任务工单

应付款管理系统期初余额设置任务工单

任务名称	应付款管理系统期初余额设置	学时		班级	
组别		组长		小组成绩	
学生姓名		联系方式		个人成绩	
任务开始时间		任务完成场地		任务完成时长	

任务详情:(单价均为不含税单价)

子任务一:应付账款期初余额明细

220201 应付账款—应付货款期初余额明细

日期	供应商	价税合计金额	单据类型	存货	数量	发票号
2019.12.05	长道公司	45 000	采购专用发票	可控硅芯片	900	57694749405
2019.12.22	宏图电子厂	10 000	采购专用发票	1T 固态硬盘	200	88543399753

子任务二:预付账款期初余额明细

1123 预付账款期初余额明细

日期	供应商	结算方式	方向	金额
2019.12.29	飞跃公司	转账支票	借	680 000

子任务三:应付票据期初余额明细

2201 应付票据期初余额明细

日期	票据号	票据类型	供应商	方向	金额	到期日
2019.12.20	201928376546	商业承兑汇票	飞跃公司	贷	45 000	2020.2.20

思政元素:正确的理财观
思政案例:通过讲解会计上的应付账款,倡导学生应该树立正确的财富观,不要轻易借债
党的二十大报告:广泛践行社会主义核心价值观

任务要求
1. 能正确设置应付款管理系统期初余额
2. 任务工单没有的内容不录入或者选择默认

任务实施难点	任务完成正确率	操作错误	错误原因及改正方法

二、任务实施

（一）录入应付账款期初余额

(1)以账套主管"601赵启航"身份于2020年1月1日登录企业应用平台，单击左下角的"业务工作"栏，执行"业务工作"→"财务会计"→"应付款管理"→"设置"→"期初余额"命令。双击"期初余额"，打开"期初余额—查询"对话框。

(2)单击"确定"按钮，进入"期初余额"窗口，如图4-34所示。

(3)单击"增加"按钮，打开"单据类别"对话框，如图4-35所示。

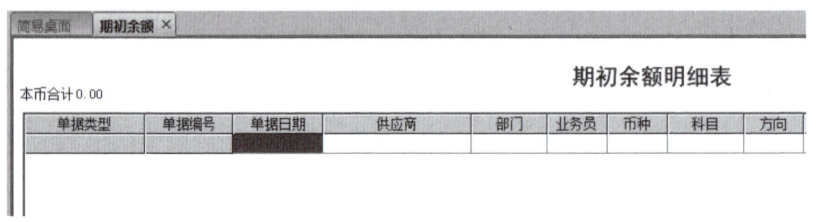

图4-34　期初余额明细表

图4-35　单据类别

(4)单据名称选择"采购发票"，单据类型选择"采购专用发票"，单击"确定"按钮，进入"采购发票"窗口，如图4-36所示。

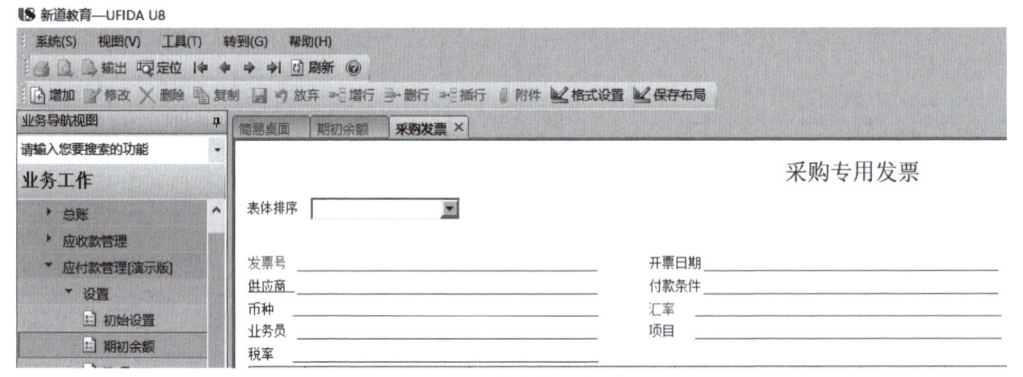

图4-36　采购专用发票

(5)单击"增加"按钮，录入表头项目：发票号改为"57694749405"，开票日期改为"2019-12-05"，供应商选择"长道公司"将税率改为"13.000 000"；录入表体项目：存货编码录入"01"存货名称为"可控硅芯片"，数量录入"900.00"，原币单价录入"50.000"，单击"保存"按钮。如图4-37所示。

图4-37　期初采购专用发票

(6)同理,录入其余采购专用发票。录入完毕后关闭采购发票窗口与期初余额窗口,重新单击"期初余额",进入"初期余额"窗口,查看已录应付款管理系统的期初余额,如图4-38所示。

期初余额明细表

本币合计借 580,000.00

单据类型	单据编号	单据日期	供应商	部门	业务员	币种	科目	方向	原币金额	原币余额	本币金额	本币余额
采购专用发票	57694749405	2019-12-05	长道公司			人民币	220201	贷	45,000.00	45,000.00	45,000.00	45,000.00
采购专用发票	88543399753	2019-12-22	宏图电子厂			人民币	220201	贷	10,000.00	10,000.00	10,000.00	10,000.00

图4-38 应付款管理系统期初余额

(二)录入预付账款期初余额

(1)以账套主管"601 赵启航"身份于2020年1月1日登录企业应用平台,单击左下角的"业务工作"栏,执行"业务工作"→"财务会计"→"应付款管理"→"设置"→"期初余额"命令。双击"期初余额",打开"期初余额—查询"对话框。

(2)单击"确定"按钮,进入"期初余额"窗口。单击"增加"按钮,打开"单据类别"对话框,单据名称选择"预付款",单据类型选择"付款单"。单击"确定"按钮,进入"期初单据录入"窗口,单击左上方"增加"按钮,日期选择"2019-12-29",供应商选择"飞跃公司",金额录入"680 000.00",然后单击"保存"按钮,如图4-39所示。然后关闭期初单据录入窗口与期初余额窗口。

付款单

单据编号	0000000001	日期	2019-12-29	供应商	飞跃公司
结算方式	转账支票	结算科目	100201	币种	人民币
汇率	1	金额	680000.00	本币金额	680000.00
供应商银行	工行银川支行	供应商账号	9743549565	票据号	
部门		业务员		项目	

摘要

	款项类型	供应商	科目	金额	本币金额	部门	业务员
1	预付款	飞跃公司	1123	680000.00	680000.00		
2							
3							
4							

图4-39 预付账款期初余额

(三)录入应付票据期初余额明细

(1)以账套主管"601 赵启航"身份于2020年1月1日登录企业应用平台,单击左下角的"业务工作"栏,执行"业务工作"→"财务会计"→"应付款管理"→"设置"→"期初余额"命令。双击"期初余额",打开"期初余额—查询"对话框。

(2)单击"确定"按钮,进入"期初余额"窗口。单击"增加"按钮,打开"单据类别"对话框,单据名称选择"应付票据",单据类型选择"商业承兑汇票",单击"确定"按钮,进入"期初单据录入"窗口。

(3)单击"增加"按钮,票据编号录入"201928376546",收票单位选择录入"飞跃公司",票据面值录入"45 000.00",签发日期修改为"2019-12-20",到期日选择录入"2020-02-20",单击"保存"按钮,如图4-40所示。退出期初单据录入窗口和期初余额录入窗口。

图 4-40　期初应付票据

重新进入"期初余额"窗口,应付账款期初余额全部录入完毕后如图 4-41 所示。

图 4-41　期初余额明细表

三、常见错误解析

录入承兑汇票时系统提示录入承兑银行。

原因分析:只有录入银行承兑汇票才需要录入承兑银行,任务工单中要求录入商业承兑汇票,无须录入承兑银行。产生这个问题的原因是选择票据类型时,未选择商业承兑汇票,而是选择了银行承兑汇票。

解决方法:重新录入商业承兑汇票。

任务八　采购管理系统期初设置

一、任务工单

采购管理系统期初设置任务工单

任务名称	采购管理系统期初设置	学时		班级	
组别		组长		小组成绩	
学生姓名		联系方式		个人成绩	
任务开始时间		任务完成场地		任务完成时长	
任务详情					
子任务一:设置采购选项					

(续表)

采购选项系统默认
子任务二:期初采购入库单录入
2019年12月28日,采购部宋子睿采购200箱商用主板,不含税单价为1 200元/箱,已经入原材料库,正常采购,入库类别为采购入库,购自宏图电子厂,月末采购发票未到,款未付
子任务三:采购期初记账
进行采购期初记账
思政元素:树立正确的财富观 思政案例:支持合法收入,树立正确财富观,抵制非法收入 党的二十大报告:广泛践行社会主义核心价值观
任务要求
能正确设置采购管理系统参数、录入期初采购入库单信息,进行采购期初记账

任务实施难点	任务完成正确率	操作错误	错误原因及改正方法

二、任务实施

(一)设置采购选项

(1)以账套主管"601 赵启航"身份于2020年1月1日登录企业应用平台,单击左下角的"业务工作"栏,执行"业务工作"→"供应链"→"采购管理"→"设置"→"采购选项"命令。打开"采购系统选项设置-请按照贵单位的业务认真设置"对话框,如图4-42所示。

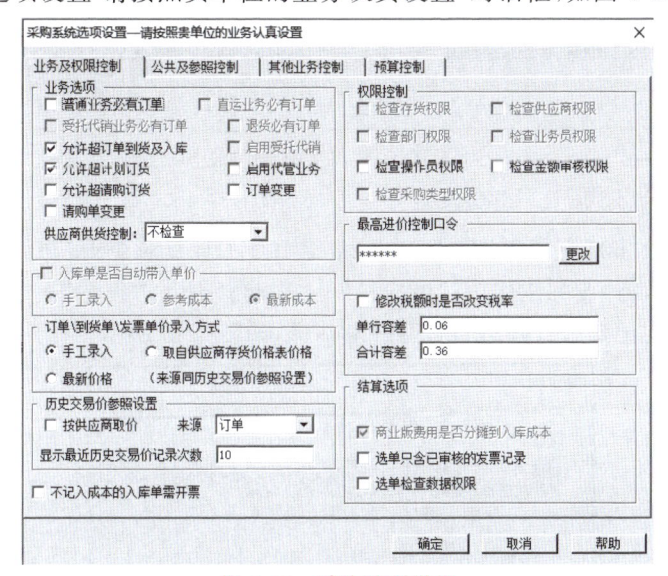

图 4-42 采购选项设置

(2)根据要求查看选项设置,采用默认值,不改动任何设置。

(二)期初采购入库单录入

(1)以账套主管"601 赵启航"身份于 2020 年 1 月 1 日登录企业应用平台,单击左下角的"业务工作"栏,执行"业务工作"→"供应链"→"采购管理"→"采购入库"→"采购入库单"命令。双击"采购入库单",进入"期初采购入库单"窗口,如图 4-43 所示。

图 4-43　期初采购入库单

(2)单击"增加"按钮,表头项目录入以下内容:入库单号默认,入库日期为"2019-12-28",仓库参照录入"原材料仓库",供货单位参照录入"宏图电子厂",部门选择"采购部",业务员选择"宋子睿"。

(3)表体项目录入以下内容:存货编码选择"02",存货名称为"商用主板",数量录入"200.00",本币单价录入"1 200.00",如图 4-44 所示。单击"保存"按钮。

图 4-44　期初采购入库单录入

(三)采购期初记账

(1)以账套主管"601 赵启航"身份于 2020 年 1 月 1 日登录企业应用平台,单击左下角的"业务工作"栏,执行"业务工作"→"供应链"→"采购管理"→"设置"→"采购期初记账"命令。双击"采购期初记账",打开"期初记账"对话框,如图 4-45 所示。

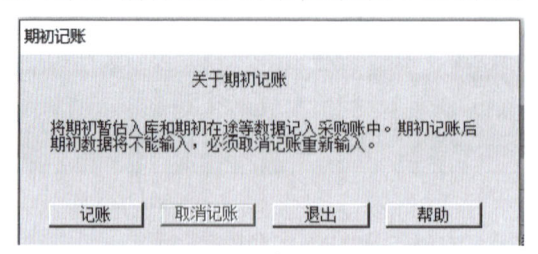

图 4-45　期初记账

(2)单击"记账"按钮,系统弹出"期初记账完毕!"信息提示对话框,单击"确定"按钮。

三、常见错误解析

若不进行期初采购记账,则今后录入采购入库单时,出现的页面还是期初采购入库单而不是本期发生的采购入库单。

任务九　库存管理系统期初设置

一、任务工单

库存管理系统期初设置任务工单

任务名称	库存管理系统期初设置	学时		班级	
组别		组长		小组成绩	
学生姓名		联系方式		个人成绩	
任务开始时间		任务完成场地		任务完成时长	

任务详情

子任务一　设置库存管理系统参数

参数数据:

启用有委托代销业务;

修改现存量时点为采购入库审核、销售出库审核、其他出入库审核时

子任务二　设置库存管理系统期初数据

库存期初资料

存货编码	存货名称	计量单位	数量	单价	仓库	金额
01	可控硅芯片	条	200	50	原材料仓库	10 000
02	商用主板	箱	1000	1 200	原材料仓库	1 200 000
04	1T 固态硬盘	个	50	600	原材料仓库	30 000
06	A-1 笔记本电脑	台	20	2 500	产成品仓库	50 000

思政元素:遵守会计职业道德

思政案例:仓库保管员应如实盘点和保管存货,不得造假

党的二十大报告:广泛践行社会主义核心价值观

任务要求

能按照任务工单要求正确设置库存管理系统参数与期初数据

任务实施难点	任务完成正确率	操作错误	错误原因及改正方法

二、任务实施

(一)设置库存管理系统参数

(1)以账套主管"601 赵启航"身份于 2020 年 1 月 1 日登录企业应用平台,单击左下角的"业务工作"栏,执行"业务工作"→"供应链"→"库存管理"→"初始设置"→"选项"命令。双击"选项",打开"库存选项设置"对话框。

(2)勾选"有无委托代销业务"(若已经勾选则可忽略),勾选"采购入库审核时改现存量""销售出库审核时改现存量""其他出入库审核时改现存量",如图 4-46 所示,勾选完毕后单击"确定"按钮。

图 4-46　库存选项设置

(二)设置库存管理系统期初数据

(1)以账套主管"601 赵启航"身份于 2020 年 1 月 1 日登录企业应用平台,单击左下角的"业务工作"栏,执行"业务工作"→"供应链"→"库存管理"→"初始设置"→"期初结存"命令。双击"期初结存",进入"库存期初数据录入"窗口,如图 4-47 所示。

图 4-47　库存期初数据录入窗口

(2)右上角仓库选择"(01)原材料仓库",单击"修改"按钮,存货编码选择"01",存货名称为"可控硅芯片",数量录入"200.00",单价录入"50.00",单击"保存"按钮。单击"增行"按钮,继续录入原材料仓库的剩余存货,录入完毕后如图4-48所示。单击"批审"按钮,系统提示"批量审核完成"。

图 4-48　原材料仓库库存期初数据

(3)同理,右上角仓库选择"(02)产成品仓库",录入产成品仓库的存货,录入完毕后如图4-49所示。单击"批审"按钮,系统提示"批量审核完成",退出库存期初数据录入窗口。

图 4-49　产成品仓库库存期初数据

三、常见错误解析

如果库存管理系统期初录入完毕后不进行审批或者批审,那么后续进行销售时会显示库存可用量不足。

任务十　存货核算系统期初设置

一、任务工单

存货核算系统期初设置任务工单

任务名称	存货核算系统期初设置	学时		班级	
组别		组长		小组成绩	
学生姓名		联系方式		个人成绩	
任务开始时间		任务完成场地		任务完成时长	
任务详情					
子任务一　设置存货核算系统参数					
参数数据: 核算方式为按仓库核算;暂估方式为单到回冲; 销售成本核算方式为销售发票;委托代销成本核算方式为"按发出商品核算"; 其余默认系统参数					

(续表)

子任务二 期初数据录入
从库存管理系统取数
子任务三 科目设置
1.存货科目 原材料库的存货科目为"1403 原材料"的明细科目(末级科目,必须先填写存货编码与存货名称,下同);产成品库的存货科目为"1405 库存商品"的相关明细科目;关联产品仓库的存货科目为"1405 库存商品"的相关明细科目;工具零件库的存货科目为"1411 周转材料"的相关明细科目;包装物仓库的存货科目为"1411 周转材料"的相关明细科目
2.(1)委托代销发出商品科目: 原材料库、产成品库的委托代销发出商品科目为"1406 发出商品" (2)直运科目: 所有仓库直运科目均为"1402 在途物资" 3.存货对方科目 采购入库的对方科目为"1402 在途物资",暂估科目为"220202 应付账款—应付暂估款",采购退货的对方科目为"1402 在途物资",盘盈入库的对方科目为"190101 待处理流动资产损溢",产成品入库的对方科目为"500101 生产成本—直接材料",销售出库、销售退货、委托代销出库的对方科目均为"6401 主营业务成本",盘亏出库的对方科目为"190101 待处理流动资产损溢"
子任务四 存货期初记账
进行存货核算系统期初记账
思政元素:认真负责的工作态度 思政案例:进行科目设置时应认真仔细,避免因科目设置错误导致在生成存货相关凭证时出现连带错误 党的二十大报告:在全社会弘扬劳动精神、奋斗精神、奉献精神、创造精神、勤俭节约精神,培育时代新风新貌
任务要求
能正确进行存货核算系统期初设置并记账

任务实施难点	任务完成正确率	操作错误	错误原因及改正方法

二、任务实施

(一)设置存货核算系统参数

(1)以账套主管"601 赵启航"身份于 2020 年 1 月 1 日登录企业应用平台,单击左下角的"业务工作"栏,执行"业务工作"→"供应链"→"存货核算"→"初始设置"→"选项"命令。双击"选项录入",打开"选项录入"对话框。

(2)在核算方式选项卡下,核算方式选择"按仓库核算"(若已经选择则可忽略,下同),暂估方式选择"单到回冲",销售成本核算方式选择"销售发票",委托代销成本核算方式选择"按发出商品核算",设置完毕后如图 4-50 所示,单击"确定"按钮。系统提示"是否保存当前设置?",单击"是"按钮后退出。

(二)期初数据录入

(1)以账套主管"601 赵启航"身份于 2020 年 1 月 1 日登录企业应用平台,单击左下角的"业务工作"栏,执行"业务工作"→"供应链"→"存货核算"→"初始设置"→"期初数据"→"期初余额"命令。双击"期初余额",进入"期初余额"窗口。

(2)仓库选择"01 原材料仓库",单击"取数"按钮,系统自动从库存管理系统取出该仓库的存货信息,要注意显示不全的金额后有省略号,如图 4-51 所示。

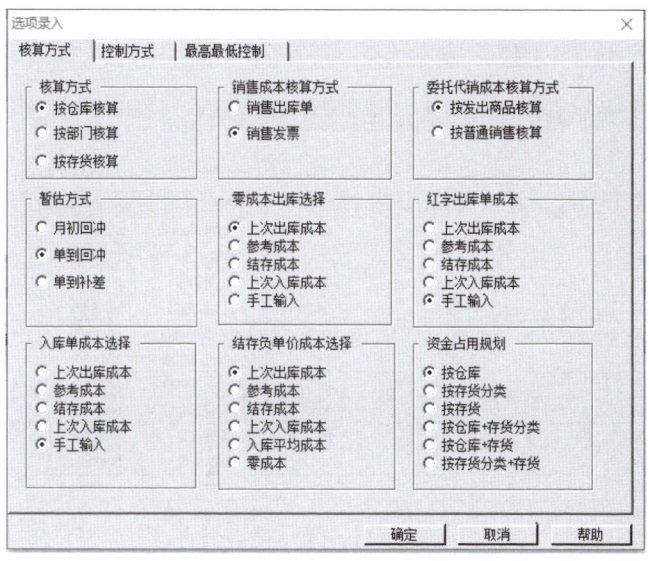

图 4-50 选项录入

图 4-51 原材料仓库期初余额

(3)仓库选择"02 产成品仓库",单击"取数"按钮,系统自动从库存管理系统取出该仓库的存货信息,如图 4-52 所示。单击"退出"按钮,退出"期初余额"窗口。

图 4-52 产成品仓库期初余额

(三)存货、发出商品、直运科目录入

(1)以账套主管"601 赵启航"身份于 2020 年 1 月 1 日登录企业应用平台,单击左下角的"业务工作"栏,执行"业务工作"→"供应链"→"存货核算"→"初始设置"→"科目设置"命

令。双击"存货科目",进入"存货科目"窗口。

（2）单击"增加"按钮,仓库编码选择"01",仓库名称自动填入"原材料仓库",存货编码选择"01",存货名称录入"可控硅芯片",存货科目编码选择"14030101",存货科目名称为"可控硅芯片"。

（3）继续单击"增加"按钮,第二行仓库编码继续选择"01",仓库名称自动填入"原材料仓库",存货编码选择"02",存货名称录入"商用主板",存货科目编码选择"14030201",存货科目名称为"商用主板"。同理,继续录入原材料仓库以及其他仓库的存货科目,录入完毕后如图4-53所示。

仓库编码	仓库名称	存货分类编码	存货分类名称	存货编码	存货名称	存货科目编码	存货科目名称	差异科目编码
01	原材料仓库			01	可控硅芯片	14030101	可控硅芯片	
01	原材料仓库			02	商用主板	14030201	商用主板	
01	原材料仓库			03	PXA 处理器	14030301	PXA 处理器	
01	原材料仓库			04	1T 固态硬盘	14030401	1T 固态硬盘	
01	原材料仓库			05	小 A 型机箱	14030501	小 A 型机箱	
02	产成品仓库			06	A-1 笔记本电脑	14050101	A-1 笔记本电脑	
02	产成品仓库			07	B-1 笔记本电脑	14050201	B-1 笔记本电脑	
02	产成品仓库			08	C-1 笔记本电脑	14050301	C-1 笔记本电脑	
03	关联产品库			09	透明硬盘盒	14050401	透明硬盘盒	
03	关联产品库			10	128GB U 盘	14050501	128GBU 盘	
04	工具零件库			11	十字螺丝刀	14110101	十字螺丝刀	
05	包装物仓库			13	显示器包装纸箱	14110201	显示器包装纸箱	

图4-53　各仓库存货科目

（4）同理,继续录入委托代销发出商品科目以及直运科目,录入完毕后如图4-54所示。

仓库编码	仓库名称	存货编码	存货名称	存货科目编码	存货科目名称	委托代销发出商品科目…	委托代销发出…	直运科目编码	直运科目名称
01	原材料仓库	01	可控硅芯片	14030101	可控硅芯片	1406	发出商品	1402	在途物资
01	原材料仓库	02	商用主板	14030201	商用主板	1406	发出商品	1402	在途物资
01	原材料仓库	03	PXA 处理器	14030301	PXA 处理器	1406	发出商品	1402	在途物资
01	原材料仓库	04	1T 固态硬盘	14030401	1T 固态硬盘	1406	发出商品	1402	在途物资
01	原材料仓库	05	小 A 型机箱	14030501	小 A 型机箱	1406	发出商品	1402	在途物资
02	产成品仓库	06	A-1 笔记本电脑	14050101	A-1 笔记本电脑	1406	发出商品	1402	在途物资
02	产成品仓库	07	B-1 笔记本电脑	14050201	B-1 笔记本电脑	1406	发出商品	1402	在途物资
02	产成品仓库	08	C-1 笔记本电脑	14050301	C-1 笔记本电脑	1406	发出商品	1402	在途物资
03	关联产品库	09	透明硬盘盒	14050401	透明硬盘盒			1402	在途物资
03	关联产品库	10	128GB U 盘	14050501	128GBU 盘			1402	在途物资

图4-54　委托代销发出商品科目以及直运科目

（四）存货对方科目录入

（1）以账套主管"601赵启航"身份于2020年1月1日登录企业应用平台,单击左下角的"业务工作"栏,执行"业务工作"→"供应链"→"存货核算"→"初始设置"→"科目设置"命令。双击"对方科目",进入"对方科目"窗口。

（2）单击"增加"按钮,收发类别编码选择"101",对方科目编码选择"1402",对方科目名称自动出现。暂估科目编码录入"220202",暂估科目名称自动出现。同理,根据任务工单要求继续录入其他对方科目与暂估科目。录入完毕后如图4-55所示。

收发类别编码	收发类别名称	存货分类编码	存货分类名称	存货编码	存货名称	部门名称	对方科目编码	对方科目名称	暂估科目编码	暂估科目名称	委外加工费科目编码
101	采购入库						1402	在途物资	220202	应付暂估款	
102	采购退货						1402	在途物资			
103	盘盈入库						190101	待处理流动资产损溢			
104	产成品入库						500101	直接材料			
201	销售出库						6401	主营业务成本			
202	销售退货						6401	主营业务成本			
203	盘亏出库						190101	待处理流动资产损溢			
204	委托代销出库						6401	主营业务成本			

图 4-55　对方科目、暂估科目

（五）存货期初记账

(1)以账套主管"601 赵启航"身份于 2020 年 1 月 1 日登录企业应用平台，单击左下角的"业务工作"栏，执行"业务工作"→"供应链"→"存货核算"→"初始设置"→"期初数据"命令。双击"期初余额"，进入"期初余额"窗口。

(2)单击"记账"按钮，系统弹出"期初记账成功！"信息提示对话框，如图 4-56 所示。单击"确定"按钮后退出"期初余额"窗口。

图 4-56　期初记账成功

三、常见错误解析

如果存货管理系统不进行期初记账，那么后续进行销售时会显示库存可用量不足。

项目五 采购管理系统业务处理

任务一　普通采购业务一

一、任务工单

普通采购业务一任务工单

任务名称	普通采购业务一	学时		班级	
组别		组长		小组成绩	
学生姓名		联系方式		个人成绩	
任务开始时间		任务完成场地		任务完成时长	

任务详情

采购业务具体内容：

2020年1月1日，滨州市启航股份有限公司采购部采购员宋子睿向上级提出采购申请（采购类型为正常采购，需求日期为1月3日），向宇翔公司采购一批1T固态硬盘，不含税单价为100元/个，一共采购1 000个，税率为13%，增值税为13 000元。1月2日，上级同意请购，与宇翔公司签订采购合同。1月3日，硬盘到货入库，同时收到宇翔公司开出的增值税专用发票，发票号为FP00000001，款项尚未支付

思政元素：勤俭节约的中华传统美德
思政案例：采购部团队通过招标方式采购原材料，质量、价格都符合要求，为企业节省了一大笔成本
党的二十大报告：在全社会弘扬劳动精神、奋斗精神、奉献精神、创造精神、勤俭节约精神，培育时代新风新貌。深入开展社会主义核心价值观宣传教育，深化爱国主义、集体主义、社会主义教育

任务要求

1.根据任务工单提供的业务资料内容，在供应链相关的各系统以及应付款管理系统中填写合适的单据并审核，从而完成采购业务。
2.能正确填写请购单、采购订单、到货单、入库单以及专用发票等单据。
3.会进行采购专用发票与入库单的结算。
4.生成相应的财务记账凭证

(续表)

任务实施难点	任务完成正确率	操作错误	错误原因及改正方法

二、任务解析

本业务应首先请购,然后签订采购合同,采购到货的同时收到采购专用发票,款项未支付。

三、完成任务的岗位分配

采购部宋子睿填写采购请购单(审核)、根据请购单生成采购订单(审核)、根据采购订单生成采购到货单(审核)、根据采购到货单生成采购入库单(审核)、根据采购入库单生成采购专用发票,将发票与采购入库单进行结算,财务部张子萱审核发票并制单。在存货核算系统中,张子萱进行正常单据记账,并生成存货核算系统凭证。

四、任务实施

(一)录入采购请购单

(1)以操作员"606 宋子睿"身份于 2020 年 1 月 1 日登录企业应用平台,单击左下角的"业务工作"栏,执行"业务工作"→"供应链"→"采购管理"→"请购"→"请购单"命令。双击"请购单",进入"采购请购单"窗口。

(2)单击"增加"按钮,在表头项目中,请购部门选择"采购部",请购人员录入"宋子睿",采购类型选择"正常采购"。

(3)表体中的存货编码录入"04",存货名称自动出现"1T 固态硬盘",数量录入"1 000.00",本币单价录入"100.00",需求日期录入"2020-01-03"。单击"保存"按钮,如图 5-1 所示。

图 5-1 采购请购单

(4)单击"审核"按钮后退出"采购请购单"窗口。

(二)生成采购订单

(1)以操作员"606 宋子睿"身份于 2020 年 1 月 2 日登录企业应用平台,单击左下角的"业务工作"栏,执行"业务工作"→"供应链"→"采购管理"→"采购订货"→"采购订单"命令。

双击"采购订单",进入"采购订单"窗口。

(2)单击"增加"按钮,单击"生单"右侧的倒三角按钮,打开下拉列表,选择"请购单",打开"查询条件选择—采购请购单列表过滤"对话框,单击"确定"按钮,进入"拷贝并执行"窗口,单击"全选"按钮,拷贝列表出现的数据,如图5-2所示。

图 5-2　拷贝请购单

(3)单击"OK确定"按钮,将请购单内容拷贝至采购订单,表头项目供应商选择"宇翔公司",部门为"采购部",业务员为"宋子睿",税率录入"13.00",单击"保存"按钮,系统提示"将按照表头税率统一表体税率,是否继续",单击"是"按钮,然后审核,如图5-3所示。审核后退出"采购订单"窗口。

图 5-3　采购订单

(三)生成采购到货单

(1)以操作员"606宋子睿"身份于2020年1月3日登录企业应用平台,单击左下角的"业务工作"栏,执行"业务工作"→"供应链"→"采购管理"→"采购到货"→"到货单"命令。双击"到货单",进入"到货单"窗口。

(2)单击"增加"按钮,单击"生单"右侧的倒三角按钮,打开下拉列表,选择"采购订单",打开"查询条件选择—采购订单列表过滤"对话框,单击"确定"按钮,进入"拷贝并执行"窗口,单击"全选"按钮,拷贝列表出现的数据,如图5-4所示。

图 5-4　拷贝订单

(3)单击"OK确定"按钮,将采购订单内容拷贝至货单,表头项目的部门选择"采购部",单击"保存"按钮,然后审核,如图5-5所示。退出"到货单"窗口。

图5-5 到货单

(四)生成采购入库单

(1)以操作员"606 宋子睿"身份于2020年1月3日登录企业应用平台,单击左下角的"业务工作"栏,执行"业务工作"→"供应链"→"库存管理"→"入库业务"→"采购入库单"命令。双击"采购入库单",进入"采购入库单"窗口。

> **任务指导:**
> 　　除期初采购入库单外,本期发生的采购入库单必须在库存管理系统中生成,而不是在采购管理系统中生成。

(2)单击"生单"右侧的倒三角按钮(注意不要单击"增加"按钮),打开下拉列表,选择"到货单(蓝字)",打开"查询条件选择——采购到货单列表过滤"对话框,单击"确定"按钮,进入"到货单生单"窗口,单击"全选"按钮,拷贝到货单生单表体列表出现的数据,如图5-6所示。

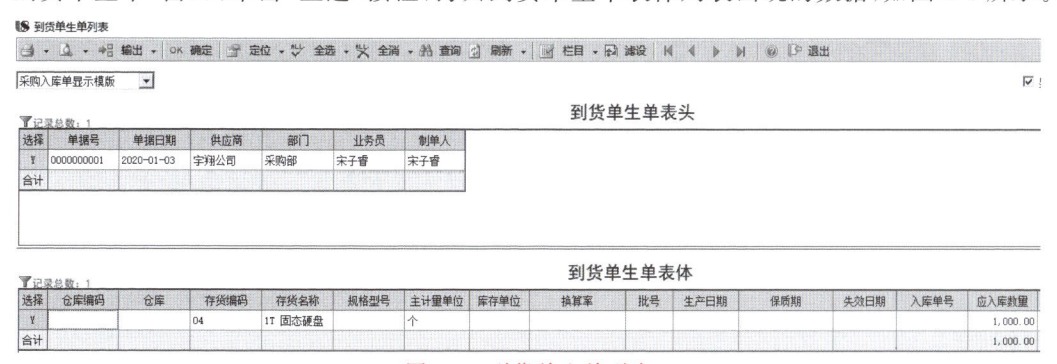

图5-6 到货单生单列表

(3)单击"OK确定"按钮,将到货单内容拷贝至采购入库单,表头项目的仓库选择"原材料仓库",单击"保存"按钮,然后审核,如图5-7所示。退出"采购入库单"窗口。

图 5-7 采购入库单

(五)生成采购专用发票

(1)以操作员"606 宋子睿"身份于 2020 年 1 月 3 日登录企业应用平台,单击左下角的"业务工作"栏,执行"业务工作"→"供应链"→"采购管理"→"采购发票"→"专用采购发票"命令。双击"专用采购发票",进入专用发票窗口。

(2)单击"增加"按钮,单击"生单"右侧的倒三角按钮,打开下拉列表,选择"入库单",打开"查询条件选择—采购入库单列表过滤"对话框,单击"确定"按钮,进入"拷贝并执行"窗口。双击供货商为宇翔公司的选择栏,出现"Y"字样,拷贝出现的数据,如图 5-8 所示。

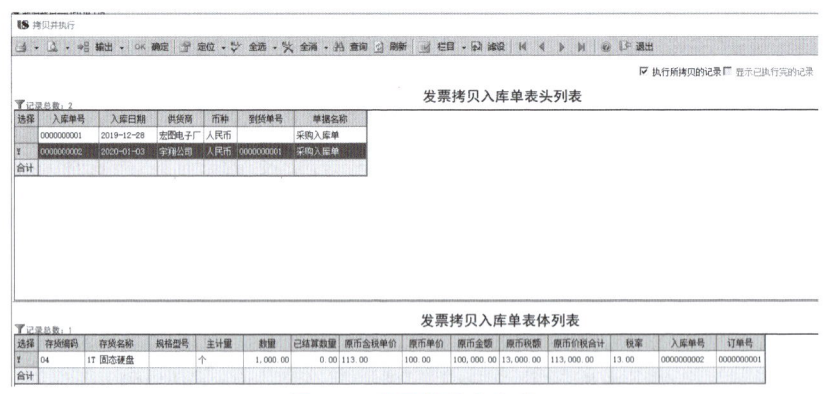

图 5-8 发票拷贝入库单

(3)单击"OK 确定"按钮,将入库单内容拷贝至专用发票,修改发票号为"FP00000001",修改税率为"13.00",单击"保存"按钮。系统提示"将按照表头税率统一表体税率,是否继续",单击"是"按钮保存专用发票,如图 5-9 所示。然后关闭"专用发票"窗口。

图 5-9 采购专用发票

(六)采购结算(手工结算)

(1)以操作员"606 宋子睿"身份于 2020 年 1 月 3 日登录企业应用平台,单击左下角的

"业务工作"栏,执行"业务工作"→"供应链"→"采购管理"→"采购结算"→"手工结算"命令。双击"手工结算",进入手工结算窗口。

(2)单击左上方"选单"按钮,进入"结算选单"窗口。

(3)单击左上角"查询"按钮,打开"查询条件选择—采购手工结算"对话框,单击"确定"按钮,结算选发票列表与结算选入库单列表均出现数据,如图5-10所示。

图5-10 手工结算选单

(4)结算选发票列表中,双击选择供应商为宇翔公司所在行的选择栏,结算选入库单列表中,双击选择供应商为宇翔公司所在行的选择栏,如图5-11所示。

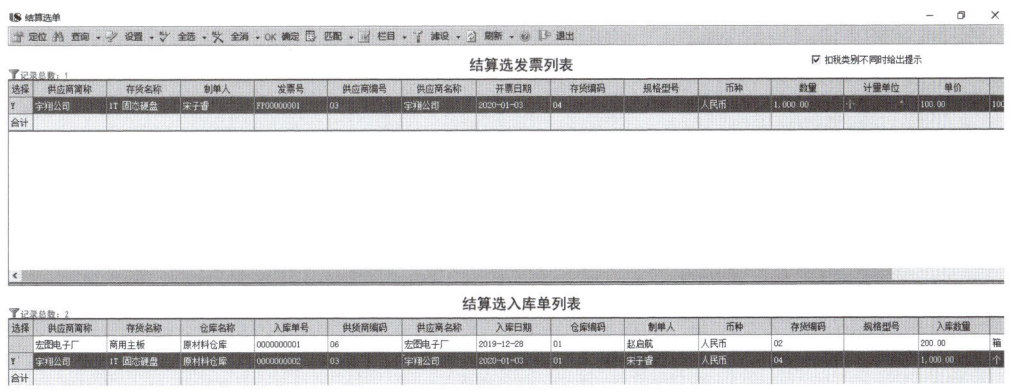

图5-11 手工结算选择发票与入库单

(5)单击"OK确定"按钮,回到"手工结算"窗口,发现上方结算汇总栏出现需要结算的采购发票与采购入库单,单击上方"结算"按钮,系统提示"完成结算!",如图5-12所示。单击"确定"按钮,然后关闭"手工结算"窗口。

图5-12 完成结算提示

任务指导:既可手工结算,也可以自动结算。

（6）执行"业务工作"→"供应链"→"采购管理"→"采购结算"→"结算单列表"命令，双击"结算单列表"，打开"查询条件选择—采购结算单"对话框，单击"确定"按钮，进入结算单列表，可查询已有结算单，如图5-13所示。

图5-13　结算单列表

（七）应付单据审核与制单

1. 以操作员"605 张子萱"身份于2020年1月3日登录企业应用平台，单击左下角的"业务工作"栏，执行"业务工作"→"财务会计"→"应付款管理"→"应付单据处理"→"应付单据审核"命令。双击"应付单据审核"，打开"应付单查询条件"对话框，单击"确定"按钮。发现应付单据列表并没有筛选出单据，如图5-14所示。

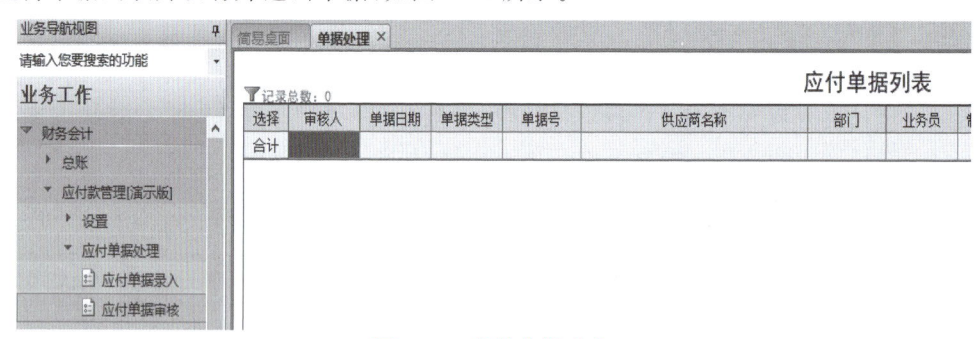

图5-14　应付单据列表

没有筛选出单据的原因是操作员605张子萱没有操作员606宋子睿的用户相关数据权限，没法查看自己或者他人填制的单据。应由账套主管赋予605张子萱相关数据权限。具体操作如下：

（1）以账套主管"601 赵启航"身份于2020年1月1日登录企业应用平台，单击左下角的"系统服务"栏，执行"系统服务"→"权限"→"数据权限分配"命令。双击"数据权限分配"，进入"权限浏览"窗口，如图5-15所示。

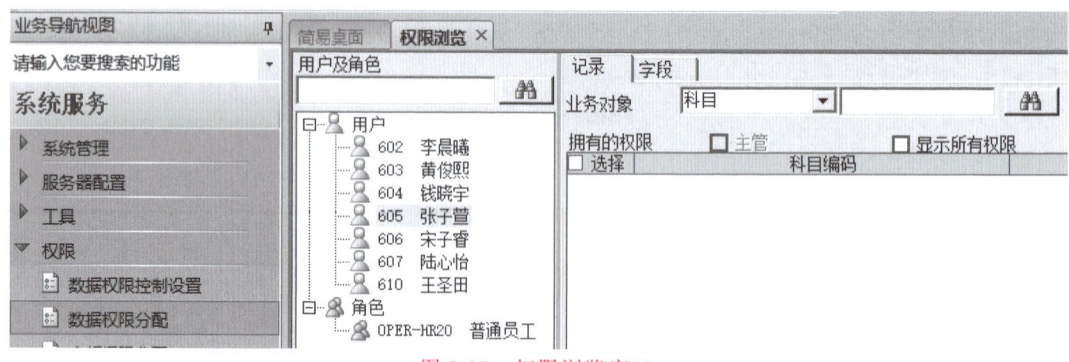

图5-15　权限浏览窗口

（2）左侧用户选择"605 张子萱"，如图5-16所示，单击"授权"按钮，打开"记录权限设置"对话框。

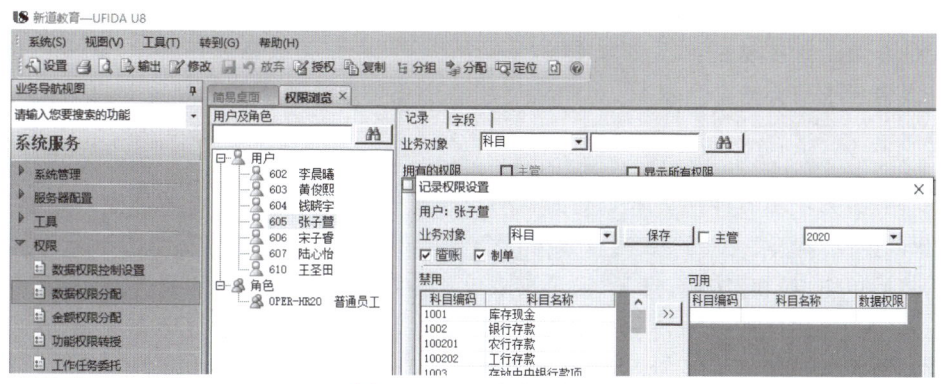

图 5-16 记录权限设置

(3)业务对象选择"用户",如图 5-17 所示。在左侧禁用栏选择"605 张子萱",单击中间">"按钮,将用户"605 张子萱"从左侧禁用栏移动至右侧可用栏。同理,左侧禁用栏选择"606 宋子睿",单击中间">"按钮,将用户"606 宋子睿"从左侧禁用栏移动至右侧可用栏,也将用户"601 赵启航"从左侧禁用栏移动至右侧可用栏,如图 5-18 所示。单击"保存"按钮,系统弹出"保存成功,重新登陆门户,此配置才能生效!"信息提示对话框,如图 5-19 所示。单击"确定"按钮后退出。

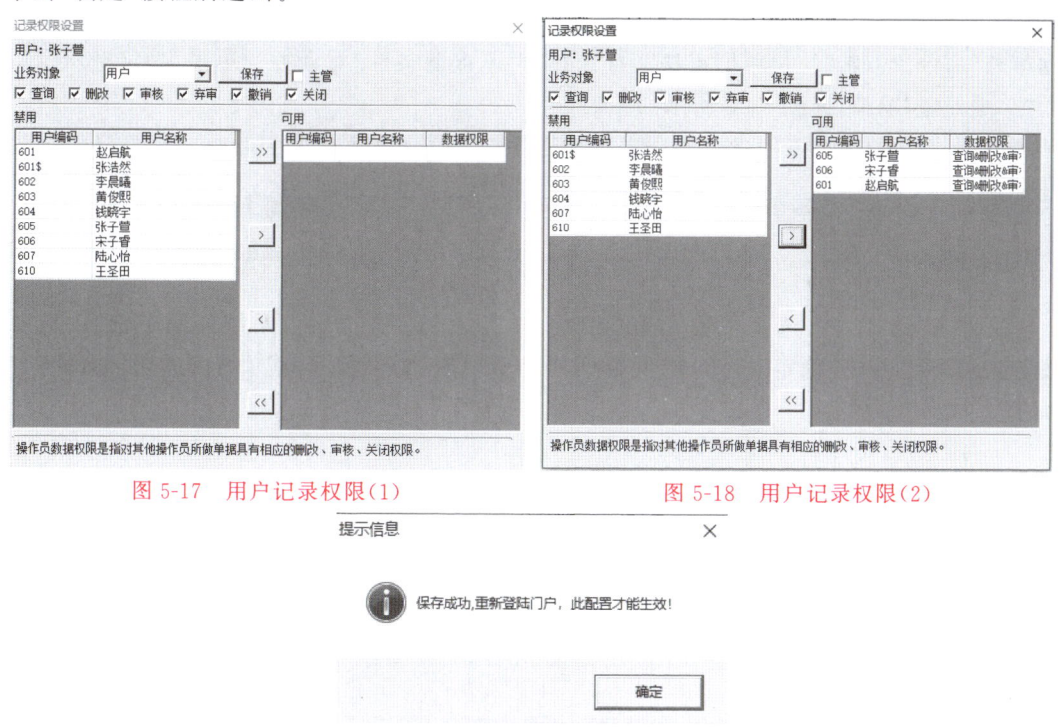

图 5-17 用户记录权限(1)　　　图 5-18 用户记录权限(2)

图 5-19 提示保存成功

任务指导:

①此处可以单击"》"按钮,将所有用户从禁用栏移动至可用栏,也就是说这样设置完毕后,张子萱将对所有用户填制的单据享有查询、删改、审核、弃审、撤销、关闭的权限。

②账套主管可以根据实际工作需要进行设置用户相关数据权限,可以赋予张子萱部分或者所有用户的部分权限,也可赋予张子萱全部用户的全部权限或者部分用户的全部权限。

(4)同理,为了之后操作员宋子睿拥有用户相关数据权限,执行"系统服务"→"权限"→"数据权限分配"命令。双击"数据权限分配",进入"权限浏览"窗口,左侧用户选择"606 宋子睿",然后单击"授权"按钮,打开"记录权限设置"对话框,业务对象选择"用户",如图 5-17 所示。在左侧禁用栏选择"605 张子萱",单击中间">"按钮,将用户"605 张子萱"从左侧禁用栏移动至右侧可用栏。同理,左侧禁用栏选择"606 宋子睿",单击中间">"按钮,将用户"606 宋子睿"从左侧禁用栏移动至右侧可用栏,也将用户"601 赵启航"从左侧禁用栏移动至右侧可用栏。单击"保存"按钮,系统弹出"保存成功,重新登陆门户,此配置才能生效!"信息提示对话框。单击"确定"按钮后退出。

(5)同理,为了今后操作便利,直接勾选"主管",设置操作员钱晓宇所有操作员的用户数据权限。

2. 以操作员"605 张子萱"身份于 2020 年 1 月 3 日登录企业应用平台,单击左下角的"业务工作"栏,执行"业务工作"→"财务会计"→"应付款管理"→"应付单据处理"→"应付单据审核"命令。双击"应付单据审核",打开"应付单查询条件"对话框。单击"确定"按钮,进入"单据处理"窗口,如图 5-20 所示。

图 5-20　应付单据审核

3. 双击"选择"栏,选择下方出现"Y"字样,单击"审核"按钮,系统提示审核成功,如图 5-21 所示。单击"确定"按钮,应付单据列表出现审核人"张子萱",审核成功,如图 5-22 所示。

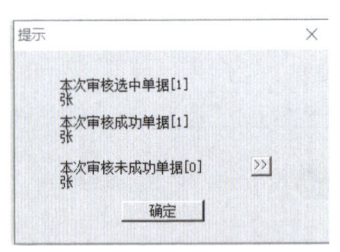

图 5-21　审核成功提示

图 5-22　审核成功

4. 执行"业务工作"→"财务会计"→"应付款管理"→"制单处理"命令。打开"制单查询"对话框,选择默认"发票制单",单击"确定"按钮,进入"采购发票制单"窗口,如图 5-23 所示。

5.单击"全选"按钮,凭证类别选择"转账凭证",单击"制单"按钮,进入填制凭证窗口,单击"保存"按钮后凭证左上方出现"已生成",如图5-24所示。

图5-23　发票制单

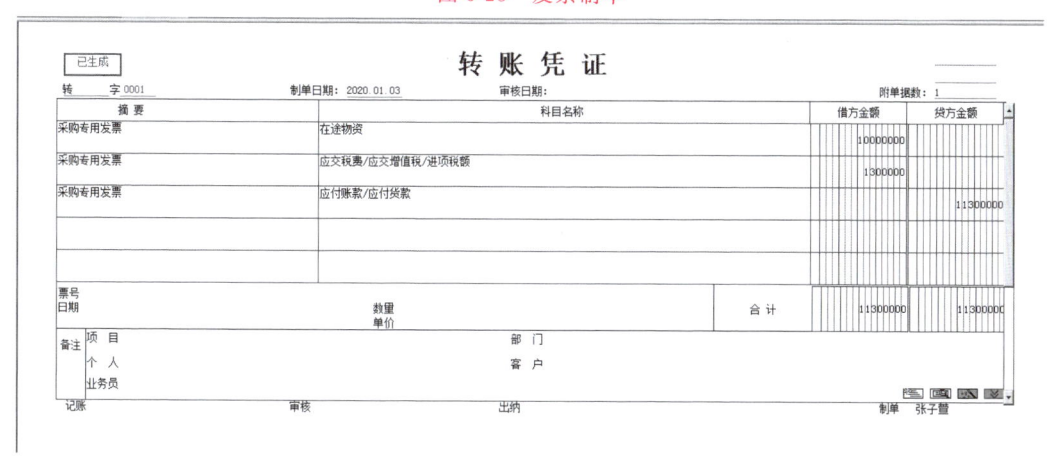

图5-24　发票制单生成转账凭证

6.以操作员"605 张子萱"身份于2020年1月3日登录企业应用平台,单击左下角的"业务工作"栏,执行"业务工作"→"财务会计"→"总账"→"凭证"→"查询凭证"命令。双击"查询凭证",打开"凭证查询"对话框,单击"确定"按钮,进入"查询凭证列表"窗口,如图5-25所示。

图5-25　查询凭证

(八)核算采购成本

(1)以操作员"605 张子萱"身份于2020年1月3日登录企业应用平台,单击左下角的"业务工作"栏,执行"业务工作"→"供应链"→"存货核算"→"业务核算"→"正常单据记账"命令。双击"正常单据记账",打开"查询条件选择"对话框,如图5-26所示。

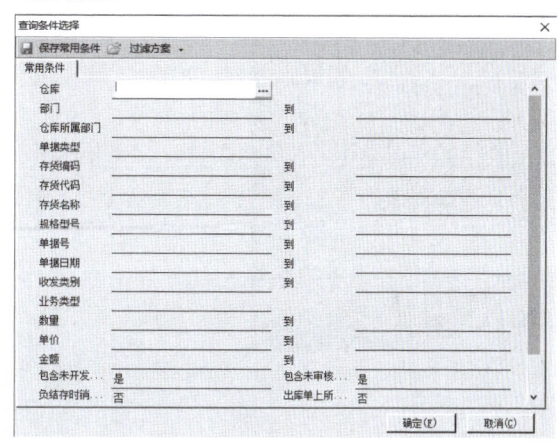

图5-26　查询条件选择

(2)单击"确定"按钮,进入"未记账单据一览表"窗口,如图5-27所示。

图5-27　正常单据记账

(3)单击上方"全选"按钮,然后单击"记账"按钮。系统弹出"记账成功"提示对话框,如图5-28所示。单击"确定"按钮后关闭"未记账单据一览表。"窗口。

如果发现记账之前有错误,可以执行"业务工作"→"供应链"→"存货核算"→"业务核算"→"恢复记账"命令,打开查询条件选择对话框之后确定,进入"恢复记账"窗口,如图5-29所示。双击第一行选择栏,出现"Y"字样。单击左上方"恢复"按钮,系统弹出"恢复记账成功。"信息提示对话框,单击"确定"按钮关闭"恢复记账"窗口。如果正常单据记账之前未发现错误,那么可不恢复记账。

图5-28　记账成功

图5-29　恢复记账

(4)在存货核算系统中,执行"财务核算"→"生成凭证"命令,进入"生成凭证"窗口,如图5-30所示。

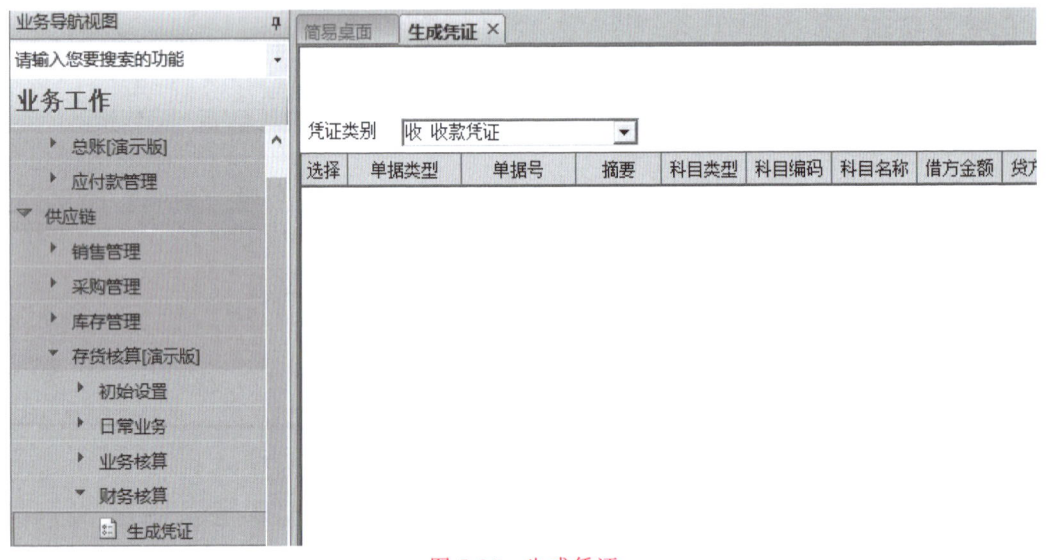

图5-30　生成凭证

(5)单击左上角"选择"按钮,打开"查询条件"对话框,如图5-31所示。

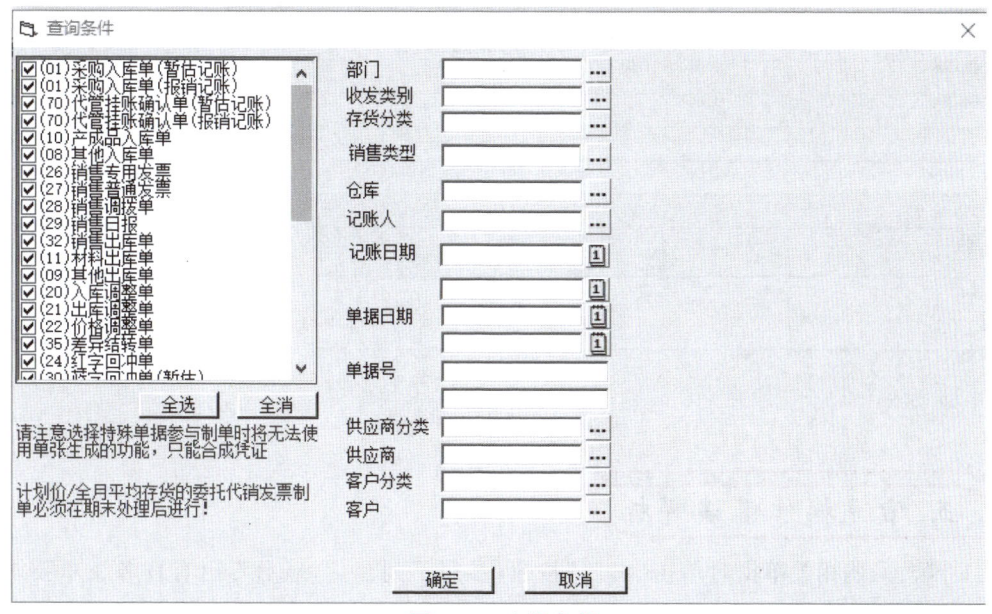

图 5-31　查询条件

(6)单击"确定"按钮,进入"选择单据"窗口,查看未生成凭证单据一览表,如图5-32所示。

图 5-32　未生成凭证单据一览表

(7)单击"全选"按钮,未生成凭证单据一览表第一行选择栏出现"1"字样,然后单击"确定"按钮,进入"生成凭证"窗口,如图5-33所示。

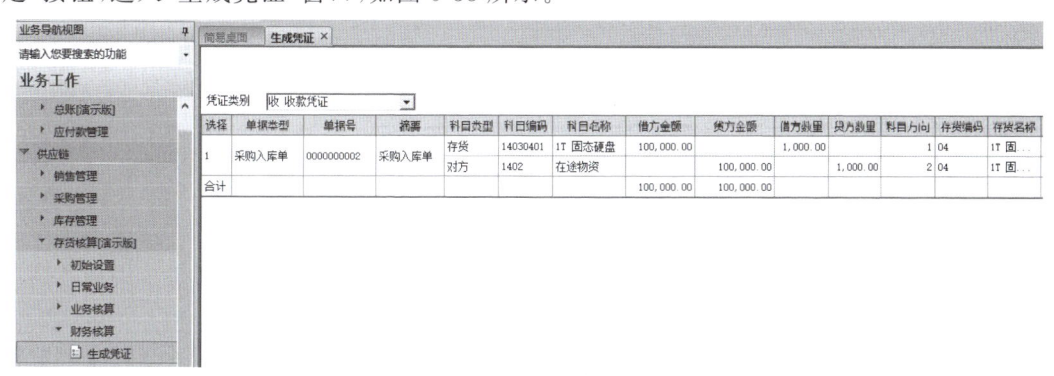

图 5-33　生成凭证

(8)修改凭证类别为"转账凭证",单击"生成"按钮,进入"填制凭证"窗口,单击"保存"按钮,凭证左上角显示"已生成"字样,如图5-34所示。

图 5-34　采购入库凭证

五、常见操作错误解析

1. 录入采购相关单据时单击"参照"按钮,参照不到存货,显示不出有任务工单要求的存货。

原因分析:该项存货的存货档案未录入或者存货档案中未勾选外购属性。

解决方法:增加或者修改存货档案。

2. 存货核算系统生成采购入库凭证时,生成的是暂估入库凭证,贷方科目为"应付账款—应付暂估款",如图 5-35 所示。

图 5-35　贷方科目为应付暂估款

原因分析:采购入库单与采购专用发票未进行结算,结果导致存货核算系统因没有发票载明的准确成本而导致暂估。

解决方法:倒推法。进行如下操作步骤:

(1) 删除存货核算系统生成的凭证

如果已经生成暂估入库凭证,那么在存货核算系统中,操作员张子萱执行"财务核算"→"凭证列表"命令,查看凭证列表如图 5-36 所示。

选择	凭证日期	凭证类型	凭证号	凭证摘要	业务号	制单人	审核人	记账人	状态	来源
	2020-01-31	转	2	采购入库单	2020IA0000000000002	张子萱			正常	存货系统

图 5-36 查看错误凭证

单击选择栏,出现"Y"字样,单击左上方"删除"按钮,删除存货核算系统生成的凭证。若尚未生成暂估入库凭证,则无须进行此操作步骤。

> **任务指导:**
> 在存货核算系统这个子系统删除的凭证在总账系统中只是作废了,需要到总账系统中整理凭证才能彻底删除。

(2)恢复记账

如果已经在存货核算系统中正常进行单据记账,那么应该恢复记账。在存货核算系统中,张子萱执行"业务核算"→"恢复记账"命令,弹出"查询条件选择"对话框,单击"确定"按钮,进入"恢复记账"窗口。单击"全选"按钮,再单击"恢复"按钮,系统提示"恢复记账成功",单击"确定"后退出"恢复记账"窗口。

(3)操作员宋子睿将采购入库单与采购专用发票进行结算,结算后张子萱可以继续进行专用发票的审核制单以及在存货核算系统中正常单据记账并生成采购入库凭证。

任务二 普通采购业务二

一、任务工单

普通采购业务二任务工单

任务名称	普通采购业务二	学时		班级	
组别		组长		小组成绩	
学生姓名		联系方式		个人成绩	
任务开始时间		任务完成场地		任务完成时长	
任务详情					
采购业务具体内容: 2020年1月5日,滨州市启航股份有限公司采购部与宏图电子厂签订采购合同,合同内容为采购一批商用主板,不含税单价为1 000元/箱,一共采购100箱。1月6日,采购部采购的主板到货入库,尚未收到发票,款项尚未支付					

(续表)

思政元素:严谨的工作作风
思政案例:会计信息化需要严谨的态度,宋子睿在填写采购入库单时,填写了不含税单价,但是这批存货的发票尚未从供应商那里取得。若采购入库单中填写了单价,则必须进行结算或者结算成本处理才能和采购发票一致,如果采购入库单未填写单价,那么就能和采购发票保持一致
党的二十大报告:在全社会弘扬劳动精神、奋斗精神、奉献精神、创造精神、勤俭节约精神,培育时代新风新貌。深入开展社会主义核心价值观宣传教育,深化爱国主义、集体主义、社会主义教育

任务要求
1.根据任务工单提供的业务资料内容,在供应链各系统中填写合适的单据并审核,完成此采购业务。
2.会正确填写采购订单与到货单、入库单。
3.该业务暂不生成凭证

任务实施难点	任务完成正确率	操作错误	错误原因及改正方法

二、任务解析

本业务是签订采购合同、采购到货入库的业务,款项未付,发票未到。

三、完成任务的岗位分配

采购部宋子睿填写采购订单(审核),参照采购订单生成采购到货单(审核),参照到货单生成采购入库单(审核),发票未到,不进行采购结算及正常单据记账,未到月末,不生成采购入库凭证。

四、任务实施

(一)填制采购订单

(1)以操作员"606宋子睿"身份于2020年1月5日登录企业应用平台,单击左下角的"业务工作"栏,执行"业务工作"→"供应链"→"采购管理"→"采购订货"→"采购订单"命令。双击"采购订单",进入"采购订单"窗口。

(2)单击"增加"按钮,采购类型选择"正常采购",供应商选择"宏图电子厂",部门选择"采购部",税率录入"13.00"。表体内容中,存货编码选择"02",存货名称和主计量单位自动出现。数量录入"100.00",原币单价录入"1 000.00"。单击"保存"按钮后审核采购订单,如图5-37所示。

图 5-37 采购订单

(二)生成采购到货单

(1)以操作员"606 宋子睿"身份于 2020 年 1 月 6 日登录企业应用平台,单击左下角的"业务工作"栏,执行"业务工作"→"供应链"→"采购管理"→"采购到货"→"到货单"命令。双击"到货单",进入"到货单"窗口。

(2)单击"增加"按钮,单击"生单"右侧的倒三角按钮,打开下拉列表,选择采购订单,打开"查询条件选择—采购订单列表过滤"对话框,单击"确定"按钮,进入"拷贝并执行"窗口。单击"全选"按钮,拷贝订单表体列表出现的数据,如图 5-38 所示。

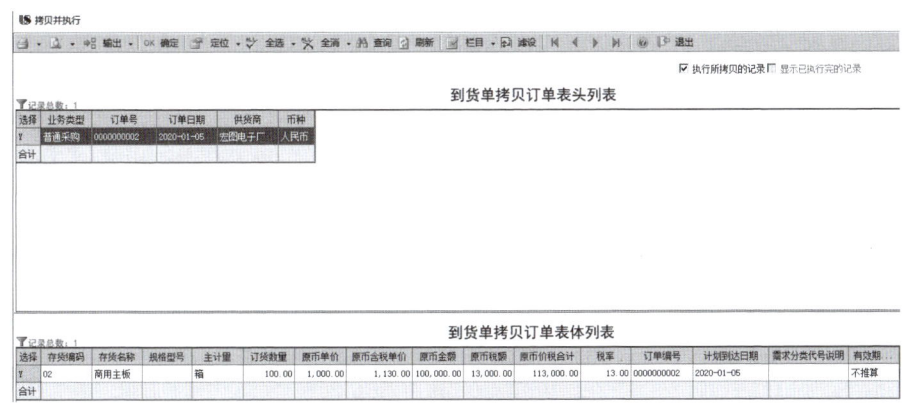

图 5-38 到货单拷贝订单

(3)单击"确定"按钮,将采购订单内容拷贝至到货单,单击"保存"按钮,单击"审核"按钮,如图 5-39 所示。

图 5-39 到货单

(三)生成采购入库单

(1)以操作员"606 宋子睿"身份于 2020 年 1 月 6 日登录企业应用平台,单击左下角的"业务工作"栏,执行"业务工作"→"供应链"→"库存管理"→"入库业务"→"采购入库单"命

令。双击"采购入库单",进入"采购入库单"窗口。

(2)单击"生单"右侧的倒三角按钮(不用单击"增加"按钮),打开下拉列表框,选择采购到货单(蓝字),打开"查询条件选择—采购到货单列表"对话框,单击"确定"按钮,进入"到货单生单列表"窗口。单击"全选"按钮,拷贝到货单生单表体出现的数据,如图5-40所示。

图5-40　到货单拷贝生成入库单

(3)单击"确定"按钮,将到货单内容拷贝至采购入库单,表头项目"仓库"选择"原材料仓库",入库类别选择"采购入库",单击"保存"按钮,单击"审核"按钮,如图5-41所示。

图5-41　采购入库单

五、常见操作错误解析

发票未到不能进行结算以及正常单据记账。

任务三　普通采购业务三

一、任务工单

普通采购业务三任务工单

任务名称	普通采购业务三	学时		班级	
组别		组长		小组成绩	
学生姓名		联系方式		个人成绩	
任务开始时间		任务完成场地		任务完成时长	

任务详情

2020年1月7日,滨州市启航股份有限公司与滨江公司签订采购合同,合同内容为采购一批128G U盘,不含税单价为20元/个,一共采购1 000个,税率为13%,增值税为2 600元。1月8日,U盘到货入库,收到增值税专用发票,发票号为FP00000002,同时开出转账支票付款22 600元,支票号为ZP0001

思政元素:契约精神
思政案例:签了合同就应该严格遵守
党的二十大报告:推动明大德、守公德、严私德,提高人民道德水准和文明素养

任务要求

1.根据任务工单提供的业务资料内容,在供应链各系统以及应付款管理系统中填写合适的单据并审核。
2.能正确填写采购订单、到货单、采购专用发票、付款单。
3.能生成相应的记账凭证

任务实施难点	任务完成正确率	操作错误	错误原因及改正方法

二、任务解析

本业务是签订采购合同,采购到货入库的业务,同时收到采购专用发票并支付全部货款。

三、完成任务的岗位分配

采购部宋子睿填写采购订单(审核)、根据采购订单生成采购到货单(审核)、根据采购到货单生成采购入库单(审核),根据采购入库单生成采购专用发票。财务部张子萱在应付款管理系统中审核发票并制单,在应付款管理系统中填制付款单并生成付款凭证,在存货核算系统中进行正常单据记账,并生成存货核算系统凭证。

四、任务实施

(一)填制采购订单

(1)以操作员"606 宋子睿"身份于 2020 年 1 月 7 日登录企业应用平台,单击左下角的"业务工作"栏,执行"业务工作"→"供应链"→"采购管理"→"采购订货"→"采购订单"命令。双击"采购订单",进入"采购订单"窗口。

(2)单击"增加"按钮,表头内容中,采购类型选择"正常采购",供应商选择"滨江公司",部门选择"采购部",业务员录入"宋子睿",税率录入"13.00"。表体内容中,存货编码选择"10",存货名称和主计量单位自动出现。数量录入"1 000.00",原币单价录入"20.00"。单击"保存"按钮后审核采购订单,如图 5-42 所示。

图 5-42 采购订单

(二)生成采购到货单

1.以操作员"606 宋子睿"身份于 2020 年 1 月 8 日登录企业应用平台,单击左下角的"业务工作"栏,执行"业务工作"→"供应链"→"采购管理"→"采购到货"→"到货单"命令。双击"到货单",进入"到货单"窗口。

(2)单击"增加"按钮,单击"生单"右侧的倒三角按钮,打开下拉列表框,选择采购订单,打开"查询条件选择—采购订单列表过滤"对话框,单击"确定"按钮,进入"拷贝并执行"窗口。单击"全选"按钮,拷贝订单表体列表出现的数据,如图 5-43 所示。

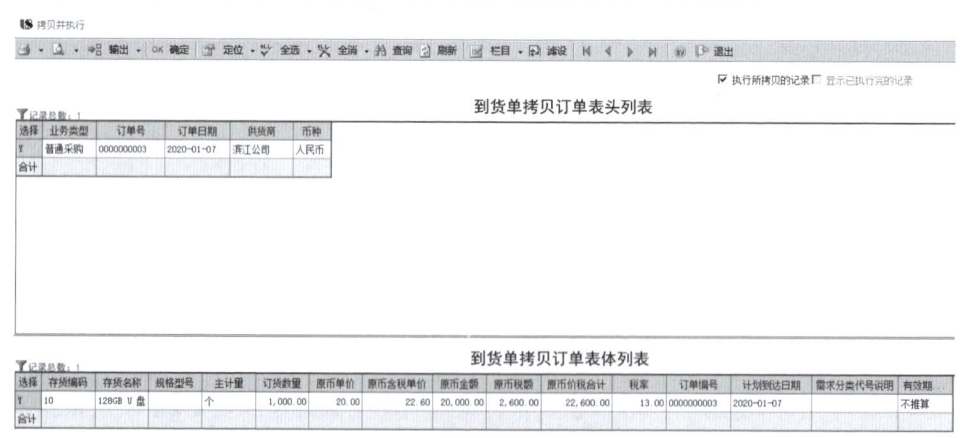

图 5-43 到货单拷贝订单信息

(3)单击"确定"按钮,将采购订单内容拷贝至到货单,单击"保存"按钮,单击"审核"按钮,如图 5-44 所示。

图 5-44　到货单

(三)生成采购入库单

(1)以操作员"606 宋子睿"身份于 2020 年 1 月 8 日登录企业应用平台,单击左下角的"业务工作"栏,执行"业务工作"→"供应链"→"库存管理"→"入库业务"→"采购入库单"命令。双击"采购入库单",进入"采购入库单"窗口。

(2)单击"生单"右侧的倒三角按钮(不用单击增加按钮),打开下拉列表框,选择采购到货单(蓝字),打开"查询条件选择—采购到货单列表"对话框,单击"确定"按钮,进入"到货单生单列表"窗口。单击"全选"按钮,拷贝到货单生单表体出现的数据,如图 5-45 所示。

图 5-45　到货单拷贝至入库单

(3)单击"确定"按钮,将到货单内容拷贝至采购入库单,表头项目仓库选择"关联产品仓库",单击"保存"按钮,单击"审核"按钮,如图 5-46 所示。

图 5-46　采购入库单

(四)生成采购专用发票

(1)以操作员"606 宋子睿"身份于 2020 年 1 月 8 日登录企业应用平台,单击左下角的

"业务工作"栏,执行"业务工作"→"供应链"→"采购管理"→"采购发票"→"专用采购发票"命令。双击"专用采购发票",进入"专用发票"窗口。

(2)单击"增加"按钮,单击"生单"右侧的倒三角按钮,打开下拉列表框,选择"入库单",打开"查询条件选择—采购入库单列表过滤"对话框,单击"确定"按钮,进入"拷贝并执行"窗口。双击供货商为滨江公司的选择栏,出现"Y"字样,拷贝入库单表体列表出现的数据,如图5-47所示。

图5-47 发票拷贝入库单

(3)单击"OK确定"按钮,将入库单内容拷贝至专用发票,修改发票号为"FP00000002",将表头税率改为"13.00",单击"保存"按钮,系统提示"将按照表头税率统一表体税率,是否继续",单击"是"按钮,如图5-48所示。

图5-48 采购专用发票

(4)单击"现付"按钮,进入"采购现付"窗口,表体中结算方式选择"202",原币金额录入"22 600",票据号录入"ZP0001",单击"确定"按钮,专用发票左上角出现"已现付"字样,如图5-49所示。

图5-49 采购专用发票已现付

(五)采购结算(自动结算)

(1)以操作员"606宋子睿"身份于2020年1月8日登录企业应用平台,单击左下角的

"业务工作"栏,执行"业务工作"→"供应链"→"采购管理"→"采购结算"→"自动结算"命令。双击"自动结算",打开"查询条件选择—采购自动结算"对话框。

(2)结算模式选择"入库单和发票",如图5-50所示。

(3)单击"确定"按钮,系统提示"结算模式[入库单和发票]状态:全部成功,共处理了[1]条记录",如图5-51所示。

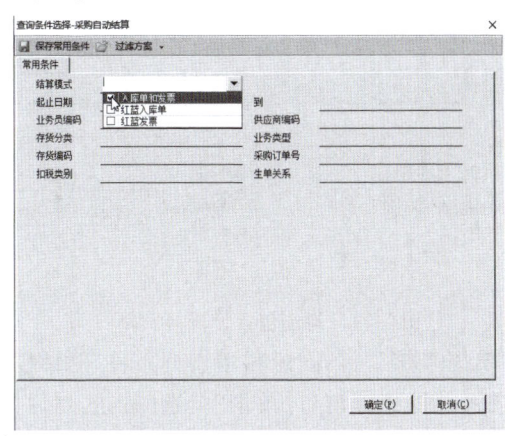

图5-50　自动结算查询条件选择　　　　图5-51　自动结算成功

(4)单击"确定"按钮,退出。结算完毕之后,执行"业务工作"→"供应链"→"采购管理"→"采购发票"→"专用采购发票"命令。双击"专用采购发票",进入"专用发票"窗口。单击"末张"按钮,找到发票号为FP00000002的发票,发现发票左上角同时出现"已结算"和"已现付"字样,如图5-52所示。

图5-52　已结算和已现付的采购专用发票

(六)现结发票审核与制单

(1)以操作员"605张子萱"身份于2020年1月8日登录企业应用平台,单击左下角的"业务工作"栏,执行"业务工作"→"财务会计"→"应付款管理"→"应付单据处理"→"应付单据审核"命令。双击"应付单据审核",打开"应付单查询条件"对话框,如图5-53所示。

(2)单击"确定"按钮,进入"单据处理标签"窗口,会发现并未筛选出发票,这是因为发票已经现结,在"应付单查询条件"对话框中,应该勾选"包含已现结发票",如图5-54所示,这样才能筛选出已经现结的发票。

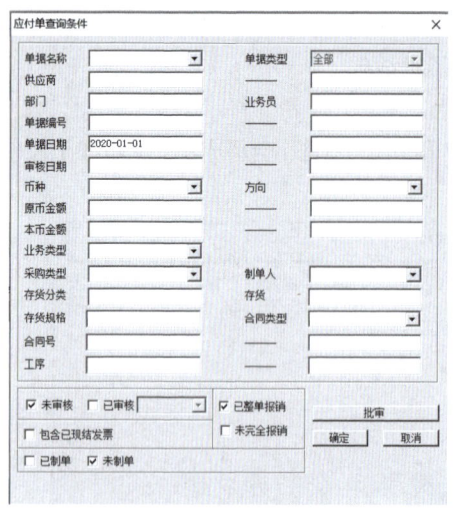

图 5-53　应付单查询条件　　　　　　　图 5-54　勾选包含已现结发票

(3)关闭"单据处理"窗口,重新双击"应付单据审核",打开"应付单查询条件"对话框,勾选"包含已现结发票",然后单击"确定"按钮,进入单据处理窗口,单击"全选"按钮,然后单击"审核"按钮,系统提示"本次成功审核单据一张",单击"确定"按钮。

(4)以操作员"605张子萱"身份于2020年1月8日登录企业应用平台,单击左下角的"业务工作"栏,执行"业务工作"→"财务会计"→"应付款管理"→"制单处理"命令。双击"制单处理",打开"制单查询"对话框,如图5-55所示。

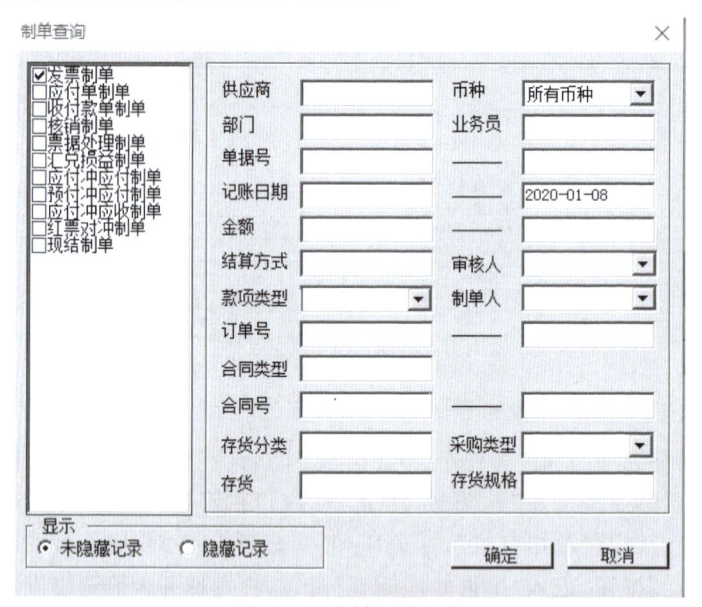

图 5-55　应付制单查询

(5)单击"确定"按钮,进入"制单"窗口,发现并未筛选出能制单的发票,原因是未勾选"现结制单"。关闭"制单"窗口,重新双击"制单"窗口,勾选"现结制单",单击"确定"按钮,进入"制单"窗口,如图5-56所示。

图 5-56 应付单据制单

(6)单击"全选"按钮,然后单击"制单"按钮,将凭证类别改为"付"之后保存,如图5-57所示。

图 5-57 现结发票(付款凭证)制单

(七)核算采购成本记账与制单

(1)以操作员"605 张子萱"身份于 2020 年 1 月 8 日登录企业应用平台,单击左下角的"业务工作"栏,执行"业务工作"→"供应链"→"存货核算"→"业务核算"→"正常单据记账"命令。双击"正常单据记账",打开"查询条件选择"对话框,单击"确定"按钮,进入"未记账单据一览表"窗口,如图 5-58 所示。

图 5-58 正常单据记账

(2)双击存货名称为 128G U 盘所在行的选择栏,出现"Y"字样,单击上方"记账"按钮,系统提示"记账成功。",未记账单据一览表减少一行。

(3)执行"财务核算"→"生成凭证"命令,进入"生成凭证"窗口,单击左上方"选择"按钮,打开"查询条件"对话框,单击"确定"按钮,进入"选择单据"窗口,单击"全选"按钮,单击"确定"按钮,进入"生成凭证"窗口,如图 5-59 所示。

图 5-59　生成采购入库凭证

（4）将凭证类别改为"转账凭证"，单击上方的"生成"按钮，单击"保存"按钮。凭证左上方出现"已生成"字样，如图 5-60 所示。

图 5-60　采购入库凭证

三、常见错误解析

进行业务三的单据记账时，只记业务三涉及的采购入库单，不要把业务二的采购入库单同时也记账，因为采购业务二的发票未到。

任务四　普通采购业务四

一、任务工单

普通采购业务四任务工单

任务名称	普通采购业务四	学时		班级	
组别		组长		小组成绩	
学生姓名		联系方式		个人成绩	
任务开始时间		任务完成场地		任务完成时长	

(续表)

任务详情

2020年1月10日,滨州市启航股份有限公司向宇翔公司采购一批可控硅芯片,不含税单价为200元/条,一共采购1 000条,税率为13%,增值税为26 000元,与宇翔公司签订采购合同,按照合同规定,当日预付50 000元作为预付款。结算方式为电汇

思政元素:诚实守信的社会主义道德观
思政案例:企业进行采购活动时,定金有利于维护遵守合同的诚信
党的二十大报告:推动明大德、守公德、严私德,提高人民道德水准和文明素养

任务要求
1. 根据任务工单提供的业务资料内容,在供应链各系统以及应付款管理系统中填写合适的单据并审核。
2. 会填制采购订单以及预付款单。
3. 能生成相应的财务记账凭证

任务实施难点	任务完成正确率	操作错误	错误原因及改正方法

二、任务解析

本业务是签订采购合同、预付部分货款的业务。

三、完成任务的岗位分配

采购部宋子睿填写采购订单(审核)、财务部张子萱填制预付款单并制单。

四、任务实施

(一)填制采购订单

(1)以操作员"606宋子睿"身份于2020年1月10日登录企业应用平台,单击左下角的"业务工作"栏,执行"业务工作"→"供应链"→"采购管理"→"采购订货"→"采购订单"命令。双击"采购订单",进入"采购订单"窗口。

(2)单击"增加"按钮,表头项目中,采购类型选择"正常采购",供应商选择"宇翔公司",部门录入"采购部",税率录入"13.00"。表体项目中,存货编码选择"01",数量录入"1 000.00",原币单价录入"200.00",单击"保存"按钮后审核,如图5-61所示。

图 5-61 采购订单

(二)填制预付款单

(1)以操作员"605 张子萱"身份于 2020 年 1 月 10 日登录企业应用平台,单击左下角的"业务工作"栏,执行"业务工作"→"财务会计"→"应付款管理"→"付款单据处理"→"付款单据录入"命令。双击"付款单据录入",进入"收付款单录入"窗口。

(2)单击"增加"按钮,表头项目中,供应商选择录入"宇翔公司",结算方式录入"电汇",金额录入"50 000.00"。表体项目中,双击表体第一行,出现数据,将款项类型由应付款改为"预付款",单击"保存"按钮,如图 5-62 所示。

图 5-62 预付款单

(3)单击"审核"按钮,系统弹出"是否立即制单?"信息提示对话框,单击"是"按钮,进入"填制凭证"窗口,修改凭证类别为"付"字,如图 5-63 所示。单击"保存"按钮。

图 5-63 预付款凭证

三、常见错误解析

预付款错填成应付款,后续进行预付冲应付操作时找不到预付款单。

任务五　普通采购业务五

一、任务工单

普通采购业务五任务工单

任务名称	普通采购业务五	学时		班级	
组别		组长		小组成绩	
学生姓名		联系方式		个人成绩	
任务开始时间		任务完成场地		任务完成时长	

任务详情

采购业务具体内容:

2020年1月11日,滨州市启航股份有限公司向宏图电子厂采购一批可控硅芯片,与宏图电子厂签订采购合同,1月12日到货并且入库,收到宏图电子厂开具的增值税专用发票,发票号为FP00000003,发票上载明不含税单价为180元/条,一共采购1 000条,税率为13%,增值税为23 400元。同时收到运输公司的运费发票,发票号为YF00000001,发票上载明,不含税运费为1 000元,税率为9%,运费增值税为90元。货款与运输费尚未支付

思政元素:吃苦耐劳的为人民服务精神
思政案例:滨州市启航股份有限公司购进一批防疫物资,抗疫工人昼夜不停发放防疫物资

任务要求

1.根据任务工单提供的业务资料内容,在供应链各系统以及应收应付款管理系统中填写合适的单据并审核。
2.生成相应的财务记账凭证

任务实施难点	任务完成正确率	操作错误	错误原因及改正方法

二、任务解析

本业务是签订采购合同、同时收到原材料和运费发票的业务,货税款以及运输费尚未支付。

三、完成任务的岗位分配

采购部宋子睿填写采购订单（审核）、根据采购订单填制采购到货单（审核）、根据采购到货单生成采购入库单（审核），根据采购入库单生成采购专用发票（结算），财务部张子萱进行正常单据记账、审核发票并制单。

四、任务实施

（一）填制采购订单

（1）以操作员"606 宋子睿"身份于2020年1月11日登录企业应用平台，单击左下角的"业务工作"栏，执行"业务工作"→"供应链"→"采购管理"→"采购订货"→"采购订单"命令。双击"采购订单"，进入"采购订单"窗口。

（2）单击"增加"按钮，表头项目中，采购类型选择"正常采购"，供应商选择"宏图电子厂"，部门选择"采购部"，业务员录入"宋子睿"，税率录入"13.00"。表体项目中，存货编码选择"01"，数量录入"1 000.00"，原币单价录入"180.00"，单击"保存"按钮，然后审核，如图5-64所示。

图5-64 采购订单

（二）根据订单生成到货单并审核

操作过程略，日期为2020年1月12日。

（三）根据到货单生成入库单并审核

（1）以操作员"606 宋子睿"身份于2020年1月12日登录企业应用平台，单击左下角的"业务工作"栏，执行"业务工作"→"供应链"→"库存管理"→"入库业务"→"采购入库单"命令。双击"采购入库单"，进入"采购入库单"窗口。

（2）单击"生单"右侧的倒三角按钮（注意不要单击"增加"按钮），打开下拉列表框，选择"到货单（蓝字）"，打开"查询条件选择—采购到货单列表过滤"对话框，单击"确定"按钮，进入"到货单生单列表"窗口，单击"全选"按钮，拷贝到货单生单列表出现的数据，如图5-65所示。

图5-65 入库单拷贝到货单

(3)单击"确定"按钮,将到货单信息拷贝至采购入库单,表头项目中,仓库选择"原材料仓库",如图 5-66 所示。单击"保存"按钮后审核,系统提示审核成功。

图 5-66 采购入库单

(四)根据采购入库单生成采购专用发票并审核

(1)以操作员"606 宋子睿"身份于 2020 年 1 月 12 日登录企业应用平台,单击左下角的"业务工作"栏,执行"业务工作"→"供应链"→"采购管理"→"采购发票"→"专用采购发票"命令。双击"专用采购发票",进入"专用发票"窗口。

(2)单击"增加"按钮,单击"生单"右侧的倒三角按钮,打开下拉列表框,选择"入库单",打开"查询条件选择—采购入库单列表过滤"对话框,单击"确定"按钮,进入"拷贝并执行"窗口。

(3)在发票拷贝入库单表头列表中,双击最后一行选择栏,拷贝入库单表体列表出现的数据,如图 5-67 所示。

图 5-67 发票拷贝入库单

(4)单击"确定"按钮,将入库单内容拷贝至专用发票,修改发票号为"FP00000003",修改税率为"13.00",单击"保存"按钮,系统弹出"将按照表头税率统一表体税率,是否继续"信息提示对话框,单击"是"按钮,保存成功,如图 5-68 所示。

图 5-68 采购专用发票

(五)填制运费专用发票

(1)以操作员"606 宋子睿"身份于 2020 年 1 月 12 日登录企业应用平台,单击左下角的"业务工作"栏,执行"业务工作"→"供应链"→"采购管理"→"采购发票"→"专用采购发票"命令。双击"专用采购发票",进入"专用发票"窗口。

(2)单击"增加"按钮,表头项目中,发票号修改为"YF00000001",供应商选择"天亮速运有限公司",采购类型选择"正常采购",税率录入"9.00",部门选择"采购部"。表体项目中,存货编码选择"12",原币金额录入"1 000.00",单击"保存"按钮,如图 5-69 所示。

图 5-69　运费发票

(3)执行"业务工作"→"供应链"→"采购管理"→"采购结算"→"手工结算"命令。双击"手工结算",进入"手工结算"窗口。单击"选单"按钮,进入"结算选单"窗口,单击"查询"按钮,打开"查询条件选择—采购手工结算"对话框,单击"确定"按钮,拷贝结算选发票列表与结算选入库单列表出现的数据,如图 5-70 所示。

图 5-70　结算选单

(4)在结算选发票列表中选择两张发票,包括硅芯片发票以及运费发票。在结算选入库单列表中,选择可控硅芯片的入库单。如图 5-71 所示。

图 5-71　选单结算

(5)单击"确定"按钮,回到"手工结算"窗口。选择费用分摊方式选择"按数量",如图5-72所示。单击上方"分摊"按钮,系统弹出"选择按数量分摊,是否开始计算?"信息提示对话框,单击"是"按钮,系统提示"费用分摊(按数量)完毕,请检查。",单击"确定"按钮,然后单击上方"结算"按钮,系统提示完成结算,单击"确定"按钮。手工结算上下方信息消失,表示完成结算。

图5-72 按数量结算

(六)正常单据记账并生成采购入库凭证

(1)以操作员"605张子萱"身份于2020年1月12日登录企业应用平台,单击左下角的"业务工作"栏,执行"业务工作"→"供应链"→"存货核算"→"业务核算"→"正常单据记账"命令。双击"正常单据记账",打开"查询条件选择"对话框,单击"确定"按钮,进入"未记账单据一览表"窗口。查看正常单据记账列表,选择存货名称为可控硅芯片的采购入库单,如图5-73所示。

图5-73 正常单据记账

(2)单击上方"记账"按钮,系统弹出"记账成功"信息提示对话框。单击"确定"按钮。

(3)执行"业务工作"→"供应链"→"存货核算"→"财务核算"→"生成凭证"命令。双击"生成凭证",进入"生成凭证"窗口。

(4)单击"选择"按钮,打开"查询条件"对话框,单击"确定"按钮,进入"选择单据"窗口,单击"全选"按钮,单击"确定"按钮,进入"填制凭证"窗口,将凭证类别改为"转账凭证",单击"生成"按钮后保存凭证,如图5-74所示。

图5-74 采购入库单凭证

(七)采购专用发票审核并生成凭证

(1)以操作员"605 张子萱"身份于 2020 年 1 月 12 日登录企业应用平台,单击左下角的"业务工作"栏,执行"业务工作"→"财务会计"→"应付款管理"→"应付单据处理"→"应付单据审核"命令。双击"应付单据审核",打开"应付单据查询条件"对话框,单击"确定"按钮,进入"单据处理"窗口,查看应付单据列表,如图 5-75 所示。

图 5-75　应付单据列表

(2)单击"全选"按钮,单击"审核"按钮,系统提示审核成功,单击"确定"按钮退出"单据处理"窗口。

(3)执行"制单处理"命令,弹出"制单查询"对话框,单击"确定"按钮,进入"制单"窗口,如图 5-76 所示。

图 5-76　采购发票制单

(4)单击"全选"按钮,将凭证类别改为转账凭证后,单击"合并"按钮,单击"制单"按钮,保存后如图 5-77 所示。

图 5-77　采购专用发票合并运费发票制单

五、常见错误解析

结算时没有分摊,或者分摊后忘了结算,会导致生成的采购入库单凭证出现错误。

任务六 普通采购业务六

一、任务工单

普通采购业务六任务工单

任务名称	普通采购业务六	学时		班级	
组别		组长		小组成绩	
学生姓名		联系方式		个人成绩	
任务开始时间		任务完成场地		任务完成时长	

任务详情

2020年1月15日,滨州市启航股份有限公司收到宏图电子厂提供的上月(2019年12月28日)已经验收入库的商用主板的专用发票一张。专用发票上载明商用主板不含税单价为1000元/箱,数量为200箱,税率为13%,价税合计226 000元。款项未付

思政元素:认真仔细的工作态度
思政案例:操作时应注意任务工单的要求,避免将上月已经验收入库的存货当成本月入库的存货

任务要求

1.根据任务工单提供的业务资料内容,在供应链各系统以及应收应付款管理系统中填写合适的单据并审核。
2.生成相应的财务记账凭证

任务实施难点	任务完成正确率	操作错误	错误原因及改正方法

二、任务解析

本业务是收到上月已经入库存货的发票的业务,上月已经填制入库单,本月收到专用发票,本月进行采购结算以及结算成本处理。

三、完成任务的岗位分配

采购部宋子睿根据采购入库单生成采购专用发票,进行采购结算。财务部张子萱在存货核算系统中进行结算成本处理,生成回冲凭证以及采购入库凭证,在应付款管理系统中审核发票并制单。

四、任务实施

(一)入库单生成专用采购发票

(1)以操作员"606 宋子睿"身份于 2020 年 1 月 15 日登录企业应用平台,单击左下角的"业务工作"栏,执行"业务工作"→"供应链"→"采购管理"→"采购发票"→"专用采购发票"命令。双击"专用采购发票",进入"专用发票"窗口。

(2)单击"增加"按钮,单击"生单"右侧的倒三角按钮,打开下拉列表,双击选择"入库单",打开"查询条件选择-采购入库单列表过滤"对话框,单击"确定"按钮,进入"拷贝并执行"窗口。如图 5-78 所示。

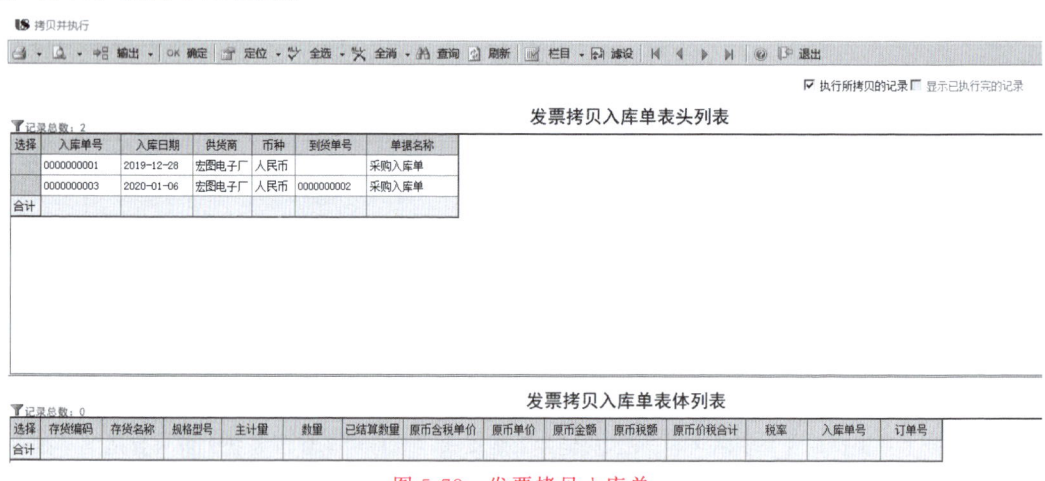

图 5-78　发票拷贝入库单

(3)在发票拷贝入库单表头列表中,双击第一行入库日期为 2019 年 12 月 28 日的采购入库单选择栏,发票拷贝入库单表体列表出现数据。如图 5-79 所示。

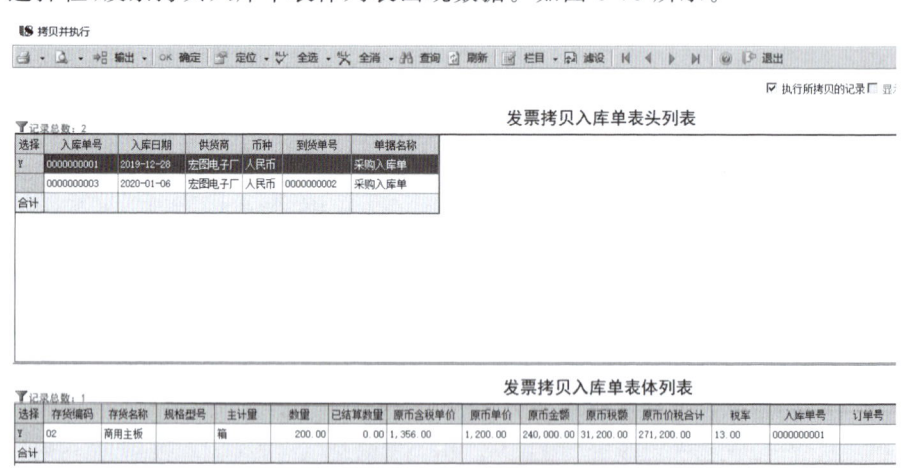

图 5-79　选择入库单

(4)单击"确定"按钮,将入库单拷贝至专用发票,将原币单价修改为"1000.00",将税率改为"13.00",统一表头与表体税率,单击"保存"按钮,如图 5-80 所示。

专用发票　　　　　　　　　　　　　　　打印模版 8164 专用发票打印模版

表体排序　　　　　　　　　　　　　　　　　　　　　　　合并显示 □

业务类型 普通采购　　　　　发票类型 专用发票　　　　　发票号 0000000002
开票日期 2020-01-15　　　　供应商 宏图电子厂　　　　 代垫单位 宏图电子厂
采购类型　　　　　　　　　　税率 13.00　　　　　　　 部门名称 采购部
业务员 宋子睿　　　　　　　　币种 人民币　　　　　　　汇率 1
发票日期　　　　　　　　　　付款条件　　　　　　　　　备注

	存货编码	存货名称	规格型号	主计量	数量	原币单价	原币金额	原币税额	原币价税合计	税率
1	02	商用主板		箱	200.00	1000.00	200000.00	26000.00	226000.00	13.00

图 5-80　上月入库单生成的专用发票

（二）采购结算

（1）以操作员"606 宋子睿"身份于 2020 年 1 月 13 日登录企业应用平台，执行"业务工作"→"供应链"→"采购管理"→"采购结算"→"手工结算"命令。双击"手工结算"，进入"手工结算"窗口。单击"选单"按钮，单击"查询"按钮，再单击"确定"按钮，结算选发票列表与结算选入库单列表均出现数据。如图 5-81 所示。

图 5-81　结算选单

（2）结算选发票列表选择发票，结算选入库单列表选择 2019 年的入库单，如图 5-82 所示。

图 5-82　选单结算

（3）单击"确定"按钮，返回"手工结算"窗口，单击"结算"按钮，系统提示结算完成。单击"确定"按钮，关闭"手工结算"窗口。

（三）结算成本处理

（1）以操作员"605 张子萱"身份于 2020 年 1 月 15 日登录企业应用平台，执行"业务工作"→"供应链"→"存货核算"→"业务核算"→"结算成本处理"命令。双击"结算成本处理"，

打开"暂估处理查询"对话框,选择"原材料仓库",单击"确定"按钮。"结算成本处理"窗口出现数据。

(2)单击"全选"按钮,单击"暂估"按钮,系统提示暂估处理完成。单击"确定"按钮,结算成本处理数据消失。关闭"结算成本处理"窗口。

(四)生成回冲凭证

(1)以操作员"605 张子萱"身份于 2020 年 1 月 15 日登录企业应用平台,执行"业务工作"→"供应链"→"存货核算"→"财务核算"→"生成凭证"命令。

(2)单击"选择"按钮,打开"查询条件"对话框,单击"确定"按钮,进入"选择单据"窗口,单击"全选"按钮,如图 5-83 所示。

图 5-83　未生成凭证窗口

(3)单击"确定"按钮,返回"生成凭证"窗口。输入红字回冲单对方科目"220202 应付账款—应付暂估款",输入蓝字回冲单对方科目"1402 在途物资",单击"生成"按钮,进入"填制凭证"窗口,修改凭证类别为"转账凭证(转字)",单击"保存"按钮,弹出凭证赤字信息,单击"继续"按钮,凭证左上角显示"已生成"字样。如图 5-84 所示。

图 5-84　红字回冲凭证

(4)单击"填制凭证"窗口上方"下张凭证",如图 5-85 所示。进入蓝字回冲单凭证填制窗口,修改凭证类别为"转账凭证(转字)",单击"保存"按钮。如图 5-86 所示。关闭"填制凭证"以及"生成凭证"窗口。

图 5-85　下张凭证

图 5-86　蓝字回冲凭证

(五)生成采购专用发票凭证

(1)以操作员"605 张子萱"身份于 2020 年 1 月 15 日登录企业应用平台,执行"业务工作"→"财务会计"→"应付款管理"→"应付单据处理"→"应付单据审核"命令,双击"应付单据审核",弹出"应付单查询条件"对话框,单击"确定"按钮,进入"单据处理"窗口,双击"应付单据列表"选择栏,单击"审核"按钮,系统提示审核成功,单击"确定"按钮。如图 5-87 所示。审核成功后关闭"单据处理"窗口。

图 5-87　审核采购专用发票

(2)执行"业务工作"→"财务会计"→"应付款管理"→"制单处理"命令,打开"制单查询"对话框,默认勾选"发票制单"后单击"确定"按钮,进入"制单窗口",单击"全选"按钮,单击"制单"按钮,修改凭证类别为"转账凭证"后保存。如图 5-88 所示。关闭填制凭证及制单窗口。

图 5-88　生成应付款凭证

五、常见错误解析

生成专用发票时没有参照上月的采购入库单,而是自行新增一张采购入库单。

原因分析:没有分清期初(上月)采购入库单与本月采购入库单的区别。

项目六 特殊采购业务处理

任务一　特殊采购业务一

一、任务工单

特殊采购业务一任务工单

任务名称	特殊采购业务一	学时		班级	
组别		组长		小组成绩	
学生姓名		联系方式		个人成绩	
任务开始时间		任务完成场地		任务完成时长	

任务详情

2020年1月6日，滨州市启航股份有限公司收到1月5日与宏图电子厂签订采购合同的一批商用主板（100箱，具体见项目五任务二）并验收入库，1月7日仓库反映有10箱主板存在质量问题，经与供应商协商，同意退货。滨州市启航股份有限公司1月8日收到90箱商用主板的专用发票。

思政元素：诚信经营，售后保障

思政案例：做好售后服务，达到买卖双方共赢

任务要求

1. 根据任务工单提供的业务资料内容，在供应链各系统以及应收应付款管理系统中填写合适的单据并审核。
2. 能正确填写红字入库单，能根据红、蓝入库单生成专用发票，能正确进行结算处理。
3. 能生成相应的财务记账凭证。

任务实施难点	任务完成正确率	操作错误	错误原因及改正方法

二、任务解析

本业务是已经采购入库、但没有收到发票,还未结算的存货的退货业务。处理完退货业务之后,收到合格商品的发票。

三、完成任务的岗位分配

采购部宋子睿填制红字入库单,根据红、蓝入库单生成发票并结算。财务部张子萱根据红、蓝入库单进行正常单据记账后生成入库凭证。审核发票并生成凭证。

四、任务实施

(一)填制红字入库单

(1)以操作员"606 宋子睿"身份于 2020 年 1 月 7 日登录企业应用平台,单击左下角的"业务工作"栏,执行"业务工作"→"供应链"→"库存管理"→"入库业务"→"采购入库单"命令。双击"采购入库单",进入"采购入库单"窗口。

(2)单击"增加"按钮,在表头项目中,选择右上方"红字"选项。仓库录入"原材料仓库",供货单位录入"宏图电子厂"。在表体项目中,存货编码录入"02",存货名称录入"商用主板",数量录入"-10.00",本币单价录入"1000.00",先保存再审核。系统提示审核成功后单击"确定"按钮。如图 6-1 所示。关闭"采购入库单"窗口。

图 6-1 红字采购入库单

(二)根据红、蓝字入库单生成专用发票

(1)以操作员"606 宋子睿"身份于 2020 年 1 月 8 日登录企业应用平台,单击左下角的"业务工作"栏,执行"业务工作"→"供应链"→"采购管理"→"采购发票"→"专用采购发票"命令。双击"专用采购发票",进入"专用发票"窗口。

(2)单击"增加"按钮,单击"生单"右侧的倒三角按钮,打开下拉列表,双击选择"入库单",打开"查询条件选择-采购入库单列表过滤"对话框,单击"确定"按钮,进入"拷贝并执行"窗口,单击"全选"按钮,发票拷贝入库单表体列表出现数据。如图 6-2 所示。

图 6-2　发票拷贝入库单

(3) 单击"确定"按钮，将蓝字入库单与红字入库单均拷贝至采购专用发票，如图 6-3 所示。

图 6-3　专用发票拷贝两张入库单

(4) 单击上方"删行"按钮，删除表体第二行，将第一行的数量改为"90.00"，修改表头税率为"13.00"。单击"保存"按钮，如图 6-4 所示。

图 6-4　两张入库单生成的采购专用发票

(三) 对采购入库单、红字采购入库单和采购专用发票进行结算处理

(1) 以操作员"606 宋子睿"身份于 2020 年 1 月 8 日登录企业应用平台，单击左下角的"业务工作"栏，执行"业务工作"→"供应链"→"采购管理"→"采购结算"→"手工结算"命令。双击"手工结算"，进入"手工结算"窗口。

(2)单击"选单"按钮,进入"结算选单"窗口,单击"查询"按钮,弹出"查询条件选择-采购手工结算"对话框,单击"确定"按钮,如图6-5所示。

图6-5 结算选单

(3)单击"全选"按钮,单击"确定"按钮。返回"手工结算"窗口。如图6-6所示。单击"结算"按钮,系统提示结算完成。单击"确定"按钮,关闭"手工结算"窗口。

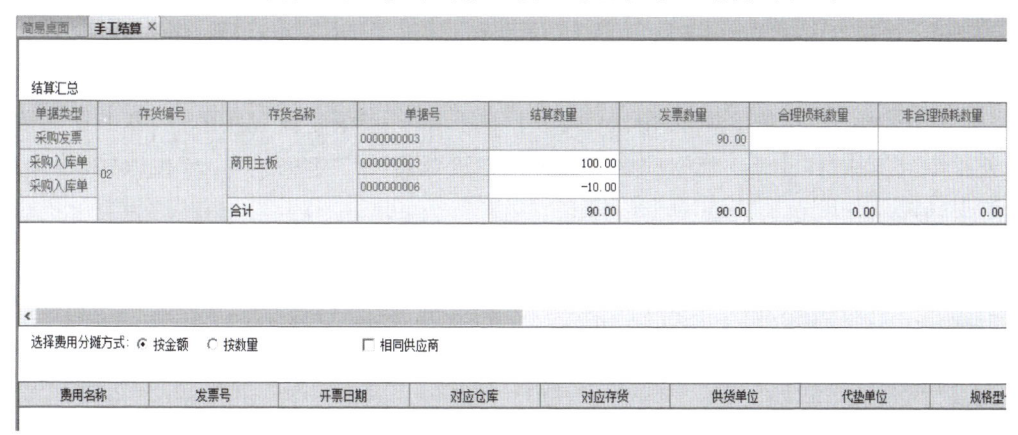

图6-6 手工结算窗口

(四)正常单据记账并生成凭证

(1)以操作员"605 张子萱"身份于 2020 年 1 月 8 日登录企业应用平台,单击左下角的"业务工作"栏,执行"业务工作"→"供应链"→"存货核算"→"业务核算"→"正常单据记账"命令。双击"正常单据记账",打开"查询条件选择"对话框,单击"确定"按钮,进入"未记账单据一览表"窗口。如图6-7所示。

图6-7 正常单据记账列表

(2)单击"全选"按钮,单击"记账"按钮,系统提示"当前业务日期必须大于等于 2020-01-15",因为之前正常单据记账的最后日期为 2020 年 1 月 15 日,所以这次记账日期必须大于或者等于这个日期。重新登录,以操作员"605 张子萱"身份于 2020 年 1 月 15 日登录企业应用平台,单击左下角的"业务工作"栏,执行"业务工作"→"供应链"→"存货核算"→"业务核算"

→"正常单据记账"命令。双击"正常单据记账",打开"查询条件选择"对话框,单击"确定"按钮,进入"未记账单据一览表"窗口。

(3)单击"全选"按钮后记账,系统提示记账成功,正常单据记账列表数据消失。单击"确定"按钮,关闭"未记账单据一览表"窗口。

注意:若正常单据记账之后发现错误,则可以恢复记账。具体做法为:以操作员"605 张子萱"身份于 2020 年 1 月 15 日登录企业应用平台,单击左下角的"业务工作"栏,执行"业务工作"→"供应链"→"存货核算"→"业务核算"→"恢复记账"命令。打开"查询条件选择"对话框,单击"确定"按钮,进入"恢复记账"窗口。如图 6-8 所示。选择需要恢复记账的单据(灰色部分的单据不能恢复记账,因为已经制单),单击"恢复"按钮,即可取消正常单据记账。

图 6-8　恢复记账

(4)以操作员"605 张子萱"身份于 2020 年 1 月 15 日登录企业应用平台,单击左下角的"业务工作"栏,执行"业务工作"→"供应链"→"存货核算"→"财务核算"→"生成凭证"命令,双击"生成凭证",进入"生成凭证"窗口。

(5)单击"选择"按钮,打开"查询条件"对话框,单击"确定"按钮,进入"选择单据"窗口,单击"全选"按钮,单击"确定"按钮,进入"生成凭证"窗口,如图 6-9 所示。

图 6-9　生成凭证

(6)最后一栏对方科目选择"1402 在途物资",如图 6-10 所示。

图 6-10　填写对方科目

(7)单击"合成"按钮,修改凭证类别为"转账凭证",单击"保存"按钮。如图6-11所示。退出"填制凭证"和"生成凭证"窗口。

转 账 凭 证

摘 要	科目名称	借方金额	贷方金额
采购入库单	原材料/主板/商用主板	9000000	
采购入库单	在途物资		9000000

转字0009　制单日期:2020.01.15　附单据数:2
数量 90.00箱　单价 1000.00　合计 9000000 9000000
制单 张子萱

图6-11　生成入库单转账凭证

(五)审核专用发票并生成凭证

(1)以操作员"605张子萱"身份于2020年1月15日登录企业应用平台,单击左下角的"业务工作"栏,执行"业务工作"→"财务会计"→"应付款管理"→"应付单据处理"→"应付单据审核"命令。双击"应付单据审核",打开"查询应付单"对话框,单击"确定"按钮,进入"单据处理"窗口。单击"全选"按钮,审核发票。关闭"单据处理"窗口。

(2)执行"制单处理"命令,进入"制单窗口",单击"全选"按钮,制单生成凭证,如图6-12所示。

转 账 凭 证

摘 要	科目名称	借方金额	贷方金额
采购专用发票	在途物资	9000000	
采购专用发票	应交税费/应交增值税/进项税额	1170000	
采购专用发票	应付账款/应付货款		10170000

转字0010　制单日期:2020.01.15　附单据数:1
合计 10170000 10170000
制单 张子萱

图6-12　生成采购专用发票转账凭证

五、常见错误解析

填制红字采购入库单时,忘了选择左上方的"红字"。生成了蓝字入库单而不是红字入库单。

任务二　特殊采购业务二

一、任务工单

特殊采购业务二任务工单

任务名称	特殊采购业务二	学时		班级	
组别		组长		小组成绩	
学生姓名		联系方式		个人成绩	
任务开始时间		任务完成场地		任务完成时长	

任务详情

2020年1月7日,滨州市启航股份有限公司仓库发现,1月3日验收入库的向宇翔公司采购的1 000个固态硬盘(具体见项目五任务一),有10个硬盘存在质量问题,经与供应商协商,同意退货。1月10日,收到宇翔公司开具的红字专用发票(之前已经收到1 000个硬盘的采购专用蓝字发票)

思政元素:工匠精神

思政案例:发扬工匠精神,提高产品质量

任务要求

1.根据任务工单提供的业务资料内容,在供应链各系统以及应付款管理系统中填写合适的单据并审核。
2.会正确填制红字采购入库单。
3.生成相应的财务记账凭证

任务实施难点	任务完成正确率	操作错误	错误原因及改正方法

二、任务解析

本业务是已经采购入库、但没有收到发票,还未结算的存货的退货业务。处理完退货业务之后,收到合格商品的发票。

三、完成任务的岗位分配

采购部宋子睿填制红字采购入库单,根据红字采购入库单生成红字专用采购发票,然后将红字采购入库单与红字专用采购发票进行结算。财务部张子萱进行正常单据记账以及审核红字发票后生成退货凭证和红字采购专用发票凭证。

四、任务实施

(一)填制红字入库单

(1)以操作员"606 宋子睿"身份于 2020 年 1 月 7 日登录企业应用平台,单击左下角的"业务工作"栏,执行"业务工作"→"供应链"→"库存管理"→"入库业务"→"采购入库单"命令。双击"采购入库单",进入"采购入库单"窗口。

(2)单击"增加"按钮,在表头项目中,选择窗口右上方"红字"选项。仓库录入"原材料仓库",供货单位录入"宇翔公司"。在表体项目中,存货编码录入"04",数量录入"-10.00",单价录入"100.00",先保存再审核。如图 6-13 所示。

图 6-13 红字采购入库单

(二)生成红字专用采购发票

(1)以操作员"606 宋子睿"身份于 2020 年 1 月 10 日登录企业应用平台,单击左下角的"业务工作"栏,执行"业务工作"→"供应链"→"采购管理"→"采购发票"→"红字专用采购发票"命令。双击"红字专用采购发票",进入"专用发票"窗口。

(2)单击"增加"按钮,单击"生单"右边的倒三角按钮,在下拉列表中选择"入库单",弹出"查询条件选择-采购入库单列表过滤"对话框,单击"确定"按钮,进入"拷贝并执行"窗口,单击"全选"按钮,发票拷贝入库单表头列表与发票拷贝入库单表体列表均出现数据。如图 6-14 所示。

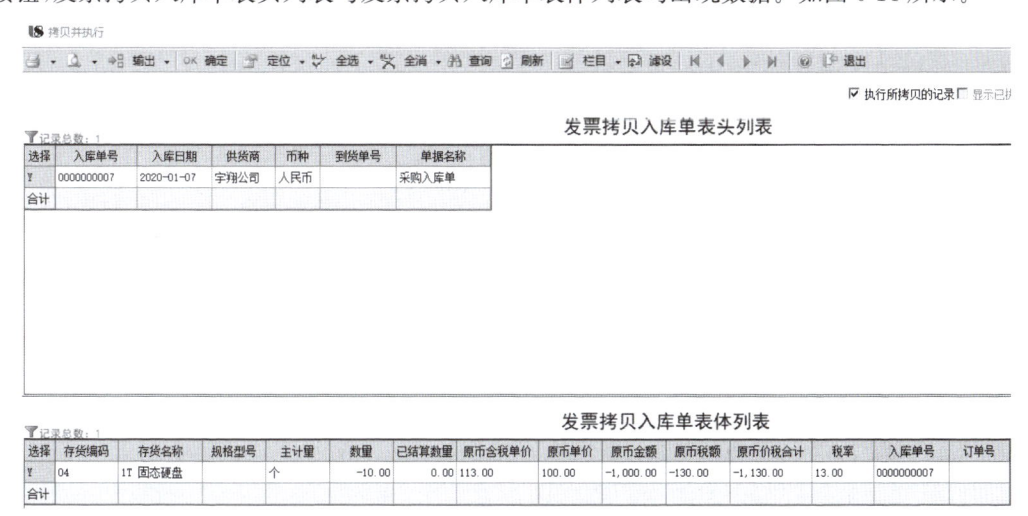

图 6-14 发票拷贝入库单

(3)单击"确定"按钮,将入库单信息拷贝至红字专用发票,修改税率为"13.00",提示"将按照表头税率统一表体税率",单击"确定"按钮,如图 6-15 所示。单击"保存"按钮,退出"专

用发票"窗口。

专用发票

表体排序					打印模版 8164专用发票打印模版
					合并显示 □

业务类型 普通采购　　　　　发票类型 专用发票　　　　　发票号 0000000004
开票日期 2020-01-10　　　供应商 宇翔公司　　　　　代垫单位 宇翔公司
采购类型　　　　　　　　　税率 13.00　　　　　　　部门名称
业务员　　　　　　　　　　币种 人民币　　　　　　　汇率 1
发票日期　　　　　　　　　付款条件　　　　　　　　备注

	存货编码	存货名称	规格型号	主计量	数量	原币单价	原币金额	原币税额	原币价
1	04	1T 固态硬盘		个	-10.00	100.00	-1000.00	-130.00	
2									

图 6-15　拷贝红字入库单生成红字专用发票

(三)红字专用采购发票和红字入库单进行结算

(1)以操作员"606 宋子睿"身份于 2020 年 1 月 10 日登录企业应用平台,单击左下角的"业务工作"栏,执行"业务工作"→"供应链"→"采购管理"→"采购结算"→"自动结算"命令。双击"自动结算",打开"查询条件选择-采购自动结算"对话框。如图 6-16 所示。

图 6-16　自动结算

(2)结算模式选择"入库单和发票",单击确定按钮,弹出采购管理提示信息,提示成功处理了一条记录,单击"确定"按钮。红字采购入库单和红字专用采购发票进行了自动结算处理,冲抵原来的入库数据。

(四)生成红字退货(红字采购入库单)凭证和红字应付凭证(红字专用发票)

(1)以操作员"605 张子萱"身份于 2020 年 1 月 15 日登录企业应用平台,单击左下角的"业务工作"栏,执行"业务工作"→"供应链"→"存货核算"→"业务核算"→"正常单据记账"命令。双击"正常单据记账",打开"查询条件选择"对话框。单击"确定"按钮,进入"未记账单据一览表"窗口,如图 6-17 所示。单击"全选"按钮,单击"记账"按钮,系统提示记账成功,正常单据记账列表数据消失,关闭"未记账单据一览表"窗口。

正常单据记账列表

选择	日期	单据号	存货编码	存货名称	规格型号	存货代码	单据类型	仓库名称	收发类别	数量	单价	金额
	2020-01-07	0000000007	04	1T 固态硬盘			采购入库单	原材料仓库		-10.00	100.00	-1,000.00
小计										-10.00		-1,000.00

图 6-17　未记账的红字采购入库单

(2)执行"业务工作"→"供应链"→"存货核算"→"财务核算"→"生成凭证"命令。双击"生成凭证",进入"生成凭证"窗口。单击"选择"按钮,打开"查询条件"对话框。如图6-18所示。

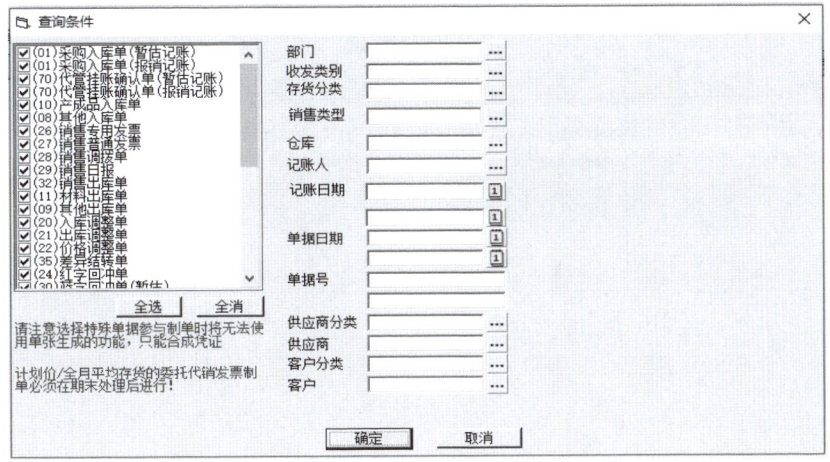

图6-18 生成凭证查询条件对话框

(3)单击"确定"按钮,进入"选择单据"窗口,单击"全选"按钮,单击"确定"按钮,进入"生成凭证"标签窗口。如图6-19所示。

图6-19 "生成凭证"窗口

(4)对方科目选择"1402 在途物资",单击"生成"按钮,修改凭证类别为"转账凭证",单击"生成"按钮,单击"保存"按钮。如图6-20所示。

图6-20 红字采购入库单生成凭证

(5)以操作员"605 张子萱"身份于2020年1月15日登录企业应用平台,单击左下角的"业务工作"栏,执行"业务工作"→"财务会计"→"应付款管理"→"应付单据处理"→"应付单据审核"命令。双击"应付单据审核",打开"应付单查询条件"对话框,单击"确定"按钮,进入"单据处理"窗口。单击"全选"按钮,审核发票。关闭"单据处理"窗口。

(6)执行"制单处理"命令,进入"制单"窗口,单击"全选"按钮,制单生成凭证,如图6-21所示。

图 6-21 红字专用采购发票生成凭证

五、常见错误解析

生成凭证编号与教材不符,凭证号偏大或者偏小。

原因分析:

1. 如果生成的凭证号偏小,则有可能该生成的凭证没有生成,凭证生成有遗漏。

2. 如果生成的凭证号偏大,则有可能多生成了凭证或者已作废的凭证未删除,造成凭证号的占用。

解决方法:

(1)检查凭证生成有无遗漏,若是因为少填业务单据而造成的凭证遗漏,则还需补填业务单据。待所有单据填制完毕,并完成了结算、审核、正常单据记账等步骤后,在存货核算系统中执行"存货核算"→"财务核算"→"生成凭证"命令,生成存货核算系统应该生成的凭证。

(2)检查有无多余单据,若是由于多余单据而生成的凭证,则应先删除多余凭证,进行反向操作,找到多余的单据并删除。若是因为作废凭证而造成的凭证号偏大,则需到总账系统中进行凭证整理。

任务三 特殊采购业务三

一、任务工单

采购固定资产任务工单

任务名称	采购固定资产	学时		班级	
组别		组长		小组成绩	
学生姓名		联系方式		个人成绩	

(续表)

任务开始时间		任务完成场地		任务完成时长	

任务详情

2020年1月16日,滨州市启航股份有限公司与宏菲公司签订采购合同,合同内容为给财务部采购一台红色小轿车,可使用年限为15年,同时收到宏菲公司的增值税专用发票一张,发票上载明不含税单价为500 000元/辆,税率为13%,价税合计565 000元。1月17日,滨州市启航股份有限公司开出转账支票支付货款,支票号为 ZP0002。固定资产验收入库,质量合格。

思政元素:民族自信
思政案例:享誉世界的"中国制造"。中国质优价廉的商品已经享誉世界,增强了民族自信

任务要求

1. 根据任务工单提供的业务资料内容,在供应链各系统以及应付款管理、固定资产管理系统中填写合适的单据并审核。
2. 会正确填制采购订单、采购入库单、采购专用发票,能正确进行现付和采购结算。
3. 会进行固定资产管理系统的采购资产操作。
4. 生成相应的财务记账凭证。

任务实施难点	任务完成正确率	操作错误	错误原因及改正方法

二、任务解析

本业务是采购固定资产的业务。采购固定资产的同时收到专用发票、支付货款并将固定资产验收入库。

三、完成任务的岗位分配

采购部宋子睿填制采购订单(审核),根据采购订单生成采购入库单(审核),根据采购入库单生成专用采购发票,进行现付和结算。财务部张子萱审核发票,生成现付付款凭证。财务部黄俊熙进入固定资产管理系统进行采购资产操作,新增固定资产卡片并生成采购固定资产的记账凭证。

四、任务实施

(一)填制采购订单

(1)以操作员"606 宋子睿"身份于2020年1月16日登录企业应用平台,单击左下角的"业务工作"栏,执行"业务工作"→"供应链"→"采购管理"→"采购订货"→"采购订单"命令。双击"采购订单",进入"采购订单"窗口。

(2)单击"增加"按钮,在表头项目中,业务类型选择"固定资产",供应商选择"宏菲公

司",税率改为"13.00"。在表体项目中,存货编码选择"15",数量录入"1.00",原币单价录入"500000.00",单击"保存"按钮后审核。如图6-22所示。

图6-22　固定资产采购订单

(二)生成采购入库单

(1)以操作员"606 宋子睿"身份于2020年1月17日登录企业应用平台,单击左下角的"业务工作"栏,执行"业务工作"→"供应链"→"库存管理"→"入库业务"→"采购入库单"命令。双击"采购入库单",进入"采购入库单"窗口。

(2)单击"生单"右侧的倒三角按钮,打开下拉列表,选择"采购订单(蓝字)",打开"查询条件选择-采购订单列表"对话框,单击"确定"按钮,进入"订单生单列表"窗口,如图6-23所示。

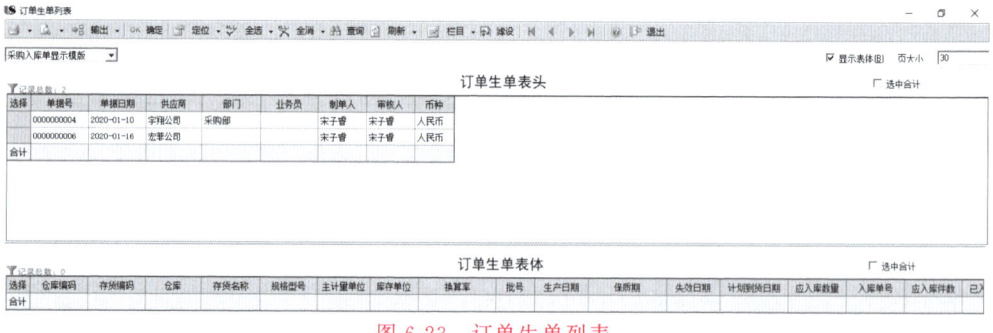

图6-23　订单生单列表

(3)双击宏菲公司所在行的选择栏,订单生单表体出现数据,单击"确定"按钮,将订单内容拷贝至采购入库单,仓库选择"固定资产",单击"保存"按钮,单击"审核"按钮。如图6-24所示。关闭"采购入库单"窗口。

图6-24　订单拷贝生成采购入库单

（三）生成专用采购发票，进行现付和结算

（1）执行"业务工作"→"供应链"→"采购管理"→"采购发票"→"专用采购发票"命令。双击"专用采购发票"，进入"专用发票"窗口。

（2）单击"增加"按钮，在表头项目中，业务类型选择"固定资产"，单击"生单"右侧的倒三角按钮，打开下拉列表，选择"入库单"，打开"查询条件选择-采购入库单列表过滤"对话框，单击"确定"按钮，进入"拷贝并执行"窗口，单击"全选"按钮，发票拷贝入库表体列表中出现数据。如图6-25所示。

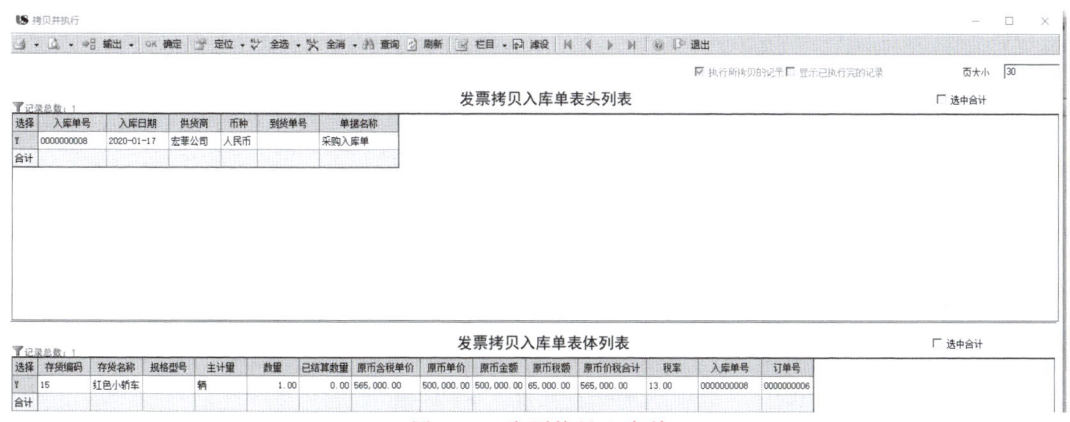

图6-25　发票拷贝入库单

（3）单击"确定"按钮，将固定资产入库单信息拷贝至专用发票，将税率改为"13.00"，单击"保存"按钮。单击"现付"按钮，进入"现付"窗口，结算方式选择"转账支票"，原币金额录入"565000.00"，票据号录入"ZP0002"，单击"确定"按钮。单击"结算"按钮，自动完成采购结算，发票左上角显示"已结算""已现付"红色字样，如图6-26所示。

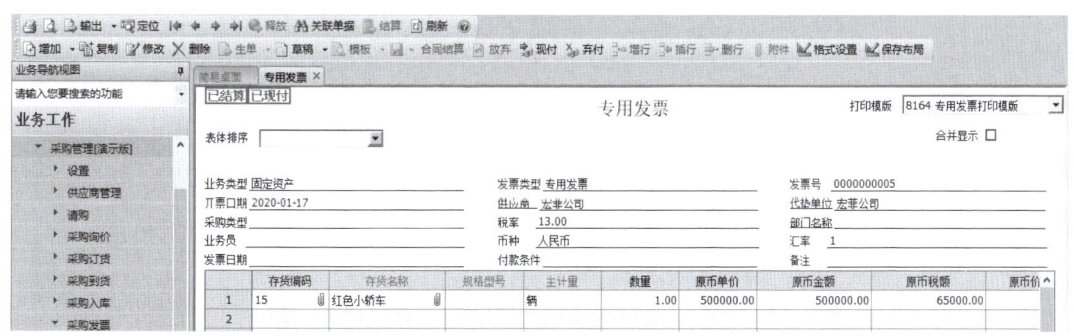

图6-26　已结算已现付专用发票

（四）审核发票，生成付款凭证

（1）以"605张子萱"身份于2020年1月17日登录企业应用平台，单击左下角的"业务工作"栏，执行"业务工作"→"财务会计"→"应付款管理"→"应付单据处理"→"应付单据审核"命令。双击"应付单据审核"，打开"应付单查询条件"对话框，勾选"包含已现结发票"，如图6-27所示。

图 6-27 包含已现结发票

(2) 单击"确定"按钮，进入"单据处理"窗口。双击选择供应商名称为"宏菲公司"所在行的选择栏，如图 6-28 所示。单击"审核"按钮，提示审核成功后退出"单据处理"窗口。

图 6-28 应付单据列表

(3) 执行"业务工作"→"财务会计"→"应付款管理"→"制单处理"命令。双击"制单处理"，进入"制单查询"窗口，勾选"现结制单"复选框，如图 6-29 所示。

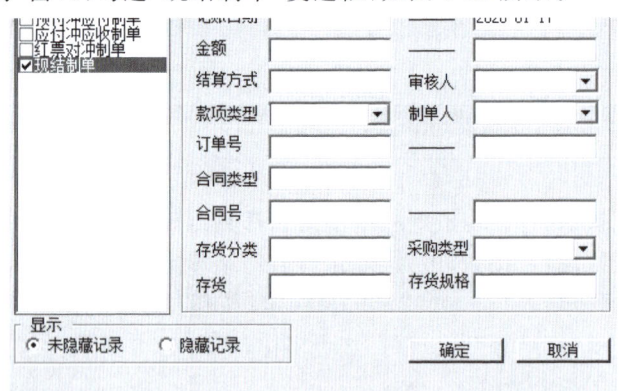

图 6-29 勾选"现结制单"

(4) 单击"确定"按钮。进入"制单"窗口，单击"全选"按钮，单击"制单"按钮，进入"填制凭证"窗口，修改凭证类别为"付款凭证"，单击"保存"按钮，如图 6-30 所示。

图 6-30 购买固定资产现结制单凭证

(五)固定资产管理系统操作

(1)以"603 黄俊熙"身份于 2020 年 1 月 17 日登录企业应用平台,单击左下角的"业务工作"栏,执行"业务工作"→"财务会计"→"固定资产"→"卡片"→"采购资产"命令,双击"采购资产",进入"采购资产"窗口。双击选择未转采购资产订单列表中第一行的"选择"栏,下方未转采购资产入库单明细子表中出现数据。如图 6-31 所示。

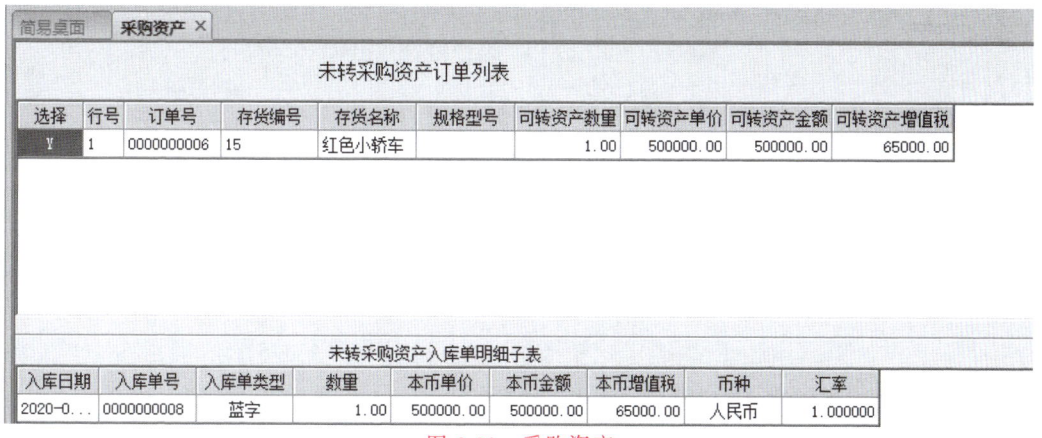

图 6-31　采购资产

(2)单击"增加"按钮,进入"采购资产分配设置"窗口,如图 6-32 所示。

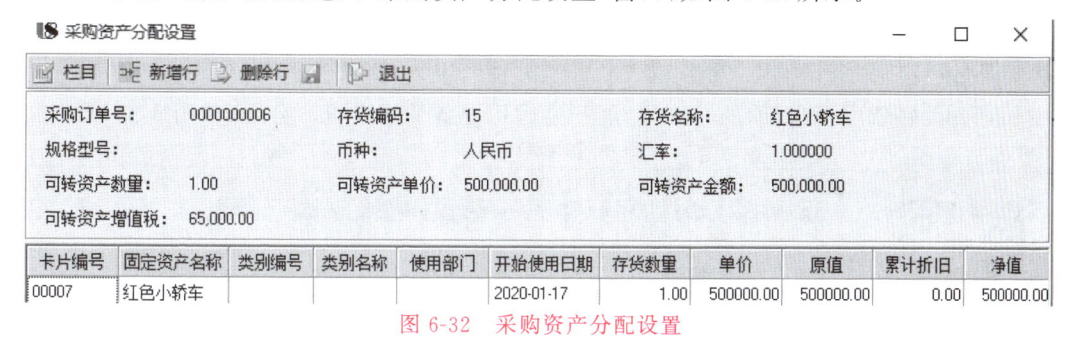

图 6-32　采购资产分配设置

(3)类别编号录入"022",使用部门录入"财务部",单击其他栏目,确认数据正确。向右拖动下方滚动条,使用状况录入"在用",使用年限(月)录入"180",单击其他栏目,确认数据正确。如图 6-33 所示。

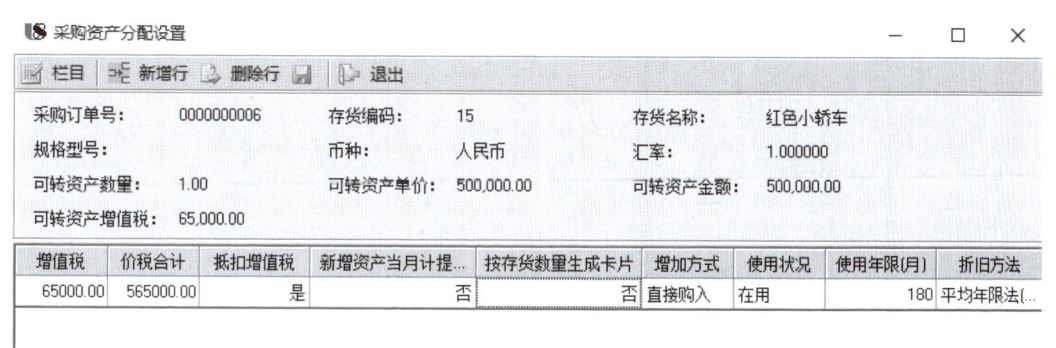

图 6-33　采购资产分配设置

(4)单击"保存"按钮,进入"固定资产卡片"窗口。单击"保存"按钮,系统提示数据成功保存,单击"确定"按钮。系统弹出"成功生成了一张卡片"信息提示对话框,单击"确定"按钮。返回"采购资产"窗口,发现数据已经消失。单击"固定资产卡片"标签,查看固定资产卡片,如图6-34所示。

图6-34　不含税的固定资产卡片

(5)观察新增固定资产卡片可以发现,此固定资产卡片中没有增值税信息,应更改固定资产卡片样式,称为含税卡片样式。具体做法如下:

①关闭"采购资产"与"固定资产卡片"窗口后,以"601 赵启航"身份于2020年1月17日登录企业应用平台,单击左下角的"业务工作"栏,执行"业务工作"→"财务会计"→"固定资产"→"设置"→"资产类别"命令,双击"资产类别",进入"资产类别"窗口。

②单击"经营用设备"前的"＋"号,展开经营用设备的固定资产分类,如图6-35所示。

图6-35　固定资产类别

③单击"022 轿车",单击左上方"修改"按钮,进入"单张视图"窗口,单击最下方卡片样式右边的选择按钮"...",进入"卡片样式参照"窗口,单击左边"含税卡片样式",单击"确定"按钮。返回至"单张视图"窗口,发现卡片样式已经改为"含税卡片样式",如图6-36所示。

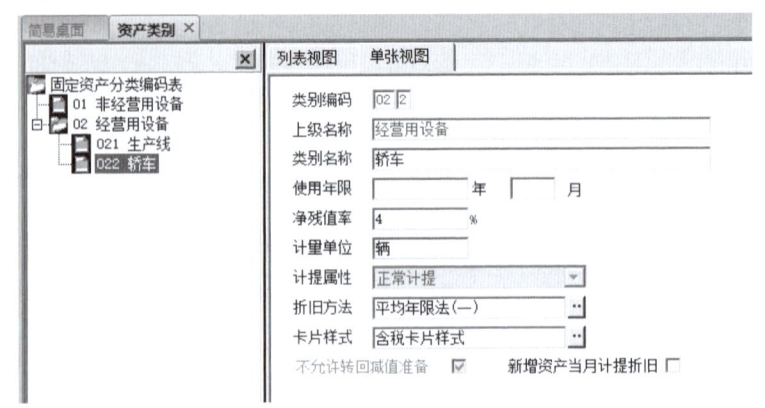

图6-36　含税卡片样式

项目六 特殊采购业务处理

(6)以"603 黄俊熙"于身份 2020 年 1 月 17 日登录企业应用平台,单击左下角的"业务工作"栏,执行"业务工作"→"财务会计"→"固定资产"→"卡片"→"卡片管理"命令,双击"卡片管理",打开"查询条件选择-卡片管理"对话框,单击"确定"按钮,进入"卡片管理"窗口。如图 6-37 所示。

图 6-37 "卡片管理"窗口

(7)双击卡片编号为 00007 的固定资产卡片所在行,进入"固定资产卡片"窗口,查看固定资产卡片,发现增值税已有数据"65000.00",如图 6-38 所示。

图 6-38 添加增值税之后的固定资产卡片

五、常见错误解析

1.录入采购订单时,录入存货编码时找不到固定资产。如图 6-39 所示。

图 6-39 录入不了固定资产存货编码

原因分析:此业务为采购固定资产,但是录入采购订单时误将业务类型录入成"普通采购"。

解决方法：将业务类型改为"固定资产"。录入存货编码时只显示运费与固定资产。如图 6-40 所示。

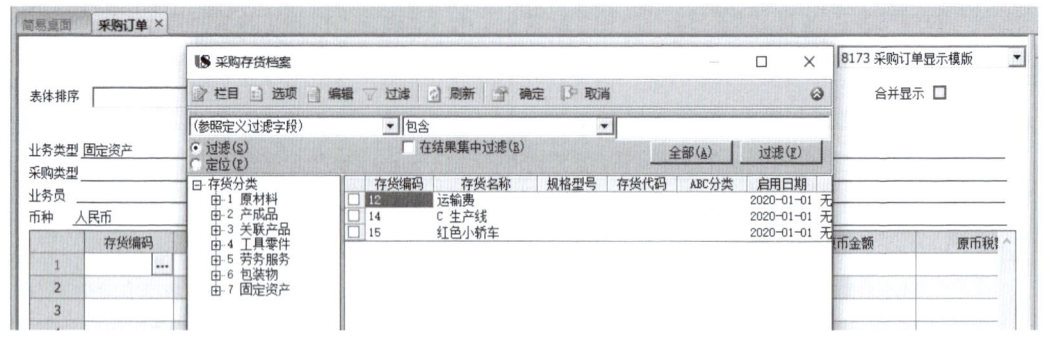

图 6-40　采购存货档案出现"固定资产"

2．录入采购入库单时，录入仓库名称，进入"仓库档案基本参照"窗口，发现无仓库可选，如图 6-41 所示。

图 6-41　仓库档案基本参照无内容

原因分析：固定资产仓库档案中未勾选"资产仓"。

解决方法：以账套主管"601 赵启航"身份于 2020 年 1 月 1 日登录企业应用平台，执行"基础设置"→"基础档案"→"业务"→"仓库档案"命令，双击"仓库档案"，进入"仓库档案"窗口，如图 6-42 所示。

图 6-42　仓库档案

双击"固定资产仓库"，进入"修改仓库档案"窗口，勾选"资产仓"复选框，系统弹出"(资产仓)与(代管仓,记入成本,参与 MRP 运算)互斥！"信息提示对话框，关闭该信息，取消勾选"参与 MRP 运算"与"记入成本"复选框，勾选"资产仓"复选框，如图 6-43 所示，保存后退出"修改仓库档案"与"仓库档案"窗口。更换操作员再录入采购入库单时，仓库名称就能选择"固定资产仓库"了。

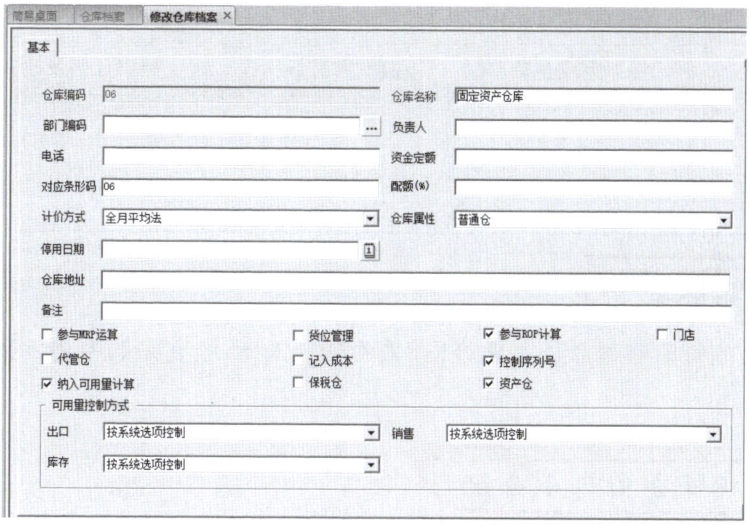

图 6-43　勾选"资产仓"复选框

任务四　特殊采购业务四

一、任务工单

特殊采购业务四任务工单

任务名称	特殊采购业务四	学时		班级	
组别		组长		小组成绩	
学生姓名		联系方式		个人成绩	
任务开始时间		任务完成场地		任务完成时长	

任务详情

2020年1月18日,滨州市启航股份有限公司采购部与滨江公司签订采购合同,合同内容为采购一批A-1笔记本电脑,合同约定免费赠送同数量的128GB U盘。A-1笔记本电脑单价为5 000元/台,数量为100台。当天到货,入库的同时收到滨江公司开具的增值税专用发票。货款尚未支付

思政元素:正确的财富观
思政案例:天下没有免费的午餐,大学生应积极学习防骗知识,树立正确财富观

任务要求

1.根据任务工单提供的业务资料内容,在供应链各系统以及应收应付款管理系统中填写合适的单据并审核。
2.会填制采购订单,会生成到货单,会生成主品和赠品的入库单,发票和入库单按数量结算。
3.生成相应的财务记账凭证。

（续表）

任务实施难点	任务完成正确率	操作错误	错误原因及改正方法

二、任务解析

本业务是签订附有赠品的采购合同，采购到货入库，收到采购专用发票未付货款的业务。

三、完成任务的岗位分配

采购部宋子睿填制采购订单，生成到货单、入库单和专用发票。财务部张子萱进行应付单据的审核与制单，并生成采购入库单的记账凭证。

四、任务实施

（一）填制采购订单

(1) 以操作员"606 宋子睿"身份于2020年1月18日登录企业应用平台，单击左下角的"业务工作"栏，执行"业务工作"→"供应链"→"采购管理"→"采购订货"→"采购订单"命令。双击"采购订单"，进入"采购订单"窗口。

(2) 单击"增加"按钮，在表头项目中，采购类型选择"正常采购"，供应商选择"滨江公司"，修改税率为"13.00"。表体中第一行存货编码选择"06"，数量录入"100.00"，原币单价录入"5000.00"，表体第二行存货编码选择"10"，数量录入"100.00"，原币单价录入"0.00"，单击"保存"按钮后审核。如图6-44所示。退出"采购订单"窗口。

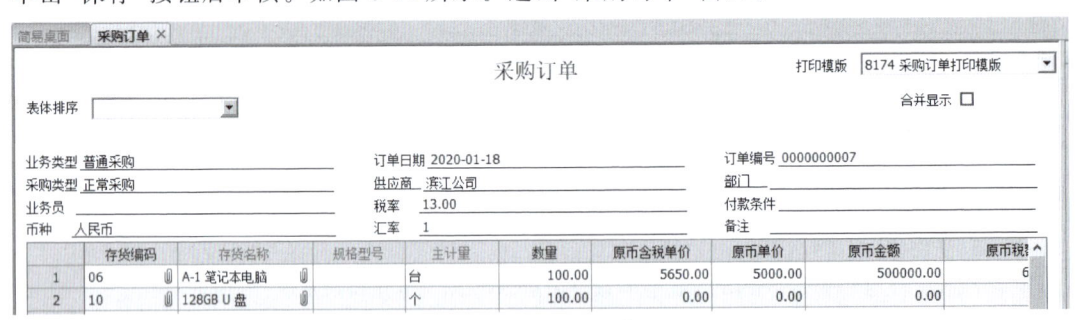

图 6-44 采购订单

（二）生成采购到货单

(1) 以操作员"606 宋子睿"身份于2020年1月18日登录企业应用平台，单击左下角的"业务工作"栏，执行"业务工作"→"供应链"→"采购管理"→"采购到货"→"到货单"命令。双击"到货单"，进入"到货单"窗口。

(2) 单击"增加"按钮，单击"生单"右边的倒三角按钮，打开下拉列表，选择"采购订单"，打开"查询条件选择-采购订单列表"对话框,单击"确定"按钮,进入"拷贝并执行"窗口。如图6-45所示。

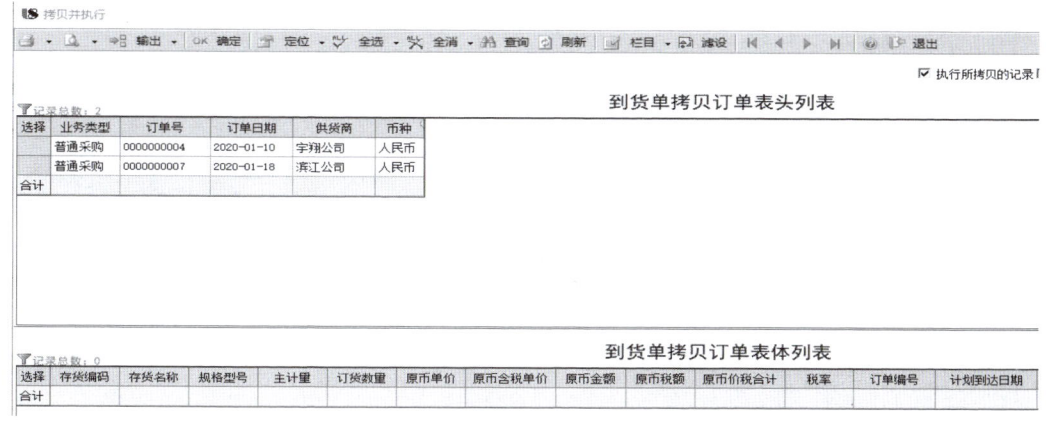

图6-45 拷贝并执行

(3)双击滨江公司所在行的"选择"栏,到货单拷贝订单表体列表出现数据。如图6-46所示。

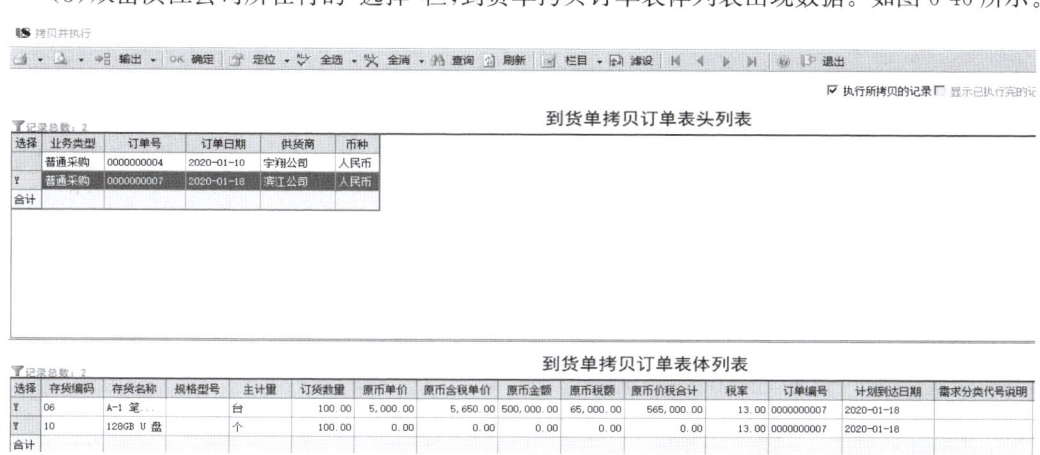

图6-46 拷贝采购订单数据

(4)单击"确定"按钮,将采购订单内容拷贝至到货单,在表头项目中,部门选择"采购部",保存并审核后退出"到货单"窗口。

(三)生成采购入库单(包括笔记本电脑入库单和赠品的入库单)

(1)以操作员"606 宋子睿"身份于2020年1月18日登录企业应用平台,单击左下角的"业务工作"栏,执行"业务工作"→"供应链"→"库存管理"→"入库业务"→"采购入库单"命令。双击"采购入库单",进入"采购入库单"窗口。

(2)单击"生单"右边的倒三角按钮,打开下拉列表,双击"采购到货单(蓝字)",打开"查询条件选择-采购到货单列表"对话框,单击"确定"按钮,进入"到货单生单列表"窗口,单击"全选"按钮,到货单生单表体出现两行数据。如图6-47所示。

(3)由于笔记本电脑和U盘入库时不在同一仓库,所以到货单生单表体中,只选择第一行笔记本电脑所在行的"选择"栏。

双击到货单生单表体第二行128GB U盘所在行的"选择"栏,取消"选择"栏中的"Y"。如图6-48所示。单击"确定"按钮,将到货单中笔记本电脑信息拷贝至采购入库单。

图6-47　到货单生单列表

图6-48　选择一种存货拷贝至采购入库单

（4）仓库选择"产成品仓库",单击"保存"按钮,单击"审核"按钮,系统提示审核成功后单击"确定"按钮。

（5）单击"生单"右边的倒三角按钮,打开下拉列表,选择"采购到货单（蓝字）",打开"查询条件选择-采购到货单列表"对话框,单击"确定"按钮,进入"到货单生单列表"窗口,单击"全选"按钮,到货单生单表体出现赠品U盘的数据。如图6-49所示。

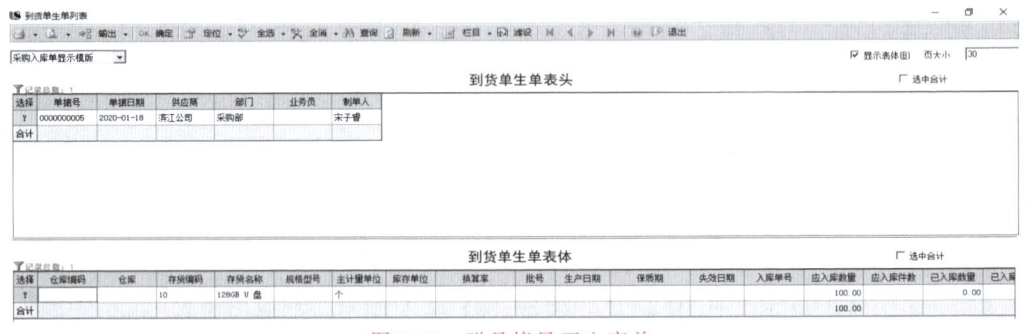

图6-49　赠品拷贝至入库单

（6）单击"确定"按钮,将到货单中笔记本电脑信息拷贝至采购入库单。在表头项目中,仓库选择"关联产品库",单击"保存"按钮,单击"审核"按钮。

（四）填制采购专用发票

（1）以操作员"606宋子睿"身份于2020年1月18日登录企业应用平台,单击左下角的"业务工作"栏,执行"业务工作"→"供应链"→"采购管理"→"采购发票"→"专用采购发票"命令。双击"专用采购发票",进入"专用发票"窗口。

（2）单击"增加"按钮,单击"生单"右边的倒三角按钮,打开下拉列表,双击"入库单",打开"查询条件选择-采购入库单列表过滤"对话框,单击"确定"按钮,进入"拷贝并执行"窗口,单击"全选"按钮,选择两张入库单,发票拷贝入库单表体列表出现数据,如图 6-50 所示。

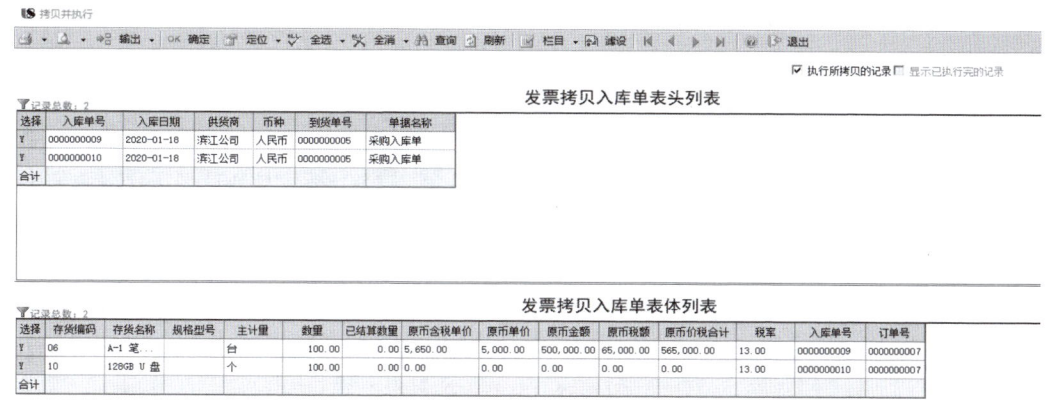

图 6-50　拷贝并执行

(3)单击"确定"按钮,进入"专用发票"窗口,将两张入库单信息拷贝至采购专用发票,修改税率为"13.00",单击"保存"按钮,如图 6-51 所示。

图 6-51　两张入库单生成的采购专用发票

(五)采购结算(手工结算)

(1)以操作员"606 宋子睿"身份于 2020 年 1 月 18 日登录企业应用平台,单击左下角的"业务工作"栏,执行"业务工作"→"供应链"→"采购管理"→"采购结算"→"手工结算"命令。双击"手工结算",进入"手工结算"窗口。

(2)单击"选单"按钮,进入"结算选单"窗口,单击"查询"按钮,单击"确定"按钮,结算选发票列表和结算选入库单列表均出现数据。如图 6-52 所示。

图 6-52　结算选单

(3)单击"全选"按钮,单击"确定"按钮,返回至"手工结算"窗口,如图6-53所示。

图6-53 手工结算

(4)选择费用分摊方式选择"按数量"按钮,单击"结算"按钮,系统提示结算完成。关闭"手工结算"窗口。

(六)应付单据审核与制单

(1)以操作员"605 张子萱"身份于2020年1月18日登录企业应用平台,单击左下角的"业务工作"栏,执行"业务工作"→"财务会计"→"应付款管理"→"应付单据处理"→"应付单据审核"命令。双击"应付单据审核",打开"应付单查询条件"对话框。

(2)单击"确定"按钮,进入"单据处理"窗口。如图6-54所示。

图6-54 应付单据列表

(3)双击"选择"栏,单击"审核"按钮,系统弹出提示信息,单击"确定"按钮。关闭"单据处理"窗口。

(4)双击"制单处理",打开"制单查询"对话框,单击"确定"按钮,进入"制单"窗口。单击"全选"按钮,单击"制单"按钮,进入"填制凭证"窗口,将凭证类别改为"转字",单击"保存"按钮。如图6-55所示。关闭"填制凭证"和"制单"窗口。

图6-55 采购专用发票生成的凭证

（七）核算采购成本

（1）以操作员“605 张子萱”身份于 2020 年 1 月 18 日登录企业应用平台，单击左下角的“业务工作”栏，执行“业务工作”→“供应链”→“存货核算”→“业务核算”→“正常单据记账”命令。双击“正常单据记账”，打开“查询条件选择”对话框。单击“确定”按钮，进入“未记账单据一览表”窗口。

（2）单击“全选”按钮，单击“记账”按钮，系统提示记账成功。关闭“未记账单据一览表”窗口。

（3）执行“业务工作”→“供应链”→“存货核算”→“财务核算”→“生成凭证”命令。双击“生成凭证”，进入“生成凭证”窗口。

（4）单击“选择”按钮，打开“查询条件”对话框，单击“确定”按钮，进入“选择单据”窗口。单击“全选”按钮，如图 6-56 所示。单击“确定”按钮。进入“生成凭证”窗口。将凭证类别改为“转账凭证”，单击“合成”按钮，单击“保存”按钮，生成凭证。如图 6-57 所示。关闭“填制凭证”及“生成凭证”窗口。

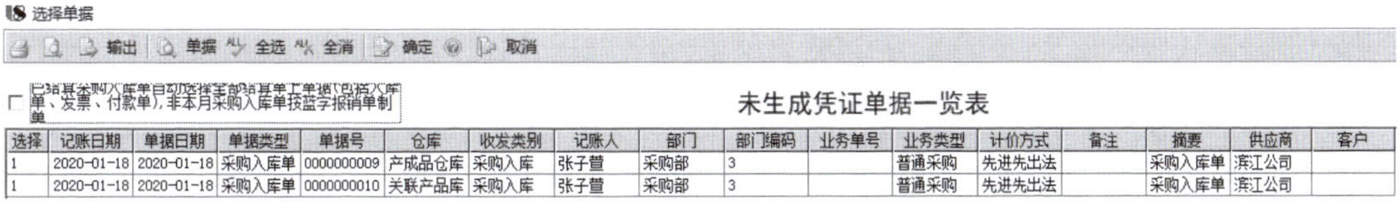
选择单据

输出 单据 全选 全消 确定 取消

□ 已结算采购入库单自动选择全部结算单上单据(包括入库单、发票、付款单)，非本月采购入库单按蓝字报销单制单

未生成凭证单据一览表

选择	记账日期	单据日期	单据类型	单据号	仓库	收发类别	记账人	部门	部门编码	业务单号	业务类型	计价方式	备注	摘要	供应商	客户
1	2020-01-18	2020-01-18	采购入库单	0000000009	产成品仓库	采购入库	张子萱	采购部	3		普通采购	先进先出法		采购入库单	滨江公司	
1	2020-01-18	2020-01-18	采购入库单	0000000010	关联产品库	采购入库	张子萱	采购部	3		普通采购	先进先出法		采购入库单	滨江公司	

图 6-56 未生成凭证单据一览表

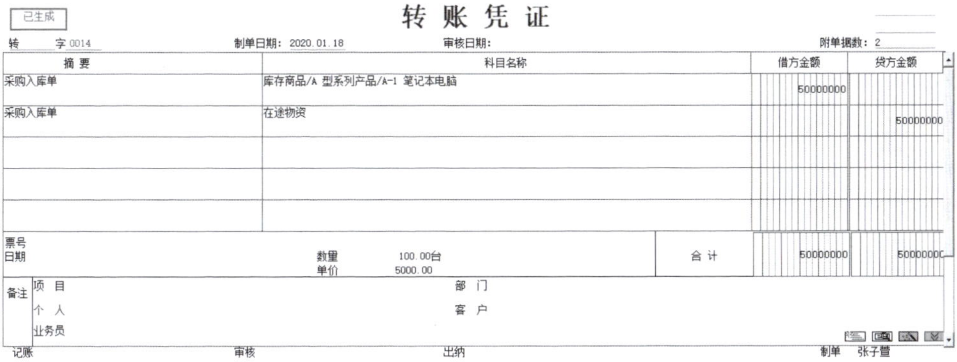
已生成

转账凭证

转 字 0014　制单日期：2020.01.18　审核日期：　附单据数：2

摘要	科目名称	借方金额	贷方金额
采购入库单	库存商品/A 型系列产品/A-1 笔记本电脑	50000000	
采购入库单	在途物资		50000000
票号 日期　数量 100.00台　单价 5000.00	合计	50000000	5000000C

备注　项目　部门
个人　客户
业务员

记账　审核　出纳　制单 张子萱

图 6-57 入库单生成凭证

五、常见错误解析

单据参照生单时筛选不出上游单据。

原因分析：上游单据未审核或者操作员没有相关权限。

任务五　特殊采购业务五

一、任务工单

特殊采购业务五任务工单

任务名称	特殊采购业务五	学时		班级	
组别		组长		小组成绩	
学生姓名		联系方式		个人成绩	
任务开始时间		任务完成场地		任务完成时长	

任务详情

2020年1月1日,滨州市启航股份有限公司收到裕太百货大楼一张银行承兑汇票(出票日期为2020年1月1日),用于预付今后购买商品的货款,银行承兑汇票为无息汇票,金额为904 000元,银行汇票到期日为2020年2月8日。票据编号为YHCD00000001。

2020年1月19日,滨州市启航股份有限公司采购部与滨江公司签订采购合同,合同内容为采购一批B-1笔记本电脑,单价为8 000元/台,数量为100台。当天到货,入库的同时收到滨江公司开具的增值税专用发票。启航有限公司拿1月1日收到的银行承兑汇票背书转让支付货款

思政元素:预防金融诈骗

思政案例:出纳人员在处理票据时必须提高警惕,预防不法分子进行金融诈骗

任务要求

1.根据任务工单提供的业务资料内容,在供应链各系统以及应付款管理系统中填写合适的单据并审核。
2.能处理票据管理业务。
3.生成相应的财务记账凭证

任务实施难点	任务完成正确率	操作错误	错误原因及改正方法

二、任务解析

本业务为收到客户用于预付货款的银行承兑汇票,之后与供应商签订采购合同采购商品,收到增值税专用发票,并且对银行承兑汇票进行背书转让,用于支付货款。

三、完成任务的岗位分配

财务部钱晓宇填制银行承兑汇票并制单,采购部宋子睿填制采购订单,生成采购到货单、入库单以及采购专用发票,财务部张子萱审核发票并制单。财务部钱晓宇进行票据处理。张子萱进行存货核算系统的正常单据记账并生成采购入库单凭证。

四、任务实施

(一)填制银行承兑汇票并制单

(1)以操作员"604 钱晓宇"身份于2020年1月1日登录企业应用平台,单击左下角的"业务工作"栏,执行"业务工作"→"财务会计"→"应收款管理"→"票据管理"命令。双击"票据管理",打开"查询条件选择"对话框,单击"确定"按钮,进入"票据管理"窗口。如图6-58所示。

选择	序号	方向	票据类型	收到日期	票据编号	银行名称	票据摘要	币种	出票日期	结算方式	背书人	背书金额	金额	汇率
合计												0.00	0.00	

图 6-58 "票据管理"窗口

(2)单击"增加"按钮,进入"应收票据"窗口。票据类型选择"银行承兑汇票",结算方式选择"银行承兑汇票",票据编号录入"YHCD00000001",出票日期选择"2020-01-01",到期日选择"2020-02-08",出票人选择"裕太百货大楼",金额录入"904000.00",单击"保存"按钮。如图6-59所示。关闭"应收票据"以及"票据管理"窗口。

图 6-59 银行承兑汇票

(3)执行"业务工作"→"财务会计"→"应收款管理"→"收款单据处理"→"收款单据审核"命令。双击"收款单据审核",进入"收付款单列表"窗口。如图6-60所示。

选择	审核人	单据日期	单据类型	单据编号	客户名称	部门	业务员	结算方式	票据号	币种	汇率	原币金额	本币金额
		2020-01-01	收款单	0000000002	裕太百货大楼			银行承兑汇票	YHCD00000001	人民币	1.00000000	904,000.00	904,000.00
合计												904,000.00	904,000.00

图 6-60 收付款单列表

(4)双击"选择"栏,出现"Y",单击"审核"按钮,系统提示审核成功。关闭"收付款单列表"窗口。

(5)执行"业务工作"→"财务会计"→"应收款管理"→"制单处理"命令。双击"制单处理",打开"制单查询"对话框。如图6-61所示。

(6)取消勾选"发票制单"复选框,勾选"收付款单制单"复选框,如图6-62所示。

(7)单击"确定"按钮,进入"制单"窗口,如图6-63所示。

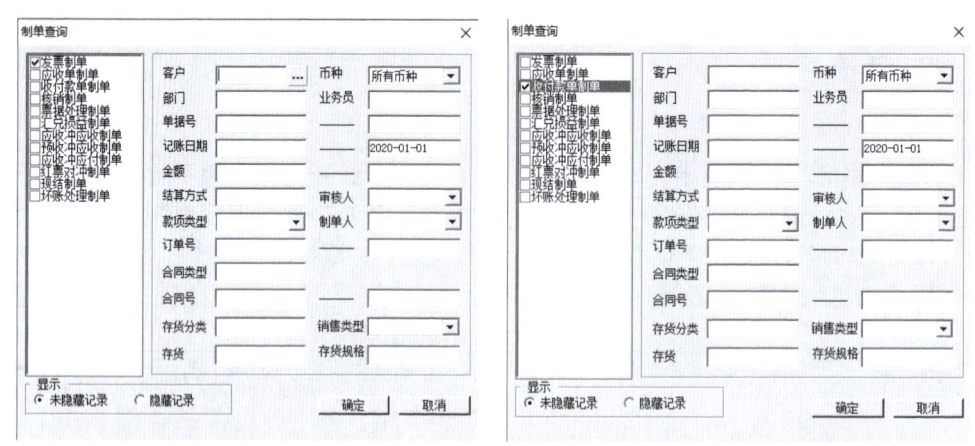

图 6-61　制单查询

图 6-62　勾选收付款单制单

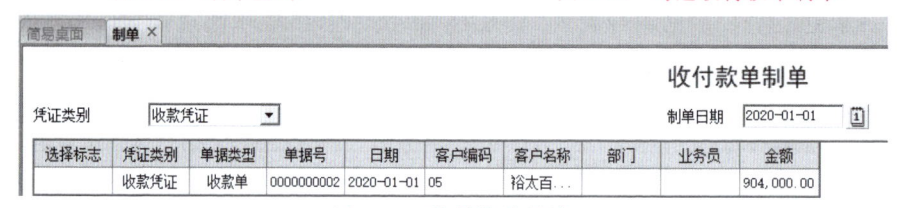

图 6-63　收付款单制单

（8）单击"全选"按钮，单击"制单"按钮，打开"填制凭证"窗口，修改凭证类别为"转"字，单击"保存"按钮。如果提示制单不序时，则先不保存凭证，关闭"填制凭证"和"制单"窗口后，进行以下处理：

①重注册，更换操作员，以账套主管"601 赵启航"身份于 2020 年 1 月 1 日登录企业应用平台，单击左下角的"业务工作"栏，执行"业务工作"→"财务会计"→"总账"→"设置"→"选项"命令。双击"选项"，打开选项对话框。如图 6-64 所示。

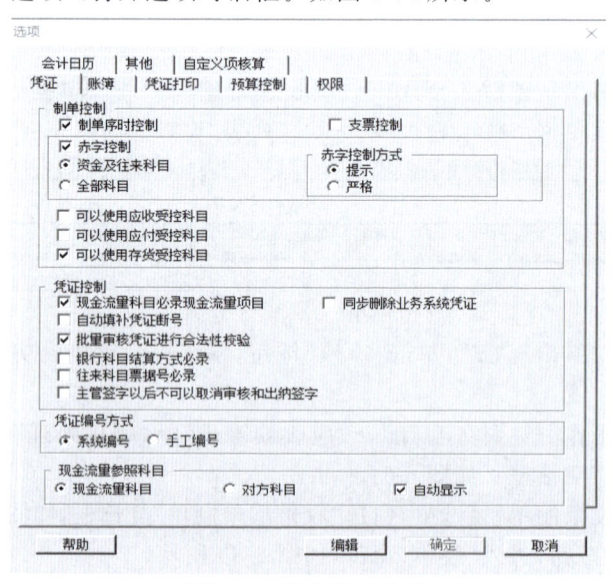

图 6-64　总账设置选项

②单击"编辑"按钮，取消勾选"制单序时控制"复选框，单击"确定"按钮。

（9）重注册，更换操作员，以操作员"604 钱晓宇"身份于 2020 年 1 月 1 日登录企业应用平台，单击左下角的"业务工作"栏，执行"业务工作"→"财务会计"→"应收款管理"→"制单处理"命令。双击"制单处理"，打开"制单查询"对话框。取消勾选"发票制单"，勾选"收付款单制单"，单击"全选"按钮，单击"制单"按钮，进入"填制凭证"窗口，修改凭证类别为"转"字，单击"保存"按钮，如果提示赤字，则单击"继续"按钮后保存凭证。如图 6-65 所示。关闭"填制凭证"以及"制单"窗口。

图 6-65　应收票据（收款单）制单

任务指导：

弹出赤字提示是因为应收账款账户在保存此凭证之后会出现贷方余额，应收账款为资产类账户，一般情况下为借方余额，此处出现贷方余额，故系统进行了赤字提示，根据会计业务判断，此为正常现象，应收账款出现贷方余额相当于预收账款。

（二）填制采购订单

（1）以操作员"606 宋子睿"身份于 2020 年 1 月 19 日登录企业应用平台，单击左下角的"业务工作"栏，执行"业务工作"→"供应链"→"采购管理"→"采购订货"→"采购订单"命令。双击"采购订单"，进入"采购订单"窗口。

（2）单击"增加"按钮，在表头项目中，供应商录入"滨江公司"，修改税率为"13.00"，在表体项目中，存货编码选择"07"，数量录入"100.00"，原币单价录入"8000.00"，单击"保存"按钮后审核。如图 6-66 所示。关闭"采购订单"窗口。

图 6-66　采购订单

(三)生成采购到货单

(1)以操作员"606 宋子睿"身份于2020年1月19日登录企业应用平台,单击左下角的"业务工作"栏,执行"业务工作"→"供应链"→"采购管理"→"采购到货"→"到货单"命令。双击"到货单",进入"到货单"窗口。

(2)单击"增加"按钮,单击"生单"右边的倒三角按钮,打开下拉列表,选择采购订单,打开"查询条件选择-采购订单列表过滤"对话框,单击"确定"按钮,进入"拷贝并执行"窗口。如图6-67所示。

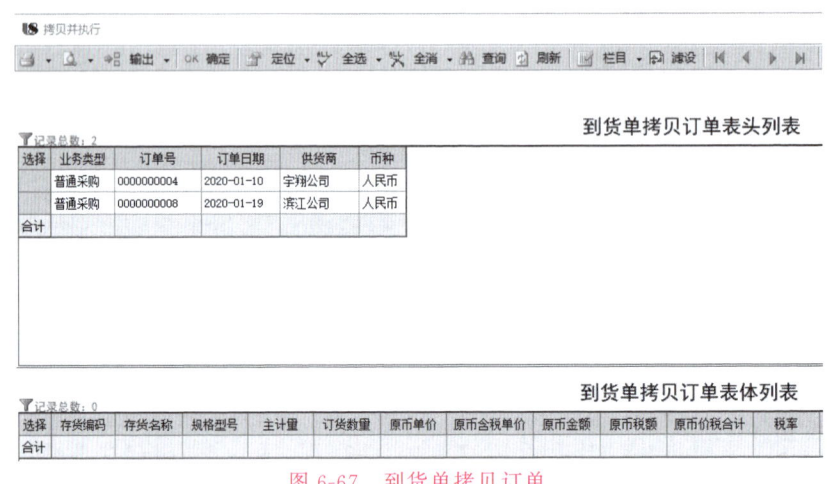

图6-67 到货单拷贝订单

(3)双击滨江公司所在行的"选择"栏,单击"确定"按钮,将采购订单信息拷贝至到货单。在表头项目中,部门录入"采购部",单击"保存"按钮后审核。关闭"到货单"窗口。

(四)生成采购入库单

(1)以操作员"606 宋子睿"身份于2020年1月19日登录企业应用平台,单击左下角的"业务工作"栏,执行"业务工作"→"供应链"→"库存管理"→"采购入库单"命令。双击"采购入库单",进入"采购入库单"窗口。

(2)单击"生单"右边的倒三角按钮,打开下拉列表,选择"到货单(蓝字)",打开"查询条件选择-采购到货单列表"对话框,单击"确定"按钮,进入"到货单生单列表"窗口,单击"全选"按钮,单击"确定"按钮。将到货单信息拷贝至采购入库单。

(3)在采购入库单表头项目中,仓库选择"产成品仓库",单击"保存"按钮后审核。关闭"采购入库单"窗口。

(五)生成采购专用发票

(1)以操作员"606 宋子睿"身份于2020年1月19日登录企业应用平台,单击左下角的"业务工作"栏,执行"业务工作"→"供应链"→"采购管理"→"采购发票"→"专用采购发票"命令。双击"专用采购发票",进入"专用发票"窗口。

(2)单击"增加"按钮,单击"生单"右边的倒三角按钮,打开下拉列表,选择"入库单",打开"查询条件选择-采购入库单列表过滤"对话框,单击"确定"按钮,进入"拷贝并执行"窗口,单击"全选"按钮,单击"确定"按钮。将到货单信息拷贝至采购专用发票。修改税率为"13.00",系统弹出提示信息后单击"确定"按钮。单击"保存"按钮,如图6-68所示。

图 6-68 采购专用发票

（3）单击上方"结算"按钮，专用发票左上角显示"已结算"字样。如图 6-69 所示。

图 6-69 已结算的专用发票

（六）应付单据审核与制单

（1）以操作员"605 张子萱"身份于 2020 年 1 月 19 日登录企业应用平台，单击左下角的"业务工作"栏，执行"业务工作"→"财务会计"→"应付款管理"→"应付单据处理"→"应付单据审核"命令。双击"应付单据审核"，打开"应付单查询条件"对话框，单击"确定"按钮，进入"单据处理"窗口，双击供应商滨江公司所在行的"选择"栏，单击"审核"按钮，系统提示审核成功。

（2）执行"业务工作"→"财务会计"→"应付款管理"→"制单处理"命令。双击"制单处理"，打开"制单查询"对话框，默认选择发票制单，单击"确定"按钮，进入"制单"窗口，单击"全选"按钮，单击"制单"按钮，修改凭证类别为"转"字，单击"保存"按钮。如图 6-70 所示。关闭"填制凭证"和"制单"窗口。

图 6-70 采购专用发票制单

(七)票据处理

(1)以操作员"604 钱晓宇"身份于 2020 年 1 月 19 日登录企业应用平台,单击左下角的"业务工作"栏,执行"业务工作"→"财务会计"→"应收款管理"→"票据管理"命令。双击"票据管理",打开"查询条件选择"对话框,单击"确定"按钮,进入"票据管理"窗口。如图 6-71 所示。

图 6-71 票据管理

(2)双击选择栏之后,单击"背书"按钮,打开"票据背书"对话框,被背书人选择"滨江公司",单击"确定"按钮,进入"冲销应付账款"窗口,如图 6-72 所示。

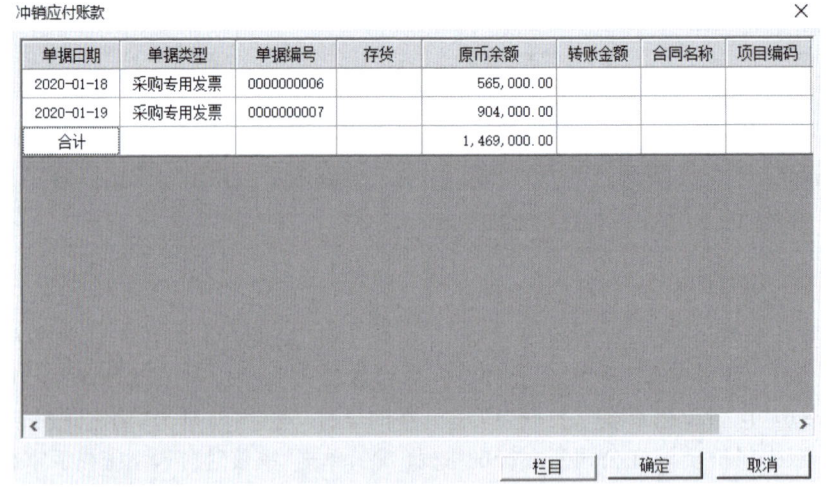

图 6-72 冲销应付账款

(3)在第二行转账金额录入"904,000.00"(或者直接双击原币余额"904,000.00"),单击"确定"按钮,立即制单,进入"填制凭证"窗口,凭证类别改为"转"字,单击"保存"按钮。如图 6-73 所示。关闭"填制凭证"和"票据管理"窗口。

图 6-73 背书制单

（八）核算采购成本并且制单

(1)以操作员“605 张子萱”身份于 2020 年 1 月 19 日登录企业应用平台，单击左下角的“业务工作”栏，执行“业务工作”→“供应链”→“存货核算”→“业务核算”→“正常单据记账”命令。双击“正常单据记账”，打开“查询条件选择”对话框，单击“确定”按钮，进入“未记账单据一览表”窗口。单击“全选”按钮，如图 6-74 所示。单击“记账”按钮。系统提示记账成功后单击“确定”按钮，未记账单据一览表数据消失。关闭“未记账单据一览表”窗口。

简易桌面 | 未记账单据一览表

正常单据记账列表

记录总数：1

选择	日期	单据号	存货编码	存货名称	规格型号	存货代码	单据类型	仓库名称	收发类别	数量	单价
Y	2020-01-19	0000000011	07	B-1 笔记本电脑			采购入库单	产成品仓库		100.00	8,000.00
小计										100.00	

图 6-74　B-1 笔记本电脑入库单记账

(2)执行“业务工作”→“供应链”→“存货核算”→“财务核算”→“生成凭证”命令，双击“生成凭证”，进入“生成凭证”窗口。单击左上角的“选择”按钮，打开“查询条件”对话框，单击“确定”按钮，进入“选择单据”窗口，单击“全选”按钮，单击“确定”按钮，返回至“生成凭证”窗口，如图 6-75 所示。

简易桌面 | 生成凭证

凭证类别　收 收款凭证

选择	单据类型	单据号	摘要	科目类型	科目编码	科目名称	借方金额	贷方金额	借方数量	贷方数量	科目方向	存货编码	存货名称
1	采购入库单	0000000011	采购入库单	存货	14050201	B-1 笔记本电脑	800,000.00		100.00		1	07	B-1 笔记本电脑
				对方				800,000.00		100.00	2	07	B-1 笔记本电脑
合计							800,000.00	800,000.00					

图 6-75　“生成凭证”窗口

(3)对方科目录入“1402”后，单击“生成”按钮，进入“填制凭证”窗口，修改凭证类别为“转”字，单击“保存”按钮，如图 6-76 所示。

已生成

转 账 凭 证

转　字 0018　　制单日期：2020.01.19　　审核日期：　　附单据数：1

摘要	科目名称	借方金额	贷方金额
采购入库单	库存商品/B 型系列产品/B-1 笔记本电脑	80000000	
采购入库单	在途物资		80000000
票号 日期	数量 单价	合 计 80000000	80000000

备注　项　目　　部　门
个　人　　客　户
业务员

记账　　审核　　出纳　　制单　张子萱

图 6-76　采购入库单生成凭证

五、常见错误解析

操作员钱晓宇进行票据管理操作时，单击“背书”按钮，系统提示“是否将背书金额作为预付款处理”。

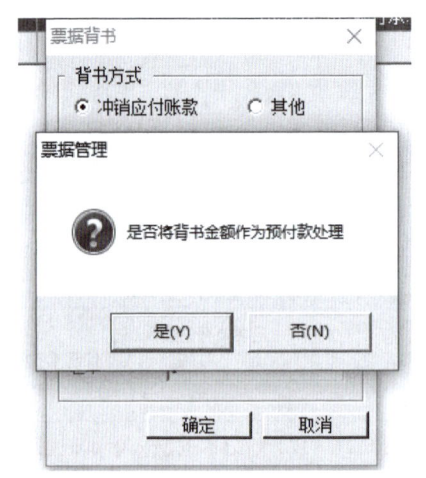

图 6-77　提示信息

原因分析：操作员钱晓宇没有张子萱以及宋子睿的相关用户权限，导致系统没有关联张子萱与宋子睿填制的相关发票，比如应付给滨江公司的账款，系统把此张银行承兑汇票当成了预付给滨江公司的款项。

解决方法：以账套主管身份于 2020 年 1 月 1 日登录企业应用平台，赋予操作员钱晓宇相关用户数据权限，如图 6-78 所示，过程不赘述。

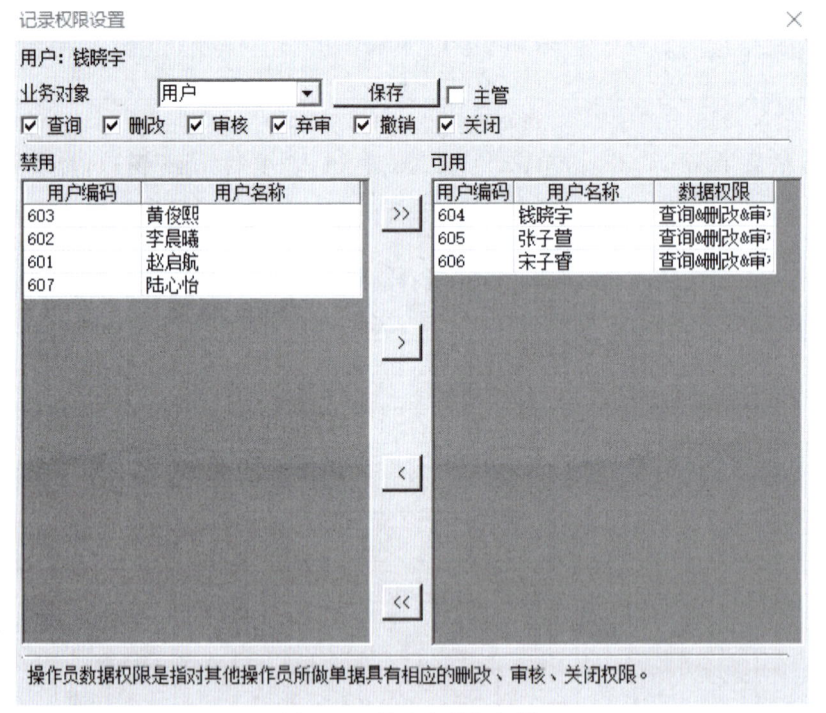

图 6-78　钱晓宇数据权限

项目七 普通销售业务处理

任务一 普通销售业务一

一、任务工单

普通销售业务一任务工单

任务名称	普通销售业务一	学时		班级	
组别		组长		小组成绩	
学生姓名		联系方式		个人成绩	
任务开始时间		任务完成场地		任务完成时长	

任务详情

2020年1月7日,滨州市启航股份有限公司向滨岛公司进行报价,准备销售A-1笔记本电脑一批,报价为6 000元/台。1月8日,滨岛公司接受报价,与滨州市启航股份有限公司签订购销合同,内容为滨州市启航股份有限公司向滨岛公司销售A-1笔记本电脑100台。2020年1月18日出库,2020年1月18日向滨岛公司开出增值税专用发票一张,发票上载明无税单价6 000元/台,数量100台,税率13%。1月18日,收到滨岛公司电汇货税款678 000元。
注:此业务的销售类型为正常销售

思政元素:会计职业素养
思政案例:加强应收账款的管理,预防坏账发生

任务要求

1.根据任务工单提供的业务资料内容,在供应链各系统以及应收款管理系统中填写合适的单据并审核。
2.本业务资料内容中未给出销售专用发票编号,可采用系统默认编号,在实际工作中发票必然有编号,也必须录入。
3.会填制销售报价单、销售订单、销售出库单、销售专用发票以及收款单。
4.生成相应的财务记账凭证。

(续表)

任务实施难点	任务完成正确率	操作错误	错误原因及改正方法

二、任务解析

此业务为报价后签订购销合同,同时出库,开出销售专用发票,收到货款的业务。

三、完成任务的岗位分配

销售部陆心怡填制销售报价单、订单、销售专用发票、销售出库单,财务部钱晓宇审核应收款单据并制单。然后正常单据记账并制单。

四、任务实施

(一)填制销售报价单

(1)以操作员"607 陆心怡"身份于 2020 年 1 月 7 日登录企业应用平台,单击左下角的"业务工作"栏,执行"业务工作"→"供应链"→"销售管理"→"销售报价"→"销售报价单"命令。双击"销售报价单",进入"销售报价单"窗口。

(2)单击"增加"按钮,在表头项目中,销售类型选择"正常销售",客户简称选择"滨岛公司",销售部门选择"销售部",在表体项目中,存货编码选择"06",数量录入"100.00",无税单价录入"6000.00",单击"保存"按钮后审核。如图 7-1 所示。关闭"销售报价单"窗口。

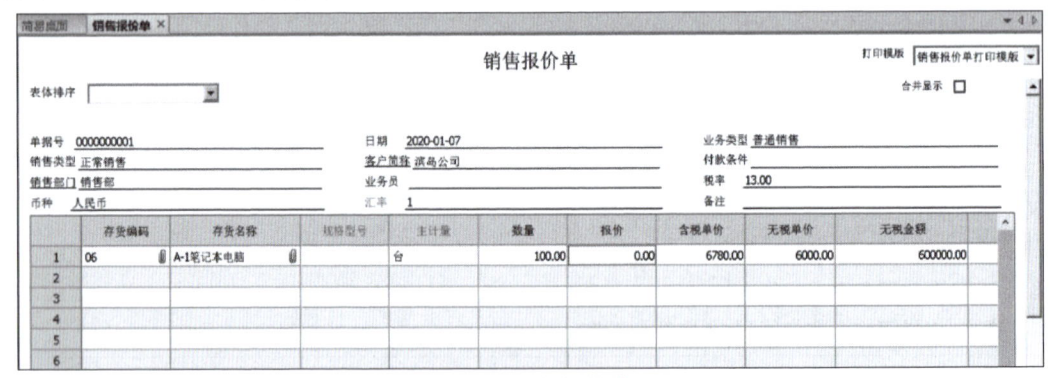

图 7-1 销售报价单

(二)根据销售报价单生成销售订单

(1)以操作员"607 陆心怡"身份于 2020 年 1 月 8 日登录企业应用平台,单击左下角的"业务工作"栏,执行"业务工作"→"供应链"→"销售管理"→"销售订货"→"销售订单"命令。双击"销售订单",进入"销售订单"窗口。

(2)单击"增加"按钮,单击"生单"右边的倒三角按钮,打开下拉列表,选择"报价",打开"查询条件选择-订单参照报价单"对话框,单击"确定"按钮,进入"参照生单"窗口。如图7-2所示。

图7-2 "参照生单"窗口

(3)单击"全选"按钮,订单参照报价单出现数据。如图7-3所示。单击"确定"按钮,将报价单信息拷贝至订单,如图7-4所示。单击"保存"按钮后审核销售订单。

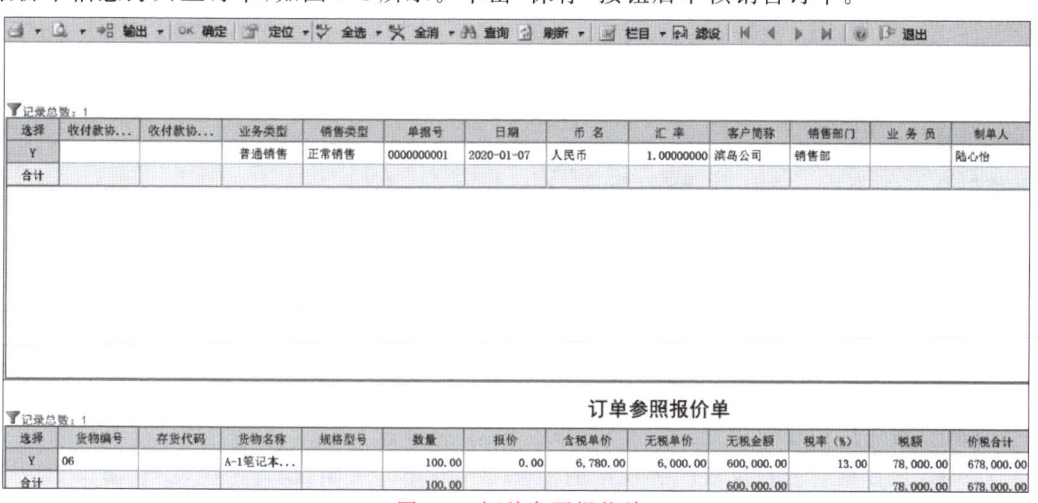

图7-3 订单参照报价单

图7-4 销售订单

(三)根据销售订单生成销售专用发票并且现结

(1)以操作员"607陆心怡"身份于2020年1月18日登录企业应用平台,单击左下角的"业务工作"栏,执行"业务工作"→"供应链"→"销售管理"→"销售开票"→"销售专用发票"命令。双击"销售专用发票",进入"销售专用发票"窗口。

(2)单击"增加"按钮,打开"查询条件选择-参照订单"对话框,单击"确定"按钮,进入"参照生单"窗口。单击"全选"按钮,发票参照订单下方出现数据。如图7-5所示。

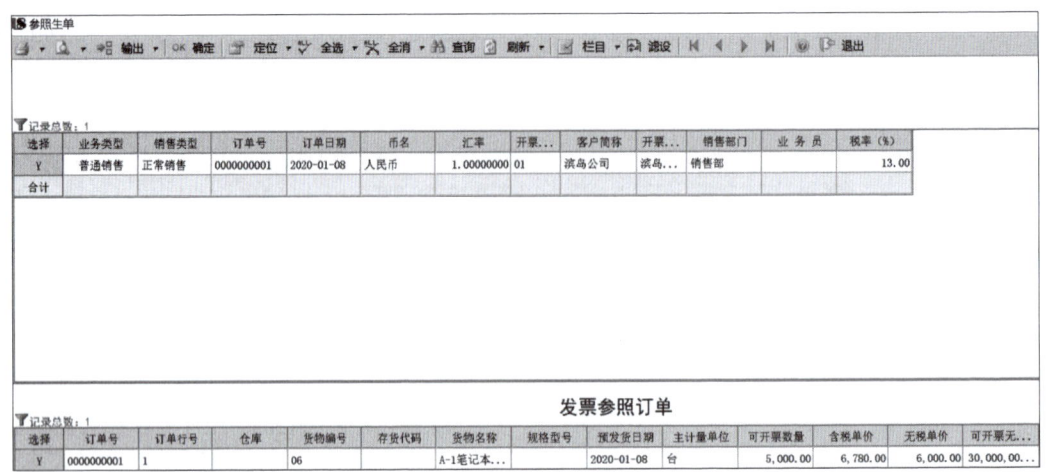

图 7-5　发票参照订单生单

(3)单击"确定"按钮,进入"销售专用发票"窗口,在表体项目中,仓库名称选择"产成品仓库",单击"保存"按钮。如图 7-6 所示。

图 7-6　销售专用发票

(4)单击"现结"按钮,进入"现结"窗口,结算方式选择"电汇",原币金额录入"678 000.00",单击"确定"按钮后销售专用发票左上角出现"现结"字样。

(5)单击"复核"按钮,复核已经现结的销售专用发票。关闭"销售专用发票"窗口。

(四)浏览发货单

(1)以操作员"607 陆心怡"身份于 2020 年 1 月 18 日登录企业应用平台,单击左下角的"业务工作"栏,执行"业务工作"→"供应链"→"销售管理"→"销售发货"→"发货单"命令。双击"发货单",进入"发货单"窗口。

(2)单击"末张"按钮,如图 7-7 所示。

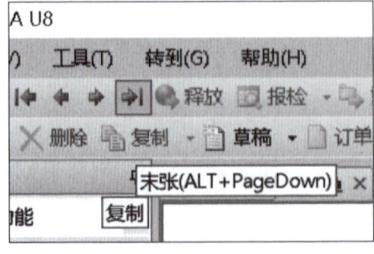

图 7-7　"末张"按钮

(3)可以找到并查看系统根据销售专用发票自动生成并审核的发货单。如图 7-8 所示。

图 7-8　发票自动生成的发货单

(五)生成销售出库单

(1)以操作员"607 陆心怡"身份于 2020 年 1 月 18 日登录企业应用平台,单击左下角的"业务工作"栏,执行"业务工作"→"供应链"→"库存管理"→"出库业务"→"销售出库单"命令。双击"销售出库单",进入"销售出库单"窗口。

(2)单击"生单"右边的倒三角按钮,打开下拉列表,选择"销售生单",打开"查询条件选择-销售发货单列表"对话框,单击"确定"按钮,进入"销售生单"窗口。单击"全选"按钮,单击"确定"按钮,将发货单信息拷贝至销售出库单,单击"保存"后审核,系统提示审核成功后单击"确定"按钮。如图 7-9 所示。

图 7-9　销售出库单

(六)应收单审核与现结制单

(1)账套主管赋予"604 钱晓宇"用户相关数据权限(若前面操作步骤中已经设置钱晓宇的用户数据权限,则此处不用设置)。

①以操作员"601 赵启航"身份于 2020 年 1 月 1 日登录企业应用平台,单击左下角的"业务工作"栏,执行"系统服务"→"权限"→"数据权限分配"命令。双击"数据权限分配",进入"权限浏览"窗口。

②选中"604 钱晓宇",单击"授权"按钮,进入"记录权限设置"窗口,业务对象选择"用户",单击"》"按钮,将所有用户从左边移动到右边。单击"保存"按钮,系统弹出提示"保存成功,重新登录门户,此配置才能生效!",单击"确定"按钮,退出"记录权限设置"和"权限浏览"窗口。

(2)以操作员"604 钱晓宇"身份于 2020 年 1 月 18 日登录企业应用平台,单击左下角的"业务工作"栏,执行"业务工作"→"财务会计"→"应收款管理"→"应收单据处理"→"应收单据审核"命令。双击"应收单据审核",打开"应收单查询条件"对话框。勾选"包含已现结发票"复选框,如图 7-10 所示。

图 7-10　勾选"包含已现结发票"复选框

（3）单击"确定"按钮，进入"单据处理"窗口，如图 7-11 所示。

图 7-11　单据处理

（4）单击"全选"按钮，单击"审核"按钮，系统提示审核成功后单击"确定"按钮，应收单据列表中"审核人"栏出现审核人姓名，如图 7-12 所示。关闭"单据处理"窗口。

图 7-12　审核成功

（5）以操作员"604 钱晓宇"身份于 2020 年 1 月 18 日登录企业应用平台，单击左下角的"业务工作"栏，执行"业务工作"→"财务会计"→"应收款管理"→"制单处理"命令。双击"制单处理"，打开"制单查询"对话框。勾选"现结制单"复选框，如图 7-13 所示。

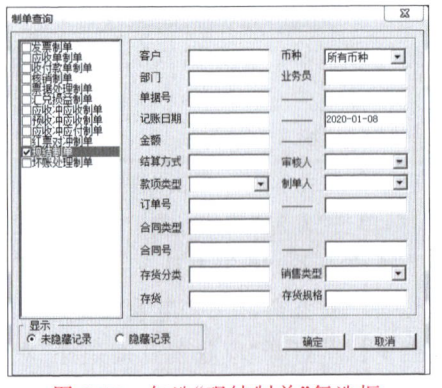

图 7-13　勾选"现结制单"复选框

(6)单击"确定"按钮,进入"制单"窗口,如图7-14所示。

凭证类别		收款凭证						制单日期	2020-01-18	
选择标志	凭证类别	单据类型	单据号	日期	客户编码	客户名称		部门	业务员	金额
1	收款凭证	现结	0000000003	2020-01-18	01	滨岛公司		销售部		678,000.00

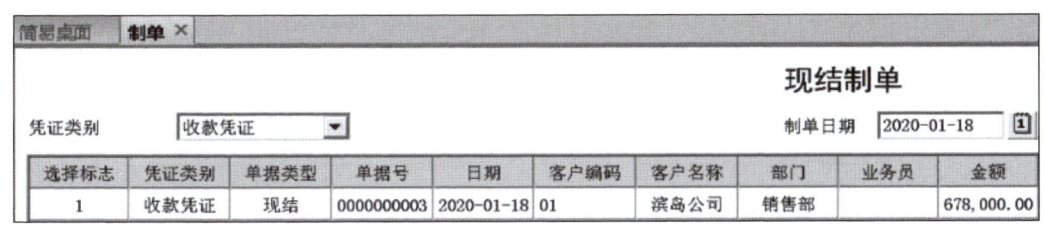

图7-14 现结制单

(7)单击"全选"按钮,单击"制单"按钮,进入"填制凭证"窗口,保存凭证,如图7-15所示。关闭"填制凭证"和"制单"窗口。

收款凭证

收字0001 制单日期:2020.01.18 审核日期: 附单据数:1

摘要	科目名称	借方金额	贷方金额
现结	银行存款/农行存款	67800000	
现结	主营业务收入		60000000
现结	应交税费/应交增值税/销项税额		7800000

票号 4-
日期 2020.01.18   数量   合计 67800000 67800000
            单价
备注 项目   部门
    个人   客户
    业务员

记账   审核   出纳   制单 钱晓宇

图7-15 收款凭证

(七)生成结转销售出库成本凭证

(1)以操作员"604 钱晓宇"身份于2020年1月18日登录企业应用平台,单击左下角的"业务工作"栏,执行"业务工作"→"供应链"→"存货核算"→"业务核算"→"正常单据记账"命令。双击"正常单据记账",打开"查询条件选择"对话框,单击"确定"按钮,进入"未记账单据一览表"窗口。如图7-16所示。

正常单据记账列表

记录总数:1

选择	日期	单据号	存货编码	存货名称	规格型号	存货代码	单据类型	仓库名称	收发类别	数量
	2020-01-18	0000000001	06	A-1笔记本电脑			专用发票	产成品仓库	销售出库	100.00
小计										100.00

图7-16 正常单据记账

(2)双击"选择"栏,出现"Y"字样后,单击"记账"按钮,系统提示当前业务日期必须大于或等于1月19日,这是因为之前正常单据记账日期最晚为2020年1月19日,所以本次记账日期必须大于或等于这个日期。

(3)重注册,以操作员"604 钱晓宇"身份于2020年1月19日登录企业应用平台,单击左下角的"业务工作"栏,执行"业务工作"→"供应链"→"存货核算"→"业务核算"→"正常单据记账"命令。双击"正常单据记账",打开"查询条件选择"对话框,单击"确定"按钮,进入"未记账单据一览表"窗口。如图7-16所示。双击"选择"栏,出现"Y"字样后,单击"记账"按钮,系统提示记账成功,单击"确定"按钮,关闭"未记账单据一览表"窗口。

（4）执行"业务工作"→"存货核算"→"财务核算"→"生成凭证"命令。双击"生成凭证"，进入"生成凭证"窗口，单击"选择"按钮，打开"查询条件"对话框，单击"确定"按钮，进入"选择单据"窗口。如图7-17所示。

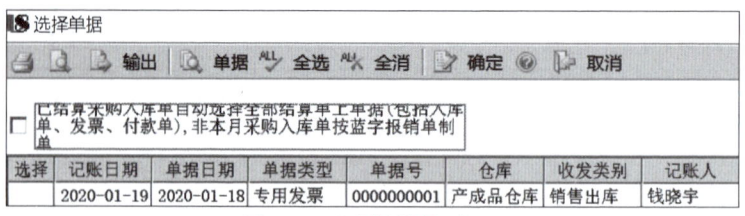

图7-17 "选择单据"窗口

（5）单击"全选"按钮，"选择"栏出现"1"，单击"确定"按钮，进入"生成凭证"窗口，将凭证类别改为"转账凭证"，单击左上角"生成"按钮，进入"填制凭证"窗口，修改制单日期为1月18日，保存凭证，凭证左上角显示"已生成"字样，如图7-18所示。关闭"填制凭证"和"生成凭证"窗口。

图7-18 结转销售成本凭证

五、常见错误解析

销售发票保存时，系统提示信息存货可用量不足，如图7-19所示。

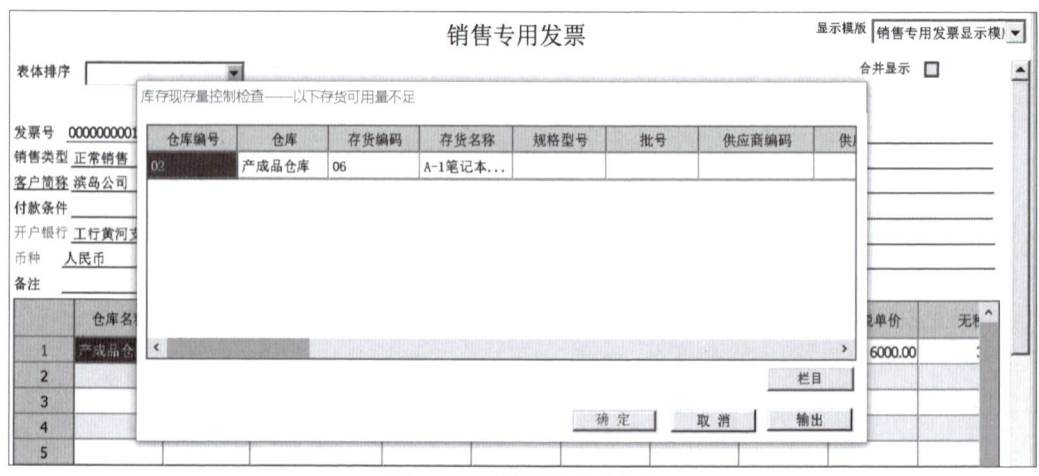

图7-19 存货可用量不足

原因分析：

1. 库存管理系统期初未进行审核。本例中库存管理系统中 A-1 笔记本电脑期初数量不足 100 台，故排除此原因。
2. 上游单据中销售数量填写错误，超过了期初余额加上本期采购的库存量。

解决方法：

1. 如果是因为库存管理系统期初未进行审核造成的，以账套"主管 601 赵启航"身份于 2020 年 1 月 1 日登录企业应用平台，执行"业务工作"→"供应链"→"库存管理"→"初始设置"→"期初结存"命令，双击"期初结存"，进入"库存期初"窗口，逐一检查各个仓库的期初库存有没有审核。没有审核，则可以单击"批审"按钮进行审核（若该仓库期初没有存货，则无须审核）。

2. 查询销售订单中销售数量，若数量填错，则应将销售订单弃审后删除。再查看销售报价单的销售数量是否填错，若数量填错，则应将销售报价单弃审后修改数量。

任务二　普通销售业务二

一、任务工单

普通销售业务二任务工单

任务名称	普通销售业务二	学时		班级	
组别		组长		小组成绩	
学生姓名		联系方式		个人成绩	
任务开始时间		任务完成场地		任务完成时长	

任务详情

2020 年 1 月 8 日，滨州市启航股份有限公司销售部与新鄂公司签订购销合同，合同内容为滨州市启航股份有限公司向新鄂公司销售 50 台 B-1 笔记本电脑，不含税单价为 12 000 元/台，增值税为 78 000 元，1 月 8 日发货，结算方式为转账支票，付款条件为 2/10,1/20,n/30。运费由购买方承担，同时开出一张增值税专用发票，发票号为 XSFP000002

思政元素：一丝不苟的工作作风
思政案例：在进行票据拍照整理工作中，应拍照清晰，避免因票据看不清楚造成后续工作的麻烦

任务要求

1. 根据任务工单提供的业务资料内容，在供应链各系统以及应收应付款管理系统中填写合适的单据并审核。
2. 会填制销售订单、销售专用发票，会录入付款条件。
3. 生成相应的销售业务的财务记账凭证

(续表)

任务实施难点	任务完成正确率	操作错误	错误原因及改正方法

二、任务解析

本业务是签订销售合同、开票发货、有付款条件的普通销售业务。

三、完成任务的岗位分配

销售部陆心怡填制销售订单(审核),根据销售订单生成销售专用发票,填制销售出库单,财务部钱晓宇审核发票、单据记账并生成凭证。

四、任务实施

(一)根据合同填制销售订单

(1)以操作员"607 陆心怡"身份于 2020 年 1 月 8 日登录企业应用平台,单击左下角的"业务工作"栏,执行"业务工作"→"供应链"→"销售管理"→"销售订货"→"销售订单"命令。双击"销售订单",进入"销售订单"窗口。

(2)单击"增加"按钮,在表头项目中,业务类型选择"普通销售",销售类型选择"正常销售",客户选择"新鄂公司",单击付款条件右侧的"…"按钮,进入"付款条件基本参照"窗口,如图 7-20 所示。

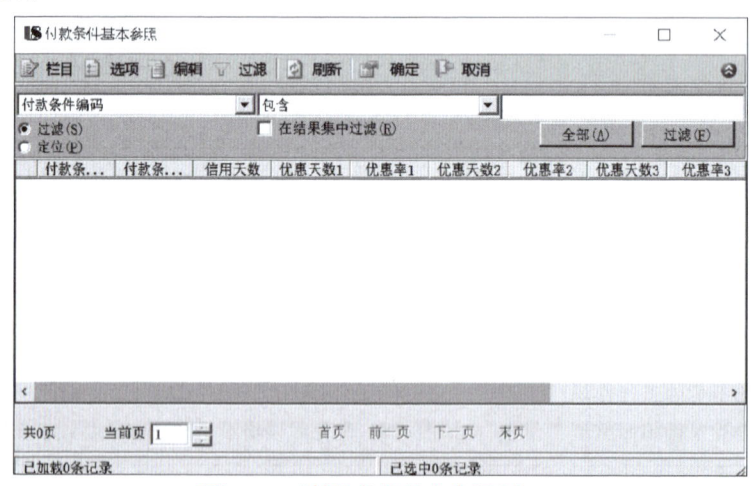

图 7-20 "付款条件基本参照"窗口

(3)单击"编辑"按钮,进入"付款条件"窗口,单击"增加"按钮,付款条件编码录入"01",信用天数录入"30",优惠天数 1 录入"10",优惠率 1 录入"2.0000",优惠天数 2 录入"20",优惠率 2 录入"1.0000",单击"保存"按钮,如图 7-21 所示。单击"退出"按钮,返回至"付款条件基本参照"窗口。默认选择第一行付款条件,如图 7-22 所示。单击"确定"按钮,返回至"销售订单"窗口。

图 7-21 付款条件

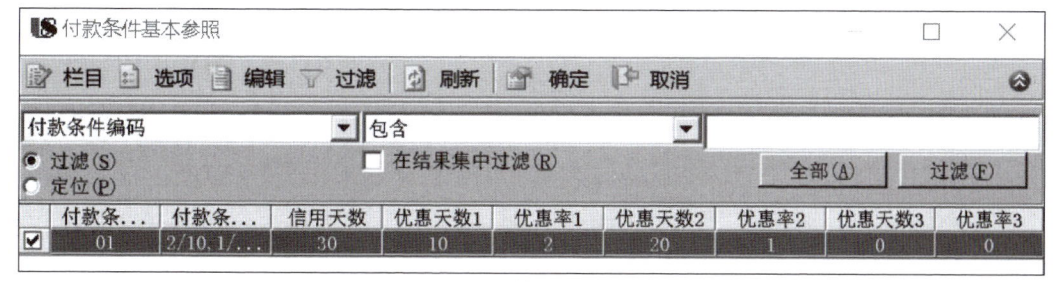

图 7-22 付款条件选择

(4)在表体项目中,存货编码选择"07",数量录入"50.00",无税单价录入"12000.00",销售部门选择"销售部"。单击"保存"按钮后审核。如图 7-23 所示。关闭"销售订单"窗口。

图 7-23 有付款条件的销售订单

(二)根据销售订单生成销售专用发票

(1)以操作员"607 陆心怡"身份于 2020 年 1 月 8 日登录企业应用平台,单击左下角的"业务工作"栏,执行"业务工作"→"供应链"→"销售管理"→"销售开票"→"销售专用发票"命令。双击"销售专用发票",进入"销售专用发票"窗口。

(2)单击"增加"按钮,打开"查询条件选择-参照订单"对话框,单击"确定"按钮,进入"参照生单"窗口,单击"全选"按钮,发票参照订单列表出现数据。如图 7-24 所示。

图 7-24 参照生单

(3)单击"确定"按钮,将销售订单内容拷贝至销售专用发票,在表体项目中,仓库名称选择"产成品仓库",单击"保存"按钮。如图7-25所示。单击"复核"按钮。关闭"销售专用发票"窗口。

(三)查询并浏览自动生成并审核的发货单

(1)以操作员"607 陆心怡"身份于2020年1月8日登录企业应用平台,单击左下角的"业务工作"栏,执行"业务工作"→"供应链"→"销售管理"→"销售发货"→"发货单"命令。双击"发货单",进入"发货单"窗口。如图7-26所示。

图7-25 销售专用发票

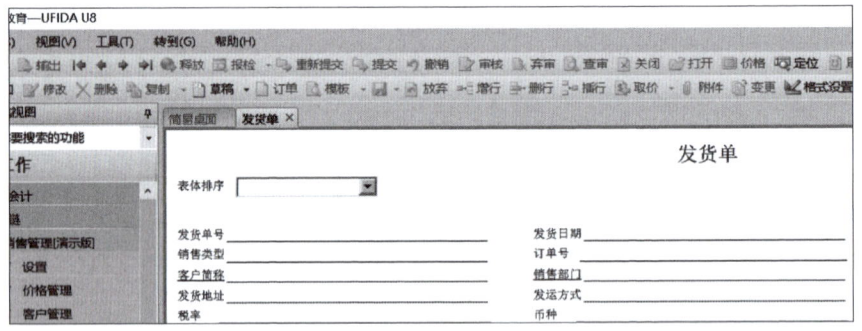

图7-26 "发货单"窗口

(2)单击"末张"按钮,如图7-27所示。查询并浏览根据销售专用发票自动生成并审核的发货单。如图7-28所示。

图7-27 末张按钮

图7-28 自动生成并审核的发货单

(四)生成销售出库单

(1)以操作员"607 陆心怡"身份于 2020 年 1 月 8 日登录企业应用平台,单击左下角的"业务工作"栏,执行"业务工作"→"供应链"→"库存管理"→"出库业务"→"销售出库单"命令。双击"销售出库单",进入"销售出库单"窗口。

(2)单击"生单"右边的倒三角按钮,打开下拉列表,选择销售生单,打开"查询条件选择-销售发货单列表"对话框,单击"确定"按钮,进入"销售生单"窗口,单击"全选"按钮后确定,将发货单信息带入销售出库单,单击"保存"按钮后审核,系统提示审核成功后关闭"销售出库单"窗口。

(五)应收单据审核与制单

(1)以操作员"604 钱晓宇"身份于 2020 年 1 月 8 日登录企业应用平台,单击左下角的"业务工作"栏,执行"业务工作"→"财务会计"→"应收款管理"→"应收单据处理"→"应收单据审核"命令。双击"应收单据审核",打开"应收单查询条件"对话框。单击"确定"按钮,进入"单据处理"窗口。如图 7-29 所示。

图 7-29 应收单据列表

(2)单击"全选"按钮,单击"审核"按钮,系统提示审核成功后确定,"审核人"栏出现"钱晓宇"。关闭"单据处理"窗口。

(3)执行"制单处理"命令,默认选择"发票制单",单击"确定"按钮,进入"制单"窗口。单击"全选"按钮,单击"制单"按钮,将凭证类别改为"转"字,如图 7-30 所示。单击"保存"按钮。关闭"填制凭证"与"制单"窗口。

图 7-30 发票制单

(六)生成结转销售出库成本凭证

(1)以操作员"604 钱晓宇"身份于 2020 年 1 月 8 日登录企业应用平台,单击左下角的"业务工作"栏,执行"业务工作"→"存货核算"→"业务核算"→"正常单据记账"命令。双击"正常单据记账",打开"查询条件选择"对话框,单击"确定"按钮,进入"未记账单据一览表"窗口。如图 7-31 所示。

				正常单据记账列表						
记录总数：1										
选择	日期	单据号	存货编码	存货名称	规格型号	存货代码	单据类型	仓库名称	收发类别	数量
	2020-01-08	0000000002	07	B-1笔记本电脑			专用发票	产成品仓库	销售出库	50.00
小计										50.00

图 7-31　正常单据记账列表

（2）单击"全选"按钮，单击"记账"按钮，系统提示"当前业务日期必须大于等于'2020-01-19'。"，原因是上次记账是 2020 年 1 月 19 日，这次日期必须大于或等于这个日期。

（3）重注册，以操作员"604 钱晓宇"身份于 2020 年 1 月 19 日登录企业应用平台，单击左下角的"业务工作"栏，执行"业务工作"→"供应链"→"存货核算"→"业务核算"→"正常单据记账"命令。双击"正常单据记账"，打开"查询条件选择"对话框，单击"确定"按钮，进入"未记账单据一览表"窗口。如图 7-16 所示。单击"全选"按钮，单击"记账"按钮，系统提示记账成功后关闭"未记账单据一览表"窗口。

（4）重注册，以操作员"604 钱晓宇"身份于 2020 年 1 月 8 日注册登录企业应用平台，单击左下角的"业务工作"栏，执行"业务工作"→"供应链"→"存货核算"→"财务核算"→"生成凭证"命令。双击"生成凭证"，进入"生成凭证"窗口，单击"选择"按钮，打开"查询条件"对话框，单击"确定"按钮，打开"选择单据"对话框，单击"全选"按钮，单击"确定"按钮，进入"生成凭证"窗口，单击"生成"按钮，进入"填制凭证"窗口，将凭证类别改为"转"字，单击"保存"按钮，如图 7-32 所示。

转账凭证				
转　字 0021	制单日期：2020.01.08	审核日期：		附单据数：1
摘　要	科目名称		借方金额	贷方金额
专用发票	主营业务成本		40000000	
专用发票	库存商品/B型系列产品/B-1笔记本电脑			40000000
票号 日期	数量 单价	合计	40000000	40000000
备注	项　目 个　人 业务员	部　门 客　户		
记账	审核	出纳	制单 钱晓宇	

图 7-32　结转销售成本凭证

三、常见错误解析

1. 票据编号与教材不一致

原因分析：

（1）任务工单资料中给出票据编号的，与教材编号不一致可能是由于票据编号录入错误。

（2）编教材时可能删除了上游单据，导致编号自动推后。

解决方法：

（1）如果编号录入错误，则只需修改单据编号即可（如果单据已经进行下一步处理，则在删除下游单据或凭证后才能修改）。

(2)编号自动推后的不影响账务处理,可以不进行处理。
2.记账凭证编号与教材不一致

原因分析:

(1)学生操作业务完成后忘了制单生成凭证或者教材操作时有作废凭证忘了删除,占用凭证号。

(2)教材操作步骤多生成了凭证或者教材操作时有作废凭证忘了删除,占用凭证号。

解决方法:

(1)将该生成凭证的业务完成制单。
(2)将该进行凭证整理的作废凭证删除。

任务三 普通销售业务三

一、任务工单

普通销售业务三任务工单

任务名称	普通销售业务三	学时		班级	
组别		组长		小组成绩	
学生姓名		联系方式		个人成绩	
任务开始时间		任务完成场地		任务完成时长	

任务详情
2020年1月19日,滨州市启航股份有限公司销售部与北漠旗舰店签订购销合同,合同内容为滨州市启航股份有限公司向北漠旗舰店销售20台B-1笔记本电脑,不含税单价为13 000元/台,增值税为33 800元。收到北漠旗舰店通过电汇方式交来的定金20 000元
思政元素:诚实守信
思政案例:订金可以退,定金不能退,但定金满足一定条件的可以返还,给付定金不履行合同义务的,无权请求返还定金,收取定金方不履行合同义务的,双倍返还定金,定金为诚实履约提供了一定的保障

任务要求
1.根据任务工单提供的业务资料内容,在供应链各系统以及应收应付款管理系统中填写合适的单据并审核。
2.根据购销合同填制销售订单,会填制收款单。
3.生成相应的财务记账凭证

任务实施难点	任务完成正确率	操作错误	错误原因及改正方法

二、任务解析

本业务是签订销售合同,收取定金的普通销售业务。

三、完成任务的岗位分配

销售部陆心怡填制销售订单(审核)、财务部钱晓宇填制收款单、审核收款单并生成凭证。

四、任务实施

(一)根据合同填制销售订单

(1)以操作员"607 陆心怡"身份于 2020 年 1 月 19 日登录企业应用平台,单击左下角的"业务工作"栏,执行"业务工作"→"供应链"→"销售管理"→"销售订货"→"销售订单"命令。双击"销售订单",进入"销售订单"窗口。

(2)单击"增加"按钮,在表头项目中,销售类型选择"正常销售",客户简称选择"北漠旗舰店",销售部门选择"销售部"。在表体项目中,存货编码选择"07",数量录入"20.00",无税单价录入"13000.00",单击"保存"按钮后审核。如图 7-33 所示。关闭"销售订单"窗口。

图 7-33 销售订单

(二)填制收款凭证

(1)以操作员"604 钱晓宇"身份于 2020 年 1 月 19 日登录企业应用平台,单击左下角的"业务工作"栏,执行"业务工作"→"财务会计"→"应收款管理"→"收款单据处理"→"收款单据录入"命令。双击"收款单据录入",进入"收付款单录入"窗口。

(2)单击"增加"按钮,客户选择"北漠旗舰店",结算方式选择"电汇"。金额录入"20000.00"元,双击表体第一行,出现数据,如图 7-34 所示。

图 7-34 收款单

(3)将表体第一行的款项类型由"应收款"改为"预收款",如图 7-35 所示。单击"保存"按钮后审核。

图 7-35　预收款单

系统提示"是否立即制单?"单击"是按"钮,进入"填制凭证"窗口,将凭证类别改为"收"字,保存,凭证左上角显示"已生成"字样,如图 7-36 所示。关闭"填制凭证"以及"收付款单录入"窗口。

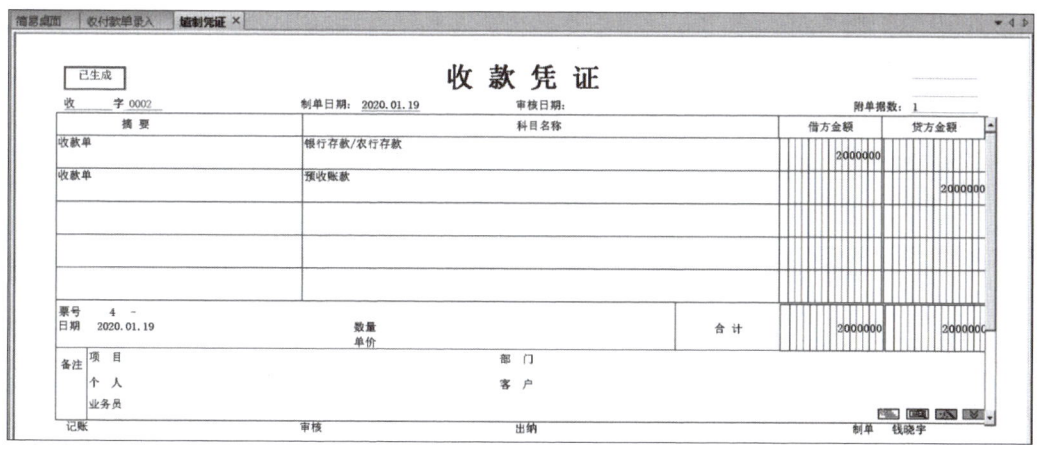

图 7-36　预收款凭证

五、常见错误解析

款项类型根据任务工单要求为"预收款",录成了"应收款",如图 7-37 所示。

图 7-37

任务四　普通销售业务四

一、任务工单

普通销售业务四任务工单

任务名称	普通销售业务四	学时		班级	
组别		组长		小组成绩	

(续表)

学生姓名		联系方式		个人成绩	
任务开始时间		任务完成场地		任务完成时长	

任务详情

2020年1月19日,滨州市启航股份有限公司向北漠旗舰店发货,发出20台B-1笔记本电脑,不含税单价为13 000元/台,增值税为33 800元。同时开出销售专用发票。收回余款。收到一张支票,金额为228 800元,票号为ZP00000004

思政元素:诚信经营

思政案例:企业销售产品时应注重发货产品质量,避免增加售后成本

任务要求

1.根据任务工单提供的业务资料内容,在供应链各系统以及应收应付款管理系统中填写合适的单据并审核。

2.会填制或者生成发货单、销售专用发票以及销售出库单,会填制收款单。

3.生成相应的财务记账凭证

任务实施难点	任务完成正确率	操作错误	错误原因及改正方法

二、任务解析

本业务是开具增值税专用发票、定金转为货款的普通销售业务。

三、完成任务的岗位分配

销售部陆心怡根据销售订单生成发货单,然后根据发货单生成销售专用发票,财务部钱晓宇审核发票、收款单、单据记账并生成凭证。

四、任务实施

(一)根据销售订单生成发货单

(1)以操作员"607陆心怡"身份于2020年1月19日登录企业应用平台,单击左下角的"业务工作"栏,执行"业务工作"→"供应链"→"销售管理"→"销售发货"→"发货单"命令。双击"发货单",打开"查询条件选择-参照订单"对话框,单击"确定"按钮,打开"参照生单"窗口。

(2)单击"全选"按钮,单击"确定"按钮,将订单信息拷贝至发货单,在表体项目中,仓库名称选择"产成品仓库",单击"保存"按钮后审核。

(二)根据发货单生成销售专用发票并且现结

(1)以操作员"607陆心怡"身份于2020年1月19日登录企业应用平台,单击左下角的

"业务工作"栏,执行"业务工作"→"供应链"→"销售管理"→"销售开票"→"销售专用发票"命令。双击"销售专用发票",进入"销售专用发票"窗口。

(2)单击"增加"按钮,打开"查询条件选择-参照订单"对话框,单击此对话框右上角的叉号,关闭此对话框。单击"生单"右边的倒三角按钮,打开下拉列表,选择"参照发货单",打开"查询条件选择-发票参照发货单"对话框,单击"确定"按钮,进入"参照生单"窗口,单击"全选"按钮后确定,将发货单信息拷贝至销售专用发票,单击"保存"按钮。如图 7-38。

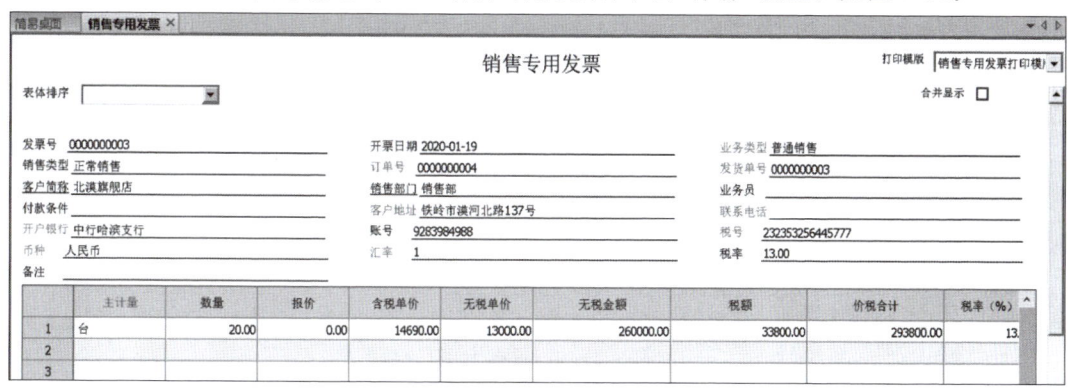

图 7-38 销售专用发票

(3)单击上方"现结"按钮,进入"现结"窗口,结算方式选择"转账支票",原币金额录入"228800.00",票据号录入"ZP00000004",如图 7-39 所示。

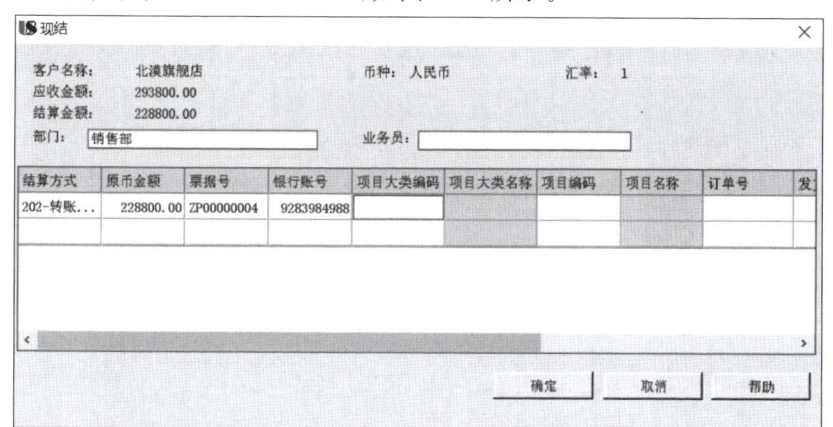

图 7-39 "现结"窗口

(4)单击"确定"按钮,返回至"销售专用发票"窗口,发票左上角出现"现结"字样。单击"复核"按钮,"复核"按钮变成灰色,"弃复"按钮变成黑色。如图 7-40 所示。关闭"销售专用发票"窗口。

图 7-40 发票现结并复核

(三)根据发货单生成销售出库单

(1)以操作员"607 陆心怡"身份于 2020 年 1 月 19 日登录企业应用平台,执行"业务工

作"→"供应链"→"库存管理"→"出库业务"→"销售出库单"命令。双击"销售出库单",进入"销售出库单"窗口。

（2）单击"生单"右边的倒三角按钮,打开下拉列表,选择"销售生单",打开"查询条件选择-销售发货单列表"对话框,单击"确定"按钮,进入"销售生单"窗口,单击"全选"按钮,单击"确定"按钮。将发货单信息带入销售出库单,单击"保存"按钮后审核,系统提示审核成功,如图7-41所示。

图7-41 销售出库单

（四）现结发票审核并制单

（1）以操作员"604 钱晓宇"身份于2020年1月19日登录企业应用平台,执行"业务工作"→"财务会计"→"应收款管理"→"应收单据处理"→"应收单据审核"命令。双击"应收单据审核",进入"应收单查询条件"窗口。勾选"包含已现结发票"复选框,如图7-42所示。

图7-42 勾选"包含已现结发票"复选框

（2）单击"确定"按钮,进入"单据处理"窗口。单击"全选"按钮,单击"审核"按钮,系统提示审核成功,单击"确定"按钮。"审核人"栏出现名字,表示审核成功。如图7-43所示。关闭"单据处理"窗口。

图 7-43　应收单据审核

(3)执行"业务工作"→"财务会计"→"应收款管理"→"制单处理"命令。打开"制单查询"对话框,勾选"现结制单"复选框,如图 7-44 所示。

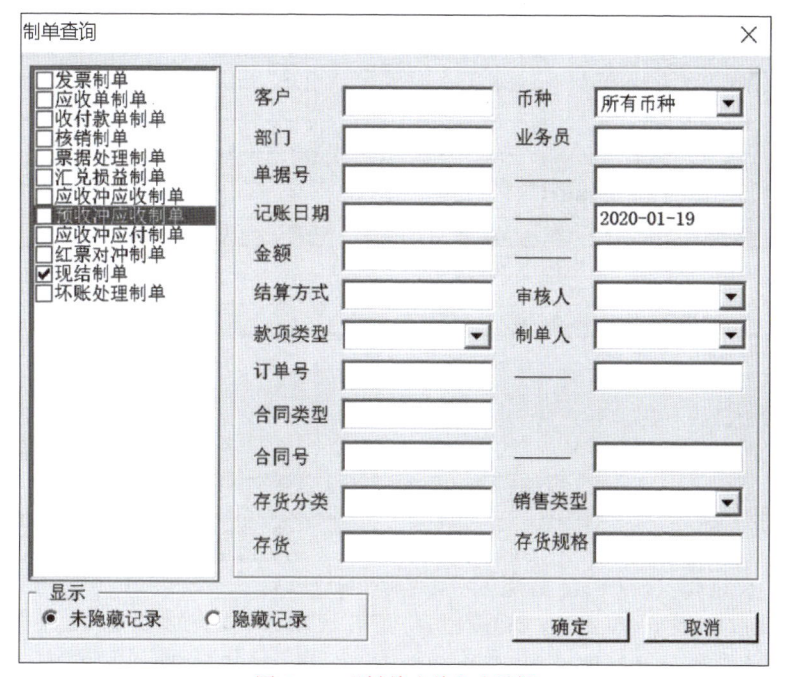

图 7-44　"制单查询"对话框

(4)单击"确定"按钮,进入"制单"窗口。单击"全选"按钮,单击"制单"按钮,单击"保存"按钮,凭证已经生成。如图 7-45 所示。

图 7-45　现结制单凭证

(五)预收冲应收并制单

(1)执行"业务工作"→"财务会计"→"应收款管理"→"转账"→"预收冲应收"命令。双

击"预收冲应收",打开"预收冲应收"对话框。在预收款标签下,客户选择"02-北漠旗舰店",单击"过滤"按钮,将下方滚动条往右拉,在"转账金额"栏分别录入金额"45 000.00"与"20 000.00"(或者直接分别双击两行转账金额,再将光标移动至其他空格处,"转账金额"栏也会出现这两个数字),如图7-46所示。

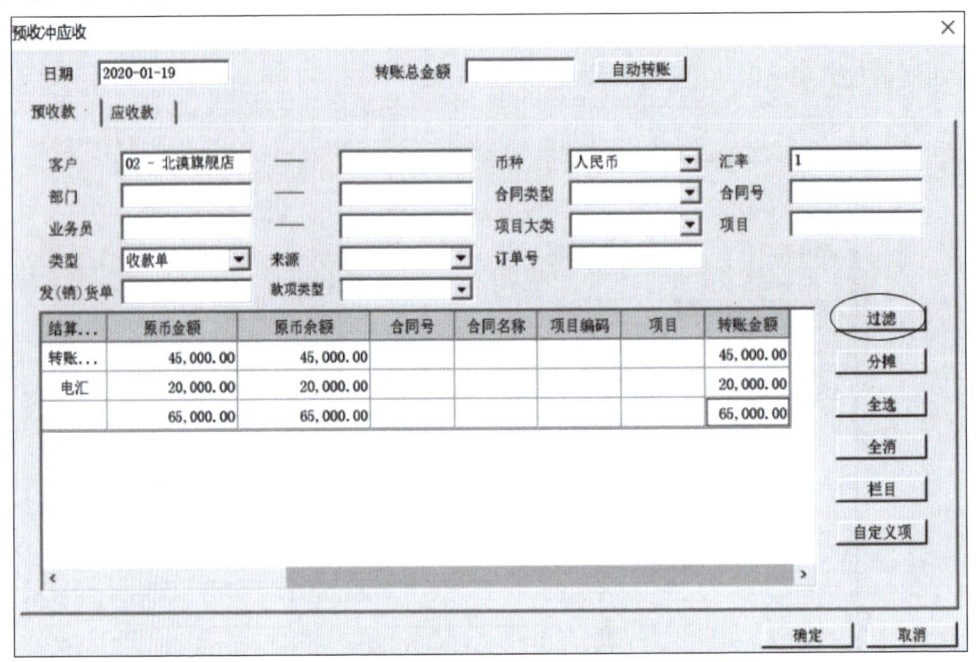

图7-46 预收冲应收(1)

(2)在应收款标签下,单击"过滤"按钮,将下方滚动条往右拉,双击"转账金额"栏,再将光标移动至其他空格处,"转账金额"栏出现数字"65,000.00",如图7-47所示。

图7-47 预收冲应收(2)

单击"确定"按钮,系统提示"是否立即制单",单击"是"按钮,进入"填制凭证"窗口,修改凭证类别为"转"字,单击"保存"按钮,如图 7-48 所示。关闭"填制凭证"和"预收冲应收"窗口。

```
                    转 账 凭 证
  已生成
  转    0022        制单日期: 2020.01.19    审核日期:        附单据数: 1

  摘 要            科目名称              借方金额        贷方金额
  预收冲应收       预收账款                              4500000
  预收冲应收       预收账款                              2000000
  预收冲应收       应收账款                              6500000

  票号
  日期              数量
                    单价                    合 计
  备注  项 目                    部 门
        个 人                    客 户  北漠旗舰店
        业务员
  记账              审核              出纳          制单  钱晓宇
```

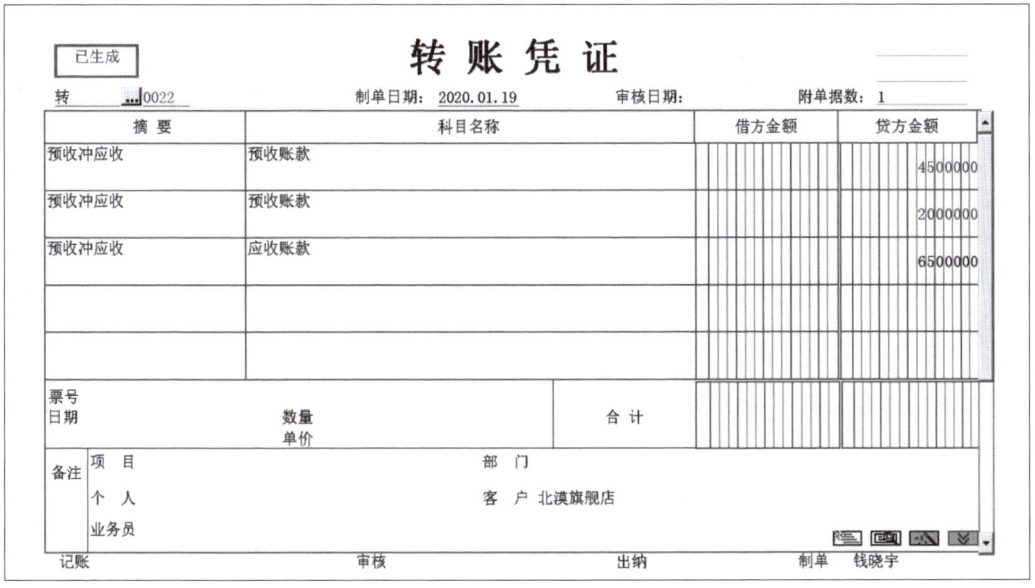

图 7-48　预收冲应收凭证

三、常见错误解析

1.进行预收冲应收操作时,过滤不出单据或者过滤的单据少了。

原因分析: 没有上游单据或者上游未审核。

解决方法: 查清少了哪张单据,追根溯源。补填上游单据或者审核上游单据。

2.进行预收冲应收操作时,过滤出的单据金额错误。

原因分析: 上游单据填制错误。

解决方法: 查清哪张单据错误,追根溯源。修改上游单据。

项目八 特殊销售业务处理

任务一 特殊销售业务一

一、任务工单

直运销售业务一任务工单

任务名称	直运销售业务一	学时		班级	
组别		组长		小组成绩	
学生姓名		联系方式		个人成绩	
任务开始时间		任务完成场地		任务完成时长	

任务详情

2020年1月2日,滨州市启航股份有限公司与裕太百货大楼签订直运销售合同。合同编号为ZYXS01,合同内容为滨州市启航股份有限公司向裕太百货大楼销售一批128GB U盘,数量为800个,无税单价为120元/个。1月2日,滨州市启航股份有限公司跟飞跃公司签订直运采购合同,合同编号为ZY-CG01,合同内容为滨州市启航股份有限公司向飞跃公司签订采购合同,内容为向飞跃公司购买一批128GB U盘,数量为800个,无税单价为50元/个

思政元素:创新精神

思政案例:创新销售模式,走出传统模式

任务要求

1.根据任务工单提供的业务资料内容,在销售管理和采购管理系统中填写合适的单据并审核。
2.根据直运销售合同填制直运销售订单,根据直运采购合同填制直运采购订单。订单号为合同编号。
3.生成相应的财务记账凭证

任务实施难点	任务完成正确率	操作错误	错误原因及改正方法

二、任务解析

此业务为直运销售业务,首先签订直运销售合同,然后签订直运采购合同。

三、完成任务的岗位分配

销售部陆心怡填制销售订单,采购部宋子睿填制采购订单。

四、任务实施

(一)填制直运销售订单

(1)以操作员"607 陆心怡"身份于2020年1月2日登录企业应用平台,单击左下角的"业务工作"栏,执行"业务工作"→"供应链"→"销售管理"→"销售订货"→"销售订单"命令。双击"销售订单",进入"销售订单"窗口。

(2)单击"增加"按钮,在表头项目中,订单号录入或者修改为"ZYXS01",销售类型选择"正常销售",业务类型选择"直运销售",客户简称选择"裕太百货大楼",销售部门选择"销售部"。在表体项目中,存货编码选择"10",数量录入"800.00",无税单价录入"120.00",单击"保存"按钮,单击"审核"按钮。如图8-1所示。

图8-1 销售订单

(二)填制直运采购订单

(1)以操作员"606 宋子睿"身份于2020年1月2日登录企业应用平台,单击左下角的"业务工作"栏,执行"业务工作"→"供应链"→"采购管理"→"采购订货"→"采购订单"命令。双击"采购订单",进入"采购订单"窗口。

(2)单击"增加"按钮,在表头项目中,订单号修改为"ZYCG01",业务类型选择"直运采购",采购类型选择"正常采购",单击"生单"右边的倒三角按钮,选择"销售订单",打开对话框后单击"确定"按钮,进入"拷贝并执行"窗口,单击"全选"按钮,单击"确定"按钮,将直运销售订单内容拷贝至采购订单,修改税率为"13.00"。系统提示"将按表头税率统一表体税率,是否继续",单击"是"按钮。表头项目供应商选择"飞跃公司",表体项目中原币单价录入"50.00",单击"保存"按钮,单击"审核"按钮。如图8-2所示。

图8-2 直运采购订单

五、常见错误解析

填制销售订单与采购订单时,税率为"17.00"而不是"13.00",如图8-3和图8-4所示。

图8-3 税率为"17.00"的销售订单

图8-4 税率为"17.00"的采购订单

原因分析:

(1)如果是表体中的税率为"17.00",则此表体中存货的存货档案中没有设置存货税率为"13.00"。

(2)如果是表头项目中的税率为"17.00",则是因为在设置客户或者供应商的档案时,没有录入税率为"13.00",系统默认税率为"17.00"。

解决方法:

(1)如果是表体中的税率为"17.00",则修改该表体存货对应的存货档案。

(2)如果是表头项目中的税率为"17.00",则保存单据之前将表头税率修改为"13.00"。

任务二 特殊销售业务二

一、任务工单

直运销售业务二任务工单

任务名称	直运销售业务二	学时		班级	
组别		组长		小组成绩	
学生姓名		联系方式		个人成绩	
任务开始时间		任务完成场地		任务完成时长	

(续表)

任务详情			
2020年1月20日,滨州市启航股份有限公司收到飞跃公司开具的直运采购增值税发票(发票号为FP00000012),款项未付。当天开具直运销售增值税发票(发票号为FP00000013)给裕太百货大楼,款项未收			
思政元素:创新思维			
思政案例:某公司开展网络直运销售,创新销售方式			
1.根据任务工单提供的业务资料内容,在供应链各系统以及应收应付款管理系统中填写合适的单据并审核。			
2.能生成直运采购专用发票并制单,能生成直运销售专用发票并制单。			
3.生成相应的财务记账凭证			
任务实施难点			
任务完成正确率	操作错误	错误原因及改正方法	

二、任务解析

此业务为收到直运采购发票和开具直运销售发票,款项未收。

三、完成任务的岗位分配

销售部陆心怡填制销售发票,财务部钱晓宇审核发票单据记账并制单;采购部宋子睿填制采购发票,财务部张子萱审核发票单据记账并制单。

四、任务实施

(一)生成采购专用发票

(1)以操作员"606 宋子睿"身份于2020年1月20日登录企业应用平台,单击左下角的"业务工作"栏,执行"业务工作"→"供应链"→"采购管理"→"采购发票"→"专用采购发票"命令。双击"专用采购发票",进入"专用发票"窗口。

(2)单击"增加"按钮,业务类型选择"直运采购",单击生单右边的倒三角按钮,在下拉列表中选择"采购订单",弹出对话框,单击"确定"按钮,进入"拷贝并执行"窗口,单击"全选"按钮,单击"确定"按钮,将订单信息拷贝至采购专用发票,修改发票号为"FP00000012",修改税率为"13.00"。单击"保存"按钮。如图8-5所示。

图8-5 直运采购发票

（二）应付单据审核并制单

（1）以操作员"605 张子萱"身份于 2020 年 1 月 20 日登录企业应用平台,单击左下角的"业务工作"栏,执行"业务工作"→"财务会计"→"应付款管理"→"应付单据处理"→"应付单据审核"命令。双击"应付单据审核",打开"应付单查询条件"对话框,单击"确定"按钮,进入"单据处理"窗口。

> **任务指导：**
>
> 如果进入"单据处理"窗口之后筛选不出单据,说明操作员"605 张子萱"没有用户相关的数据权限,查看不了操作员"606 宋子睿"生成的专用发票,则需要账套主管于 2020 年 1 月 1 日登录企业应用平台赋予张子萱相关数据权限,如图 8-6 所示。再以操作员"605 张子萱"身份于 2020 年 1 月 20 日重新进入"单据处理"窗口。
>
> 图 8-6　用户相关数据权限

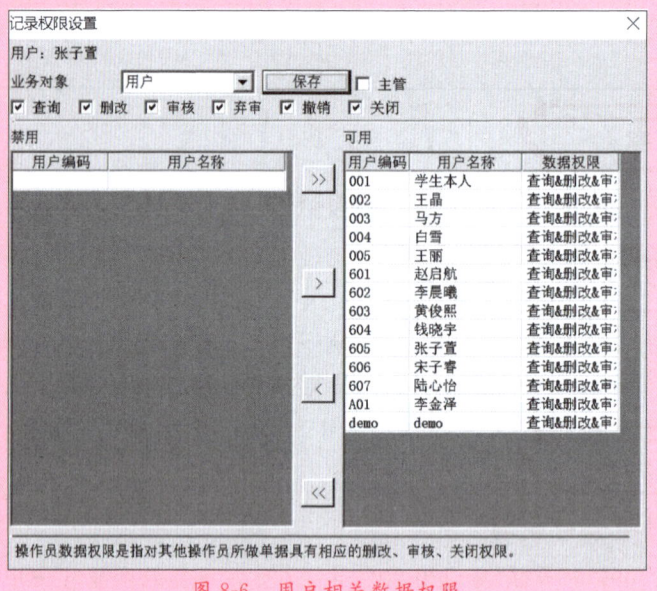

（2）张子萱具有用户权限之后,执行"业务工作"→"财务会计"→"应付款管理"→"应付单据处理"→"应付单据审核"命令。双击"应付单据审核",打开"应付单查询条件"对话框,单击"确定"按钮,进入"单据处理"窗口。如图 8-7 所示。

		2020-01-20	采购专…	FP00000012	飞跃公司		销售部		宋子睿	人民币	1.00000000	45,200.00	45,200.00
合计												45,200.00	45,200.00

图 8-7　应付单据列表

双击供应商为飞跃公司所在行的"选择"栏,单击"审核"按钮,系统提示审核成功,"审核人"栏出现姓名,如图 8-8 所示。关闭"单据处理"窗口。

	张子萱	2020-01-20	采购专…	FP00000012	飞跃公司		销售部
合计							

图 8-8　审核发票

（三）生成销售专用发票

（1）以操作员"607 陆心怡"身份于 2020 年 1 月 20 日登录企业应用平台,单击左下角的

"业务工作"栏,执行"业务工作"→"供应链"→"销售管理"→"销售发票"→"销售专用发票"命令。双击"销售专用发票",进入"销售专用发票"窗口。

(2)单击"增加"按钮,打开"查询条件选择-参照订单"对话框,先关闭此对话框,表头项目业务类型改为"直运销售",单击"生单"右边的倒三角按钮,打开下拉列表,选择"参照订单",打开"查询条件选择-参照订单"对话框,单击"确定"按钮,打开"参照生单"窗口,单击"全选"按钮,如图 8-9 所示。

选择	业务类型	销售类型	订单号	订单日期	币名	汇率	开票…	客户简称	开票…	销售部
Y	直运销售	正常销售	ZYXS01	2020-01-02	人民币	1.00000000	05	裕太百货大楼	裕太…	销售部
合计										

发票参照订单   □选中合计

选择	订单号	订单行号	仓库	货物编号	存货代码	货物名称	规格型号	预发货日期	主计量单位
Y	ZYXS01	1		10		128GBU盘		2020-01-02	个

图 8-9　参照订单

(3)单击"确定"按钮,返回至"销售发票"窗口,将直运销售订单的内容拷贝至销售专用发票。修改发票号为"FP00000013",单击"保存"按钮后复核。如图 8-10 所示。关闭"销售专用发票"窗口。

图 8-10　直运销售发票

(四)应收单据审核并制单

(1)以操作员"604 钱晓宇"身份于 2020 年 1 月 20 日登录企业应用平台,单击左下角的"业务工作"栏,执行"业务工作"→"财务会计"→"应收款管理"→"应收单据处理"→"应收单据审核"命令。双击"应收单据审核",打开"应收单查询条件"对话框。单击"确定"按钮,进入"单据处理"窗口,单击"全选"按钮,单击"审核"按钮,系统提示审核成功,单击"确定"按钮,"审核人"栏出现姓名,如图 8-11 所示。关闭"单据处理"窗口。

选择	审核人	单据日期	单据类型	单据号	客户名称	部门	业务员	制单人	币种	汇率
	钱晓宇	2020-01-20	销售专用发票	FP00000013	裕太百货大楼	销售部		陆心怡	人民币	1.00000000
合计										

图 8-11　审核销售专用发票

(2)执行"制单处理"命令,打开"制单查询"对话框,默认选择发票制单,单击"确定"按

钮,进入"制单"窗口,单击"全选"按钮,单击"制单"按钮,进入"填制凭证"窗口,修改凭证类别为"转"字,若出现赤字提示后继续,则生成凭证如图8-12所示。

图8-12　直运销售凭证

(五)直运销售记账并生成凭证

(1)以操作员"605 张子萱"身份于2020年1月20日登录企业应用平台,单击左下角的"业务工作"栏,执行"业务工作"→"供应链"→"存货核算"→"业务核算"→"直运销售记账"命令。双击"直运销售记账",打开"直运采购发票核算查询条件"对话框。如图8-13所示。

图8-13　直运采购发票核算查询条件

(2)单击"确定"按钮,进入"未记账单据一览表"窗口。单击"全选"按钮,如图8-14所示。单击"记账"按钮,系统提示记账成功,关闭"未记账单据一览表"窗口。

选择	日期	单据号	存货编码	存货名称	规格型号	收发类别	单据类型	数量	单价	金额
	2020-01-20	FP00000012	10	128GBU盘		采购入库	采购发票	800.00	50.00	40,000.00
	2020-01-20	FP00000013	10	128GBU盘		销售出库	专用发票	800.00		
小计								1,600.00		40,000.00

图8-14　直运销售记账

（3）执行"财务核算"→"生成凭证"命令，双击"生成凭证"，进入"生成凭证"窗口，单击上方的"选择"按钮，打开"查询条件"对话框，单击"确定"按钮，进入"选择单据"窗口。如图8-15所示。

选择	记账日期	单据日期	单据类型	单据号	仓库	收发类别	记账人	部门	部门编码	业务单号	业务类型	计价方式	备注	摘要	供应商	客户
	2020-01-20	2020-01-20	采购发票	FP00000012			张子萱	销售部	2		直运采购			采购发票	飞跃公司	
	2020-01-20	2020-01-20	专用发票	0000000004		销售出库	张子萱	销售部	2		直运销售			专用发票		裕太百货大

图8-15　直运销售未生成凭证单据

（4）单击"全选"按钮，单击"确定"按钮，进入"生成凭证"窗口，将存货科目编码分别填写"1402 在途物资"，如图8-16所示。

选择	单据类型	单据号	摘要	科目类型	科目编码	科目名称	借方金额	贷方金额	借方数量	贷方数量	科目方向	存货编码	存货名称	存货代
1	采购发票	FP00000012	采购发票	存货	1402	在途物资	40,000.00		800.00		1	10	128GBU盘	
				税金	22210101	进项税额	5,200.00		800.00				128GBU盘	
				应付	220201	应付货款		45,200.00		800.00	2	10	128GBU盘	
	专用发票	FP00000013	专用发票	对方	6401	主营业务成本	40,000.00		800.00		1	10	128GBU盘	
				存货	1402	在途物资		40,000.00		800.00	2	10	128GBU盘	
合计							85,200.00	85,200.00						

图8-16　"生成凭证"窗口

（5）单击"生成"按钮，修改凭证类型为"转账凭证"，单击"保存"按钮，生成结转销售成本凭证，如图8-17所示。

图8-17　主营业务成本凭证

（6）单击"下张凭证"按钮，如图8-18所示。进入下张"填制凭证"窗口，修改凭证类别为"转账凭证"，单击"保存"按钮，如图8-19所示。

图8-18　"下张凭证"按钮

图 8-19　直运采购发票生成凭证

五、常见错误解析

1. 税率没有修改导致凭证金额出错。

默认税率为 17%，要改为 13% 或者其他税率。

2. 没有数据权限导致筛选不出单据。

筛选不出单据的主要原因是没有权限，其他原因是单据未审核或者复核。

任务三　特殊销售业务三

一、任务工单

零售日报业务任务工单

任务名称	零售日报业务	学时		班级	
组别		组长		小组成绩	
学生姓名		联系方式		个人成绩	
任务开始时间		任务完成场地		任务完成时长	
任务详情					

2020 年 1 月 21 日，北漠旗舰店的采购人员带现金到滨州市启航股份有限公司订货，开具普通销售发票，合同内容为滨州市启航股份有限公司销售 3 台 A-1 笔记本电脑给北漠旗舰店，不含税单价为 10 000 元/台，增值税为 3 900 元，同时收到现金 33 900 元。

思政元素：创新思维

思政案例：小企业利用互联网进行创新销售，零售网与批发网同时销售

任务要求

(续表)

1. 根据任务工单提供的业务资料内容,在供应链各系统(销售、库存、存货)以及应付款管理系统中填写合适的单据并审核。
2. 能填制零售日报。
3. 生成相应的财务记账凭证

任务实施难点	任务完成正确率	操作错误	错误原因及改正方法

二、任务解析

此业务为零售并且开票收款的业务。

三、完成任务的岗位分配

销售部陆心怡填制零售日报并且现结、复核,填制销售出库单并审核,财务部钱晓宇审核发票、单据记账并制单。

四、任务实施

(一)填制零售日报并且现结、复核

(1)以操作员"607 陆心怡"身份于 2020 年 1 月 21 日登录企业应用平台,单击左下角的"业务工作"栏,执行"业务工作"→"供应链"→"销售管理"→"零售日报"→"零售日报"命令。双击"零售日报",进入"零售日报"窗口。

(2)单击"增加"按钮,在表头项目中,销售类型选择"零售",客户简称录入"北漠旗舰店",销售部门录入"销售部",在表体项目中,仓库名称选择"产成品仓库",存货编码选择"06",数量录入"3.00",无税单价录入"10000.00",单击"保存"按钮。如图 8-20 所示。

图 8-20 零售日报

(3)单击"现结"按钮,进入"现结"窗口,结算方式选择"现金结算",原币金额录入"33900.00",单击"确定"按钮,零售日报左上角出现"现结"戳记,单击"复核"按钮。退出"零售日报"窗口。

(二)浏览发货单

(1)以操作员"607 陆心怡"身份于 2020 年 1 月 21 日登录企业应用平台,单击左下角的"业务工作"栏,执行"业务工作"→"供应链"→"销售管理"→"销售发货"→"发货单"命令。

双击"发货单",进入"发货单"窗口。

(2)单击"末张"按钮,如图 8-21 所示。

图 8-21　"末张"按钮

(3)找到并查看系统根据零售日报自动生成并审核的发货单,如图 8-22 所示。

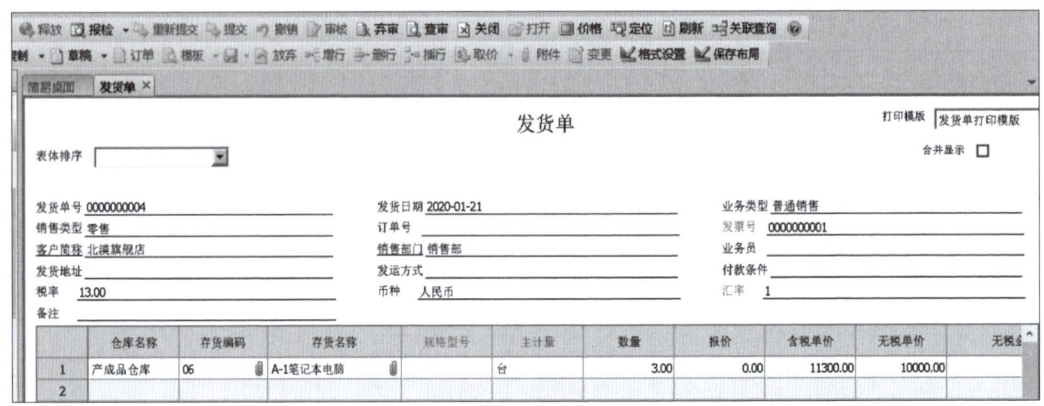

图 8-22　发货单

(三)生成销售出库单

(1)以操作员"607 陆心怡"身份于 2020 年 1 月 21 日登录企业应用平台,单击左下角的"业务工作"栏,执行"业务工作"→"供应链"→"库存管理"→"出库业务"→"销售出库单"命令。双击"销售出库单",进入"销售出库单"窗口。

(2)单击"生单"右边的倒三角按钮,打开下拉列表,选择"销售生单",打开"查询条件选择-销售发货单列表"对话框,单击"确定"按钮,进入"销售生单"窗口,单击"全选"按钮,如图 8-23 所示。

图 8-23　销售生单

(3)单击"OK 确定"按钮,将发货单信息拷贝至销售出库单,单击"保存"按钮。单击"审核"按钮,系统提示审核成功,单击"确定"按钮。如图 8-24 所示。

图 8-24 销售出库单

(四)应收单据审核与制单

(1)以操作员"604 钱晓宇"身份于 2020 年 1 月 21 日登录企业应用平台,单击左下角的"业务工作"栏,执行"业务工作"→"财务会计"→"应收款管理"→"应收单据处理"→"应收单据审核"命令。双击"应收单据审核",打开"应收单查询条件"对话框。勾选"包含已现结发票"复选框,进入"制单处理"窗口。

(2)单击"全选"按钮,单击"审核"按钮,在"审核人"栏出现审核人姓名,系统提示审核成功,单击"确定"按钮。如图 8-25 所示。关闭"单据处理"窗口。

图 8-25 应收单据审核

(3)执行"业务工作"→"财务会计"→"应收款管理"→"制单处理"命令。双击"制单处理",打开"制单查询"对话框,勾选"现结制单"复选框,单击"确定"按钮,进入"制单"窗口,单击"全选"按钮,单击"制单"按钮,单击"保存"按钮。如图 8-26 所示。

图 8-26 现结制单

(五)结转销售成本

(1)以操作员"604 钱晓宇"身份于 2020 年 1 月 21 日登录企业应用平台,单击左下角的"业务工作"栏,执行"业务工作"→"供应链"→"存货核算"→"业务核算"→"正常单据记账"命令。双击"正常单据记账",打开"查询条件选择"对话框。单击"确定"按钮,进入"未记账单据一览

表"窗口。

（2）双击存货名称为"A-1笔记本电脑"、单击类型为"销售日报"所在行的选择栏,选择栏出现"Y",单击"记账"按钮,系统提示记账成功,单击"确定"按钮,关闭"未记账单据一览表"窗口。

（3）执行"业务工作"→"供应链"→"存货核算"→"财务核算"→"生成凭证"命令。双击"生成凭证",进入"生成凭证"窗口。

（4）单击"选择"按钮,打开"查询条件"对话框,单击"确定"按钮,进入"选择单据"窗口,单击"全选"按钮,单击"确定"按钮,进入"生成凭证"窗口,单击"生成"按钮,进入"填制凭证"窗口,将凭证类别改为"转账凭证",单击"保存"按钮。如图8-27所示。关闭"生成凭证"与"填制凭证"窗口。

图8-27　零售结转销售成本

五、常见操作错误解析

填制零售日报后浏览发货单,发现找不到相对应的发货单。

原因分析：上游的零售日报未复核。

解决方法：找到上游零售日报,复核,再浏览相应的发货单。

任务四　特殊销售业务四

一、任务工单

委托代销业务一任务工单

任务名称	委托代销业务一	学时		班级	
组别		组长		小组成绩	
学生姓名		联系方式		个人成绩	

(续表)

| 任务开始时间 | | 任务完成场地 | | 任务完成时长 | |

任务详情

2020年1月21日,滨州市启航股份有限公司与裕太百货大楼签订委托代销合同,合同编号为DX01,合同内容为滨州市启航股份有限公司委托裕太百货大楼销售一批A-1笔记本电脑,数量为4台,单价为20 000元/台,价税合计为90 400元,结算方式为电汇,约定每月28日委托方收到代销清单时,开出增值税专用发票并电汇货款。受托方以销售货款(不含增值税)的10%收取手续费。商品已经于1月21日发出

思政元素:服务意识
思政案例:客户第一,企业应围绕客户需求,以客户为中心展开销售

任务要求

1. 根据任务工单提供的业务资料内容,在供应链各系统以及应收款管理系统中填写合适的单据并审核。
2. 会填制销售订单并生成出库单。
3. 生成相应的财务记账凭证

任务实施难点	任务完成正确率	操作错误	错误原因及改正方法

二、任务解析

此业务为签订委托代销合同并发出商品,此代销合同的付费方式为支付代销手续费。

三、完成任务的岗位分配

销售部陆心怡填制销售订单并审核,生成委托代销发货单并审核,生成销售出库单并审核,财务部钱晓宇对发出商品记账并制单。

四、任务实施

(一)填制销售订单

(1)以操作员"607陆心怡"身份于2020年1月21日登录企业应用平台,单击左下角的"业务工作"栏,执行"业务工作"→"供应链"→"销售管理"→"销售订货"→"销售订单"命令。双击"销售订单",进入"销售订单"窗口。

(2)单击"增加"按钮,修改订单编号为"DX01",业务类型选择"委托代销",销售类型选择"委托代销",客户简称录入"裕太百货大楼",销售部门选择"销售部",存货编码选择"06",数量录入"4.00",无税单价录入"20000.00",单击"保存"按钮,单击"审核"按钮。如图8-28所示。关闭"销售订单"窗口。

图8-28 委托代销订单

(二)生成委托代销发货单

(1)以操作员"607 陆心怡"身份于2020年1月21日登录企业应用平台,单击左下角的"业务工作"栏,执行"业务工作"→"供应链"→"销售管理"→"委托代销"→"委托代销发货单"命令。双击"委托代销发货单",进入"委托代销发货单"窗口。

(2)单击"增加"按钮,打开"查询条件选择-参照订单"对话框,单击"确定"按钮,打开"参照生单"窗口,单击"全选"按钮,如图8-29所示。

图8-29 发货单参照订单

(3)单击"OK确定"按钮,将委托代销订单信息拷贝至委托代销发货单,在表体项目中,仓库名称选择"产成品仓库",单击"保存"按钮,单击"审核"按钮,如图8-30所示。关闭"委托代销发货单"窗口。

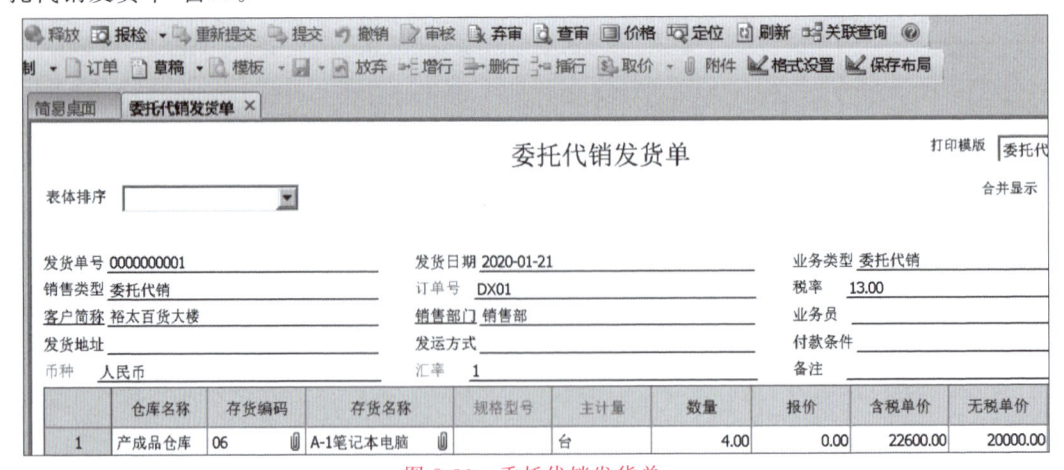

图8-30 委托代销发货单

（三）生成销售出库单

(1)以操作员"607陆心怡"身份于2020年1月21日登录企业应用平台，单击左下角的"业务工作"栏，执行"业务工作"→"供应链"→"库存管理"→"出库业务"→"销售出库单"命令。双击"销售出库单"，进入"销售出库单"窗口。

(2)单击"生单"右边的倒三角按钮，打开下拉列表，选择"销售生单"，打开"查询条件选择-销售发货单列表"对话框，单击"确定"按钮，进入"销售生单"窗口，单击"全选"按钮，如图8-31所示。

图8-31 将销售出库单拷贝至销售发货单

(3)单击"OK确定"按钮，将发货单信息拷贝至出库单，单击"保存"按钮，单击"审核"按钮，系统提示审核成功，单击"确定"按钮。如图8-32所示。关闭"销售出库单"窗口。

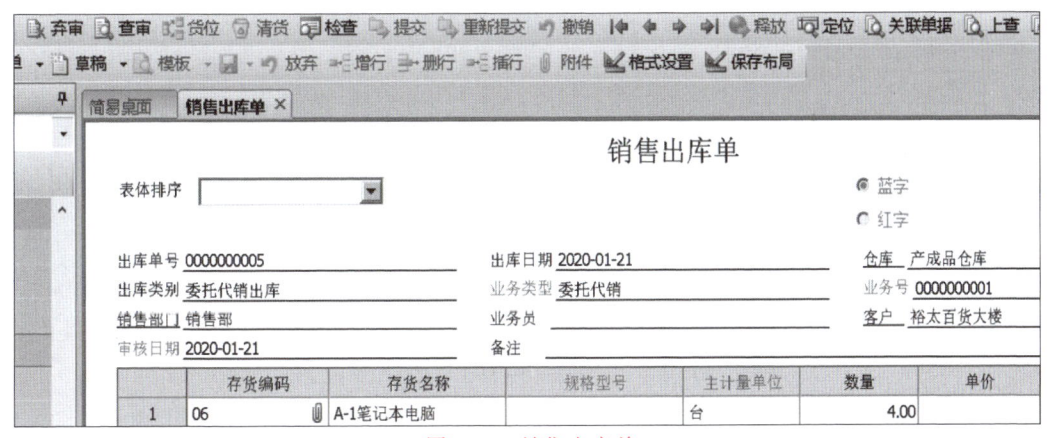

图8-32 销售出库单

（四）存货记账及生成凭证

(1)以操作员"604钱晓宇"身份于2020年1月21日登录企业应用平台，单击左下角的"业务工作"栏，执行"业务工作"→"供应链"→"存货核算"→"业务核算"→"发出商品记账"命令。双击"发出商品记账"，打开"查询条件选择"对话框。

(2)单击"确定"按钮，进入"未记账一览表"窗口，查看发出商品记账列表，只有一条记录，单击"全选"按钮，单击"记账"按钮，系统提示记账成功，单击"确定"按钮。发出商品记账列表数据消失。关闭"未记账一览表"窗口。

(3)执行"业务工作"→"供应链"→"存货核算"→"财务核算"→"生成凭证"命令。双击

"生成凭证",进入"生成凭证"窗口。单击"选择"按钮,打开"查询条件"对话框,单击"确定"按钮,进入"选择单据"窗口,单击"全选"按钮,单击"确定"按钮,进入"生成凭证"窗口,如图8-33所示。

图8-33 "生成凭证"窗口

(4)单击"生成"按钮,将凭证类别改为"转账凭证",单击"保存"按钮。如图8-34所示。

图8-34 委托代销成本凭证

五、常见操作错误解析

填委托代销发货单时,误进入"普通发货单"窗口,筛选不出单据。

任务五　特殊销售业务五

一、任务工单

委托代销业务二任务工单

任务名称	委托代销业务二	学时		班级	
组别		组长		小组成绩	
学生姓名		联系方式		个人成绩	
任务开始时间		任务完成场地		任务完成时长	
任务详情					

(续表)

2020年1月28日,滨州市启航股份有限公司收到裕太百货大楼交来的委托代销清单和电汇款41 200元(已经扣除手续费),清单上载明总数量为4台,单价为20 000元/台,增值税为10 400元,价税合计为90 400元,结算方式为电汇,扣除10%手续费。本月代销2台,单价为20 000元/台,增值税为5 200元,价税合计为45 200元,同时开具增值税销售专用发票,发票号为WT00000001,发票载明销售A-1笔记本电脑2台,单价为20 000元/台,增值税为5 200元,价税合计为45 200元。收到代销手续费采购专用发票,发票载明货物或应税劳务服务名称为代销手续费,数量为1台,单价为4 000元/台,税率为6%,发票号为DXSX00000001

思政元素:合作共赢
思政案例:企业通过"委托代销"方式使自身的产品更好销售,同事扩大了受托方营利范围

任务要求
1. 根据任务工单提供的业务资料内容,在供应链各系统以及应收款管理系统中填写合适的单据并审核。
2. 会修改单据格式,填制委托代销结算单,会增加存货档案,能填制代销手续费采购专用发票。
3. 生成相应的财务记账凭证

任务实施难点	任务完成正确率	操作错误	错误原因及改正方法

二、任务解析

此业务为收到代销清单、支付代销手续费、开出销售专用发票的业务。

三、完成任务的岗位分配

销售部陆心怡填制委托代销结算单(审核)、填制销售费用支出单(审核);财务部钱晓宇填制收款单,审核销售发票、收款单,财务部张子萱审核应付单、转账、发出商品记账并制单。

四、任务实施

(一)修改委托代销结算单格式

(1)以操作员"601赵启航"身份于2020年1月1日登录企业应用平台,单击左下角的"基础设置"栏,执行"基础设置"→"单据设置"→"单据格式设置"命令。双击"单据格式设置",进入"单据格式设置"窗口。在"单据类型"栏,单击销售管理左边的加号,打开下拉列表,找到委托代销结算单,单击委托代销结算单左边的加号,下拉列表出现"显示"和"打印",单击"显示"前的加号,单击"委托代销结算单显示模板",右侧出现委托代销结算单模板。如图8-35所示。

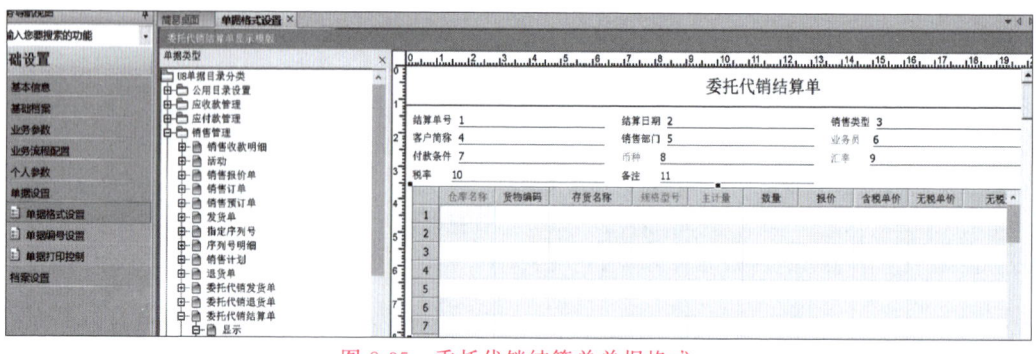

图 8-35　委托代销结算单单据格式

(2) 单击左上方"表头项目",如图 8-36 所示。打开"表头:"对话框,如图 8-37 所示。

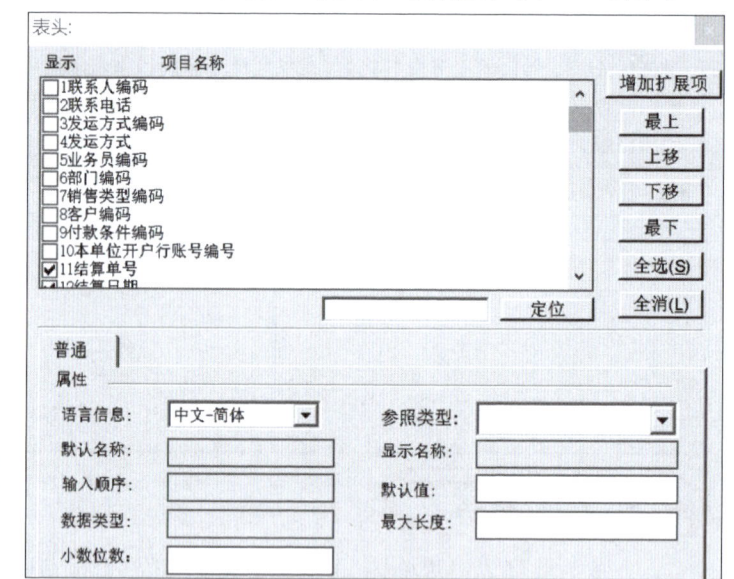

图 8-36　表头项目　　　　　　　　图 8-37　"表头:"对话框

(3) 拖动显示框右边的滚动条,往下拉,勾选"31 发票号"复选框,如图 8-38 所示。单击"确定"按钮,返回至"单据格式设置"窗口,单击上方"自动布局"按钮,打开"自动布局"对话框。单击"确定"按钮,返回至"单据格式设置"窗口,单据格式表头项目中多了发票号这个项目。如图 8-39 所示。单击"保存"按钮,退出"单据格式设置"窗口。

图 8-38　勾选发票号

委托代销结算单

结算单号	1		结算日期	2		销售类型	3
客户简称	4		销售部门	5		业务员	6
付款条件	7		币种	8		汇率	9
税率	10		备注	11		发票号	31

仓库名称	货物编码	存货名称	规格型号	主计量	数量	报价	含税单价	无税单价	无税…
1									

图 8-39　表头项目发票号

（二）填制委托代销结算单

（1）以操作员"607 陆心怡"身份于 2020 年 1 月 28 日登录企业应用平台，单击左下角的"业务工作"栏，执行"业务工作"→"供应链"→"销售管理"→"委托代销"→"委托代销结算单"命令。双击"委托代销结算单"，进入"委托代销结算单"窗口。

（2）单击增加按钮，打开"查询条件选择-委托结算参照发货单"对话框，单击"确定"按钮，进入"参照生单"窗口，单击"全选"按钮，单击"确定"按钮，将发货单内容拷贝至委托代销结算单，修改数量为"2.00"，发票号录入"WT00000001"，单击"保存"按钮，如图 8-40 所示。

图 8-40　委托代销结算单

（3）单击"审核"按钮，打开"请选择发票类型"对话框，选择"专用发票"单选按钮，如图 8-41 所示。

（4）单击"确定"按钮，退出"委托代销结算单"窗口。

（5）执行"业务工作"→"供应链"→"销售管理"→"销售开票"→"销售专用发票"命令。双击"销售专用发票"，进入"销售专用发票"窗口。单击"末张"按钮，找到发票号为"WT00000001"的销售专用发票。如图 8-42 所示。单击"复核"按钮，退出"销售专用发票"窗口。

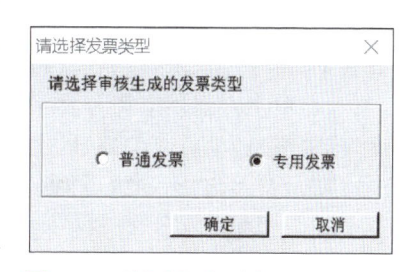

图 8-41　"请选择发票类型"对话框

图 8-42　销售专用发票

(三)新增供应商分类及供应商档案(其他服务-裕太百货大楼)

(1)以操作员"601 赵启航"身份于 2020 年 1 月 1 日登录企业应用平台,单击左下角的"基础设置"栏,执行"基础设置"→"基础档案"→"客商信息"→"供应商分类"命令。双击"供应商分类",进入"供应商分类"窗口。如图 8-43 所示。

图 8-43 供应商分类

(2)单击"增加"按钮,分类编码录入"07",分类名称录入"其他服务供应商"。单击"保存"按钮。退出"供应商分类"窗口。如图 8-44 所示。

图 8-44 新增供应商分类

(3)单击左下角的"基础设置"栏,执行"基础设置"→"基础档案"→"客商信息"→"供应商档案"命令。双击"供应商档案",进入供应商档案窗口。

(4)单击左侧供应商分类"07 其他服务供应商",单击"增加"按钮,进入"增加供应商档案"标签窗口,供应商编码录入"09",供应商简称录入"裕太百货大楼",单击保存按钮,如图 8-45 所示。关闭"增加供应商档案"与"供应商档案"窗口。

图 8-45 增加供应商

(四)增加存货档案

(1)以操作员"601赵启航"身份于2020年1月1日登录企业应用平台,单击左下角的"基础设置"栏,执行"基础设置"→"基础档案"→"存货"→"存货分类"命令。双击"存货分类",进入"存货分类"窗口。

(2)单击"(5)劳务服务"前面的加号,展开下拉列表,列出劳务服务有三个下级分类:(501)运输服务、(502)安装劳务、(503)维修服务,单击选中"(5)劳务服务",单击上方"增加"按钮,右方分类编码录入"504",分类名称录入"代销服务",单击"保存"按钮。如图8-46所示。关闭"存货分类"窗口。

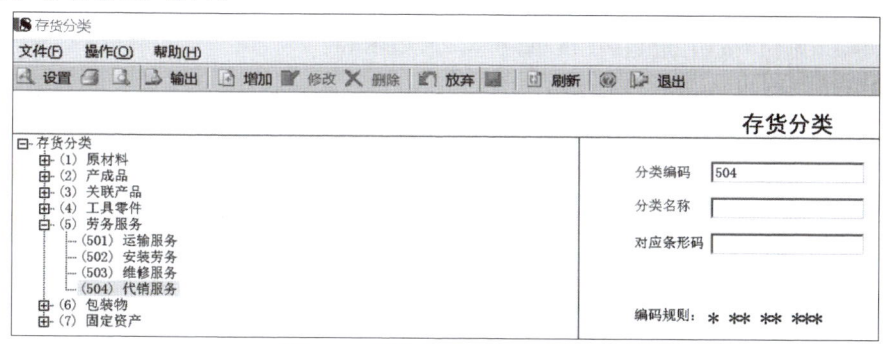

图8-46 增加代销服务存货分类

(3)执行"基础设置"→"基础档案"→"存货"→"存货档案"命令。双击"存货档案",进入"存货分类"窗口。单击"(5)劳务服务"前面的加号,展开下拉列表,列出劳动服务有四个下级分类,单击选中"(504)代销服务",单击左上方"增加"按钮,打开"增加存货档案"窗口,存货编码录入"16",存货名称录入"代销手续费",计量单位组选择"01",主计量单位默认"04-个",如图8-47所示。

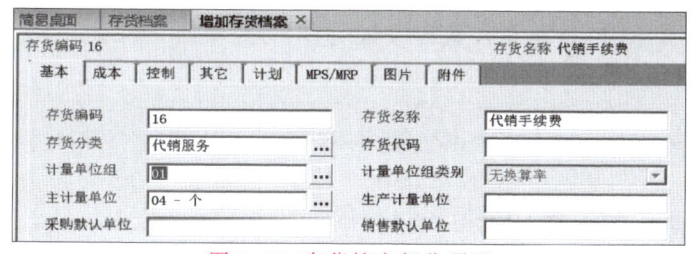

图8-47 存货档案部分项目

(4)选中主计量单位"04",按退格键删除,单击主计量单位右侧的"…"按钮,进入"计量单位档案基本参照"窗口,如图8-48所示。单击"编辑"按钮,进入"计量单位-(02)有换算关系＜固定换算率＞"窗口,选中"01-无换算关系",显示"计量单位-(01)无换算关系＜无换算率＞"窗口,如图8-49所示。

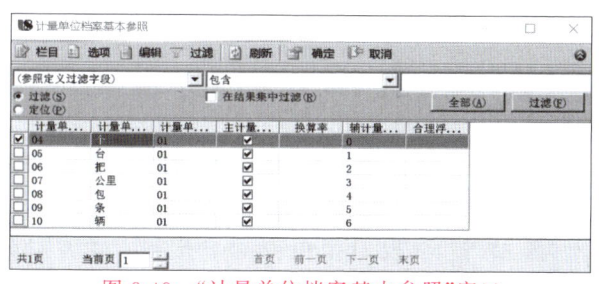

图8-48 "计量单位档案基本参照"窗口

会计信息化（供应链任务工单）

图 8-49　计量单位窗口

(5) 单击"单位"按钮，进入"计量单位"窗口，如图 8-50 所示。

图 8-50　无换算关系计量单位窗口

(6) 单击"增加"按钮，计量单位编码录入"11"，计量单位名称录入"次"，单击"保存"按钮，如图 8-51 所示。

图 8-51　新增无换算关系的计量单位

(7) 退出"计量单位"窗口，返回至"计量单位-(01)无换算关系＜无换算率＞"窗口，如图 8-52 所示。

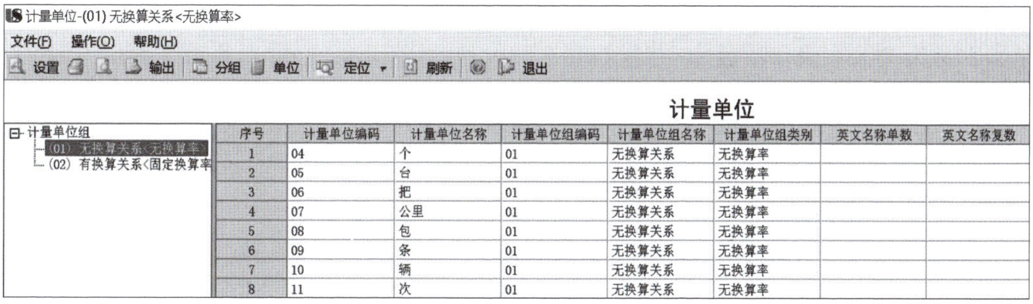

图 8-52　计量单位增加"次"

(8)单击"退出"按钮,返回至"计量单位档案基本参照"窗口,如图 8-53 所示。

图 8-53　计量单位档案基本参照

(9)双击选择"11 次",返回至"增加存货档案"窗口,将税率改为 6(6%),存货属性勾选"外购",单击上方"保存"按钮,将"代销手续费"这项存货档案保存。如图 8-54 所示。

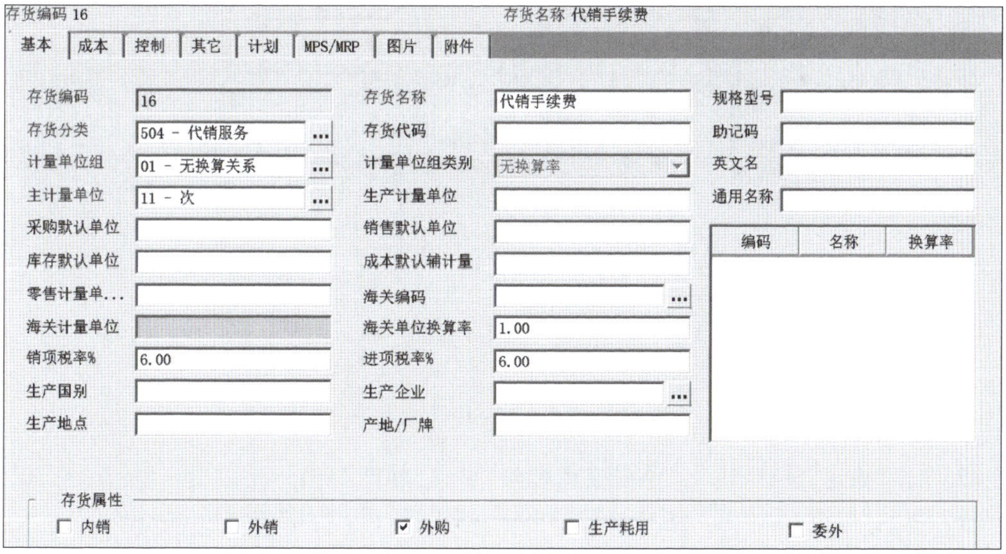

图 8-54　返回至"增加存货档案"窗口

(五)填制代销手续费采购专用发票

(1)以操作员"606 宋子睿"身份于 2020 年 1 月 28 日登录企业应用平台,单击左下角的"业务工作"栏,执行"业务工作"→"供应链"→"采购管理"→"采购发票"→"专用采购发票"命令。双击"专用采购发票",进入"专用发票"窗口。

(2)单击"增加"按钮,在表头项目中,发票号改为"DXSX00000001",供应商选择录入"裕太百货大楼",在表体项目中,存货编码选择"16",数量录入"1.00",原币金额录入"4000.00",单击"保存"按钮,如图8-55所示。关闭"专用发票"窗口。

图8-55 代销手续费专用发票

(六)应收单据审核与制单

(1)以操作员"604 钱晓宇"身份于2020年1月28日登录企业应用平台,单击左下角的"业务工作"栏,执行"业务工作"→"财务会计"→"应收款管理"→"应收单据处理"→"应收单据审核"命令。双击"应收单据审核",打开"应收单查询条件"对话框。如图8-56所示。

图8-56 应收单查询条件

(2)单击"确定"按钮,进入"单据处理标签"窗口,如图8-57所示。单击上方"全选"按钮,单击"审核"按钮,系统提示审核成功后单击"确定"按钮,关闭"单据处理"窗口。

图8-57 销售专用发票审核

(3)执行"业务工作"→"财务会计"→"应收款管理"→"制单处理"命令。双击"制单处理",打开"制单查询"对话框,默认选择发票制单,单击"确定"按钮。进入"制单"窗口。单击"全选"按钮,选择标志出现"1",如图8-58所示。

图8-58 销售发票制单

(4)单击"制单"按钮,进入"填制凭证"窗口,修改凭证类别为"转账凭证",单击"保存"按钮,如遇赤字提示,则单击"继续"按钮,凭证保存成功,如图8-59所示。关闭"填制凭证"及"制单"窗口。

图8-59 销售专用发票凭证

(七)应付单据审核与制单

(1)以操作员"605 张子萱"身份于2020年1月28日登录企业应用平台,单击左下角的"业务工作"栏,执行"业务工作"→"财务会计"→"应付款管理"→"应付单据处理"→"应付单据审核"命令。双击"应付单据审核",打开"应付单查询条件"对话框,勾选"未完全报销"复选框。单击"确定"按钮,进入"制单处理"窗口。

(2)双击供应商名称为"裕太百货大楼"所在行的选择栏,单击"审核"按钮,系统提示审核成功后单击"确定"按钮,"审核人"栏出现姓名。如图8-60所示。退出"单据处理"窗口。

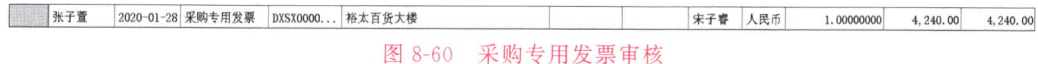

图8-60 采购专用发票审核

(3)执行"业务工作"→"财务会计"→"应付款管理"→"制单处理"命令。双击"制单处理",打开"制单查询条件"对话框,默认选择"发票制单",单击"确定"按钮,进入"制单处理"窗口。

(4)单击"全选"按钮,单击"制单"按钮,修改凭证类别为"转账凭证",单击"保存"按钮。如图8-61所示。

(八)应收冲应付

(1)以操作员"604 钱晓宇"身份于2020年1月28日登录企业应用平台,单击左下角的"业务工作"栏,执行"业务工作"→"财务会计"→"应收款管理"→"转账"→"应收冲应付"命

令。双击"应收冲应付",打开"应收冲应付"对话框。如图 8-62 所示。

图 8-61　采购专用发票凭证

图 8-62　应收冲应付

(2)应收标签下,客户选择"裕太百货大楼",单击"应付"标签,供应商也选择"裕太百货大楼",单击"确定"按钮,进入"应收冲应付"窗口,窗口上半部分显示销售专用发票,窗口下半部分显示采购专用发票。双击单据日期为"2020-01-28"的销售专用发票所在行的转账金额栏,录入转账金额"4,240.00",双击下方单据日期为"2020-01-28"的采购专用发票所在行的转账金额栏,同样录入转账金额"4,240.00",双击"合计"栏,如图 8-63 所示。

图 8-63　应收冲应付录入转账金额

(3)单击左上方"保存"按钮,系统弹出"是否立即制单"信息提示对话框,选择"是"按钮,进入"填制凭证"窗口,修改凭证类别为"转账凭证",单击"保存"按钮,如遇提示赤字,则选择继续。如图 8-64 所示。关闭"填制凭证"窗口,返回至"应收冲应付"窗口,发现下方采购专用发票消失,关闭"应收冲应付"窗口。

图 8-64 应收冲应付凭证

(九)填制收款单

(1)以操作员"604 钱晓宇"身份于 2020 年 1 月 28 日登录企业应用平台,单击左下角的"业务工作"栏,执行"业务工作"→"财务会计"→"应收款管理"→"收款单据处理"→"收款单据录入"命令。双击"收款单据录入",进入"收付款单录入标签"窗口。

(2)单击"增加"按钮,客户选择"裕太百货大楼",结算方式选择"电汇",金额录入"90400.00",单击"保存"按钮,如图 8-65 所示。单击"审核"按钮,系统弹出"是否立即制单"信息提示对话框,单击"是"按钮,进入"填制凭证"窗口,单击"保存"按钮,如遇赤字提示,则选择继续。生成的凭证如图 8-66 所示。

图 8-65 收款单

图 8-66 收款凭证

(十)手工核销

(1)以操作员"604 钱晓宇"身份于 2020 年 1 月 28 日登录企业应用平台,单击左下角的"业务工作"栏,执行"业务工作"→"财务会计"→"应收款管理"→"核销处理"→"手工核销"命令。双击"手工核销",打开"核销条件"对话框,客户选择"裕太百货大楼",进入"单据核销"窗口,如图 8-67 所示。

图 8-67 手工核销

(2)"单据核销"窗口上方为收款单,下方为销售专用发票(应收单)。双击下方单据号为"WT00000001"的销售专用发票所在行的本次结算栏,录入"本次结算"金额"40,960.00",单击其他空白栏,将上方结算方式为电汇的收款单所在栏的"本次结算"金额改为"40,960.00",结算方式为银行承兑汇票所在行的"本次结算"金额删除。如图 8-68 所示。

图 8-68 录入本次结算金额

(3)单击"保存"按钮,下方已经核销的销售专用发票消失,上方本次结算金额为扣除上次核销后的金额,如图 8-69 所示。关闭"单据核销"窗口。

图 8-69 核销完成

(十一)存货管理系统核算记账并制单

(1)以操作员"604 钱晓宇"身份于 2020 年 1 月 28 日登录企业应用平台,单击左下角的"业务工作"栏,执行"业务工作"→"供应链"→"存货核算"→"发出商品记账"命令。双击"发出商品记账",打开"查询条件选择"对话框,单击"确定"按钮,进入"未记账单据一览表"窗口,查询发出商品记账列表。如图 8-70 所示。

选择	日期	单据号	仓库名称	收发类别	存货编码	存货代码	存货名称	规格型号	单据类型	计量单位
	2020-01-28	WT00000001	产成品仓库	委托代销出库	06		A-1笔记本电脑		专用发票	台
小计										

图 8-70　发出商品记账

(2)单击"全选"按钮,单击"记账"按钮,系统提示记账成功,发出商品记账列表该条记录消失。关闭"未记账单据一览表"窗口。

(3)执行"业务工作"→"供应链"→"存货核算"→"财务核算"→"生成凭证"命令。双击"生成凭证",进入"生成凭证标签"窗口,单击"选择"按钮,打开"查询条件"对话框,单击"确定"按钮,进入"选择单据"窗口,单击"全选"按钮,单击"确定"按钮,返回至"生成凭证"窗口。单击"生成"按钮,修改凭证类别为"转账凭证",单击"保存"按钮,生成凭证如 8-71 所示。

图 8-71　结转发出商品成本凭证

五、常见错误解析

应收冲应付与核销时筛选出的单据金额不对。

原因分析:上游单据填制错误。

解决方法:倒推法修改上游单据。查询上游单据有无制单生成记账凭证,如果有,则应先删除凭证。如果有与上游单据相关的操作,如记账、核销、转账(例如应收冲应付)等操作,则应先取消此操作,然后取消弃审或者取消复核,最后修改单据。

任务六　销售退货业务

一、任务工单

销售退货业务任务工单

任务名称	销售退货业务	学时		班级	
组别		组长		小组成绩	
学生姓名		联系方式		个人成绩	
任务开始时间		任务完成场地		任务完成时长	

任务详情

2020年1月29日,滨岛公司质检部门对1月8日从滨州市启航股份有限公司购入的100台A-1笔记本电脑进行质量检测时发现,有10台有质量问题,经双方协商,予以退货。滨州市启航股份有限公司于当日退还价税款(结算方式:转账支票,支票号TKZP000001,金额67 800元)并且开具红字专用发票,发票载明,货物或应税劳务、服务名称为A1-笔记本电脑,数量为－10台,单价为－6 000元/台,税率为13%,发票号为TH0000001

思政元素:质量意识

思政案例:发扬大国工匠精神,全面提高产品质量

任务要求

1.根据任务工单提供的业务资料内容,在供应链各系统以及应收款管理系统中填写合适的单据并审核。
2.会修改销售选项,会填制退货单并生成红字销售专用发票。会生成红字销售出库单。
3.生成相应的财务记账凭证

任务实施难点	任务完成正确率	操作错误	错误原因及改正方法

二、任务解析

此业务为销售退货并退款业务,属于结算后退货,并收到红字专用发票。

三、完成任务的岗位分配

账套主管赵启航修改销售选项设置,销售部陆心怡填制退货单,根据退货单生成红字专用发票并进行现结,根据发货单(实际上是退货单)生成红字销售出库单。财务部钱晓宇制单生成记账凭证。

四、任务实施

（一）修改销售选项设置

（1）以操作员"601 赵启航"身份于 2020 年 1 月 1 日登录企业应用平台，单击左下角的"业务工作"栏，执行"供应链"→"销售管理"→"设置"→"销售选项"命令。双击"销售选项"，打开"销售选项"对话框。单击"其他控制"标签，如图 8-72 所示。

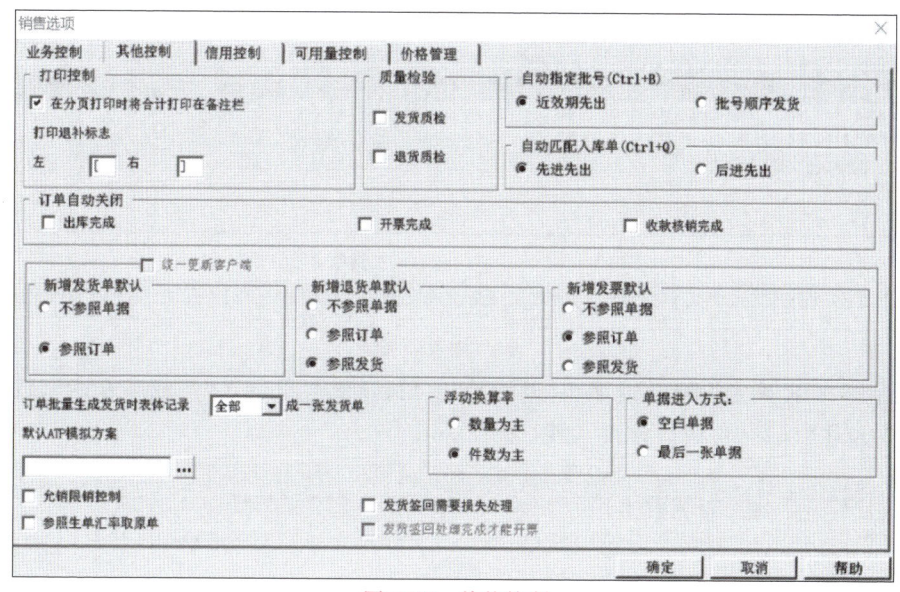

图 8-72　其他控制

（2）修改新增退货单默认为"参照订单"，如图 8-73 所示。单击"确定"按钮，关闭"销售选项"对话框。

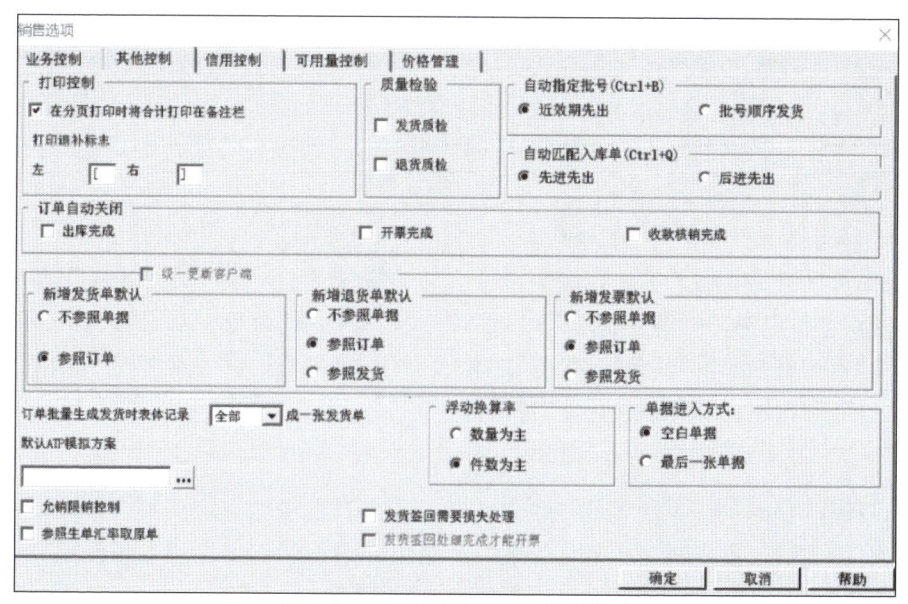

图 8-73　新增退货单默认参照订单

(二)填制退货单

(1)以操作员"607 陆心怡"身份于 2020 年 1 月 29 日登录企业应用平台,单击左下角的"业务工作"栏,执行"供应链"→"销售管理"→"销售发货"→"退货单"。双击"退货单"命令,进入"退货单"窗口。

(2)单击"增加"按钮,系统自动弹出"查询条件选择-参照订单"对话框,单击"确定"按钮,进入"参照生单"窗口,双击客户简称为"滨岛公司"的最左边的"选择"栏,发货单参照订单下方出现数据,如图 8-74 所示。

图 8-74 选择需要参照的订单

(3)单击"OK 确定"按钮,返回至"退货单"窗口,仓库名称录入"产成品仓库",数量改为"-10.00",单击"保存"按钮后审核,如图 8-75 所示。

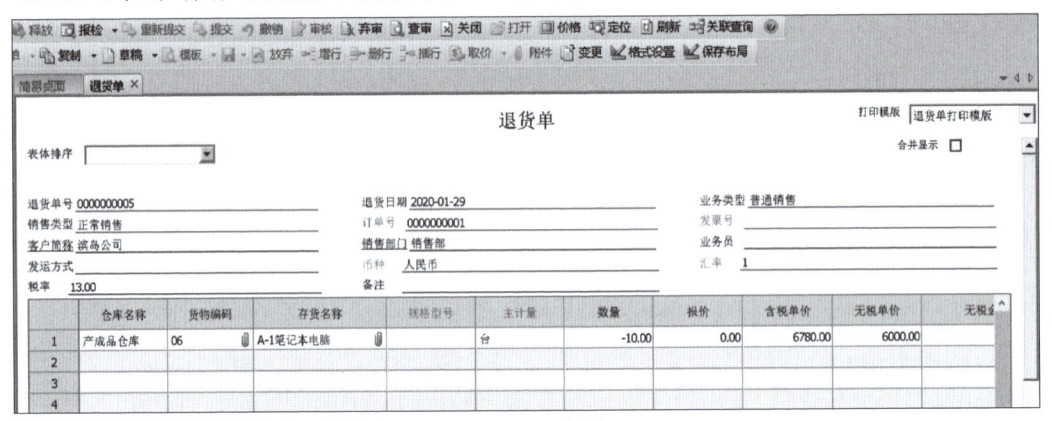

图 8-75 退货单

(三)修改销售选项设置

以操作员"601 赵启航"身份于 2020 年 1 月 1 日登录企业应用平台单击左下角的"业务工作"栏,执行"供应链"→"销售管理"→"设置"→"销售选项"命令。双击"销售选项",打开"销售选项"对话框。单击"其他控制"标签,修改新增发票默认为"参照发货",如图 8-76 所示。单击"确定"按钮,关闭"销售选项"对话框。

(四)生成红字销售专用发票并现结

(1)以操作员"607 陆心怡"身份于 2020 年 1 月 29 日登录企业应用平台,单击左下角的"业务工作"栏,执行"供应链"→"销售管理"→"销售开票"→"红字销售专用发票"命令。双击"红字销售专用发票",进入"红字销售专用发票"窗口。

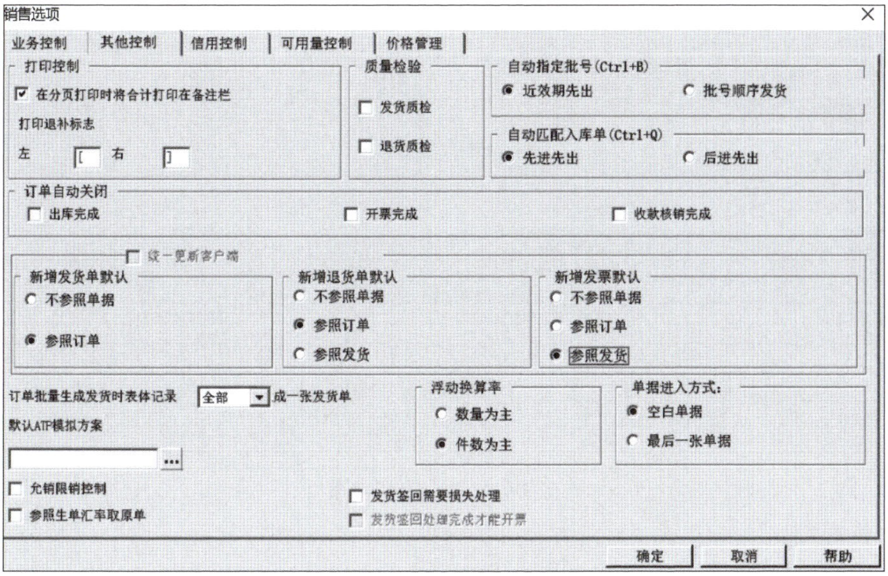

图 8-76　修改新增发票参照

（2）单击"增加"按钮，系统弹出"查询条件选择-发票参照发货单"对话框，发货单类型选择"红字记录"，如图 8-77、图 8-78 所示。单击"确定"按钮，进入"参照生单"窗口，单击"全选"按钮。

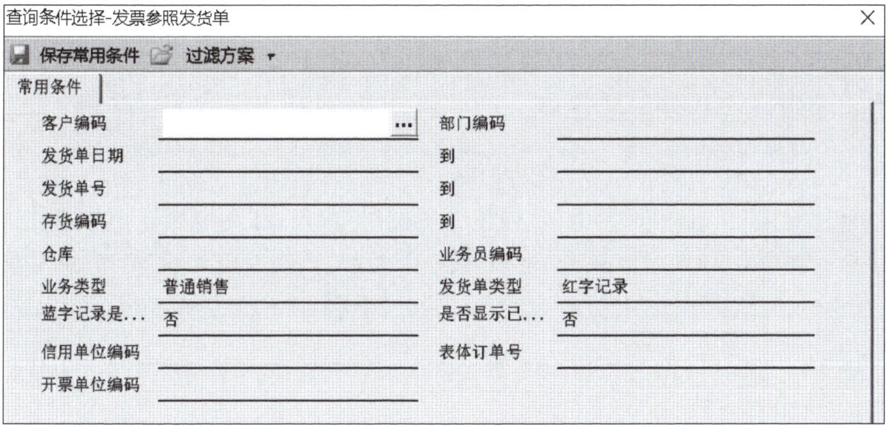

图 8-77　发货单类型

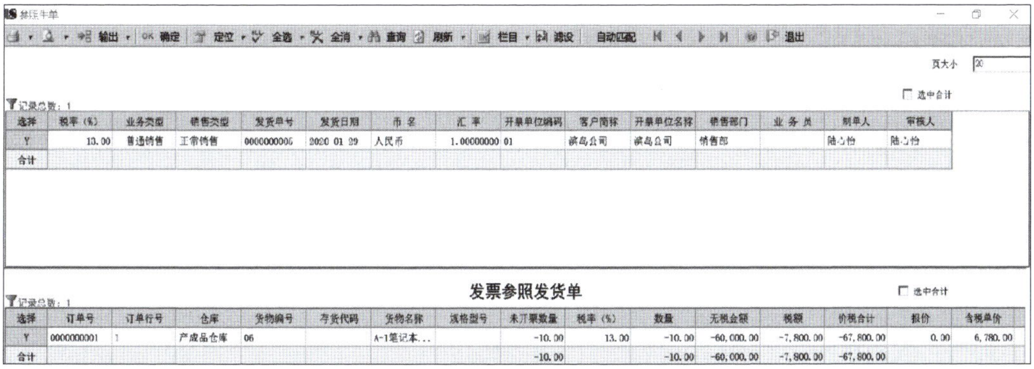

图 8-78　参照发货单（退货单）

(3)单击"确定"按钮,返回至"销售专用发票"窗口,将退货单信息拷贝至红字销售专用发票,修改发票号为"TH0000001",单击"保存"按钮。如图8-79所示。

图8-79 销售专用发票

(4)单击"现结"按钮,进入"现结"窗口,结算方式录入"202-转账支票",原币金额录入"-67800.00",票据号录入"TKZP000001",如图8-80所示。

图8-80 现结

(5)单击"确定"按钮,返回至"红字销售专用发票"窗口,红字销售专用发票左上方出现"现结"字样。如图8-81所示。单击"复核"按钮。关闭"销售专用发票"窗口。

图8-81 发票已现结

(五)生成红字销售出库单

(1)以操作员"607 陆心怡"身份于2020年1月29日登录企业应用平台,单击左下角的"业务工作"栏,执行"供应链"→"库存管理"→"出库业务"→"销售出库单"命令。双击"销售出库单",进入"销售出库单"窗口。

(2)单击“生单”右边的倒三角按钮,在下拉列表中选择“销售生单”,系统弹出“查询条件选择-销售发货单列表”对话框,单击“确定”按钮,进入“销售生单”窗口,单击“全选”按钮,单击“确定”按钮,将退货单信息拷贝至销售出库单。单击“保存”按钮,单击“审核”按钮。如图8-82 所示。

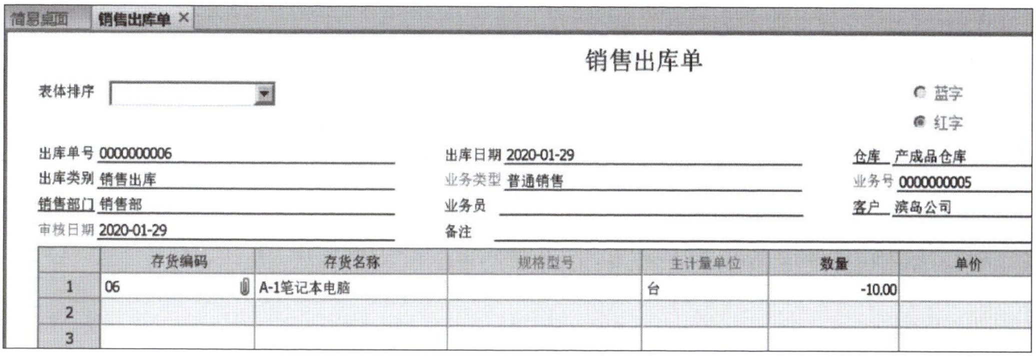

	存货编码	存货名称	规格型号	主计量单位	数量	单价
1	06	A-1笔记本电脑		台	-10.00	
2						
3						

图 8-82 销售出库单

(六)存货核算记账并制单

(1)以操作员“604 钱晓宇”身份于 2020 年 1 月 29 日登录企业应用平台,单击左下角的“业务工作”栏,执行“供应链”→“存货核算”→“业务核算”→“正常单据记账”命令。双击“正常单据记账”,打开“查询条件选择”对话框,单击“确定”按钮,进入“未记账单据一览表”窗口,浏览正常单据记账列表,双击存货名称为 A-1 笔记本电脑、数量为“-10”的单据所在行的“选择”栏。如图 8-83 所示。

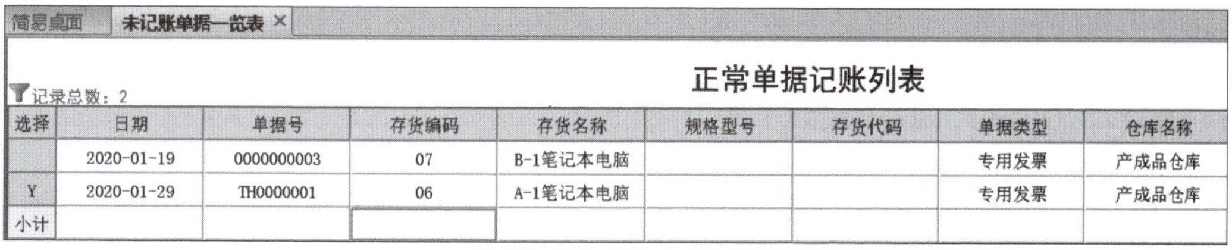

选择	日期	单据号	存货编码	存货名称	规格型号	存货代码	单据类型	仓库名称
	2020-01-19	0000000003	07	B-1笔记本电脑			专用发票	产成品仓库
Y	2020-01-29	TH0000001	06	A-1笔记本电脑			专用发票	产成品仓库
小计								

图 8-83 选择未记账单据

(2)单击“记账”按钮,进入未记账单据一览表的手工输入单价列表,录入单价“4,500.00”,如图 8-84 所示。单击“确定”按钮,返回至正常单据记账列表,系统提示记账成功,单击“确定”按钮,关闭“未记账单据一览表”窗口。

任务指导:

本次退货业务是根据 1 月 8 日销售给滨岛公司的 100 台 A-1 笔记本电脑的退货业务,销售业务发生时结转销售成本单价为 4 500(450 000/100)元/台,因此退货时红字销售出库单记账单价为 4 500 元/台。

图 8-84 手工输入单价

(3) 执行"业务工作"→"供应链"→"存货核算"→"财务核算"→"生成凭证"命令。双击"生成凭证",进入"生成凭证"窗口,单击"选择"按钮,打开"查询条件"对话框,单击"确定"按钮,进入"选择单据"窗口,单击"全选"按钮,单击"确定"按钮,返回至"生成凭证"窗口,"生成凭证"窗口出现数据,如图 8-85 所示。单击"生成"按钮,修改凭证类别为转账凭证,单击"保存"按钮,生成凭证如图 8-86 所示。关闭"填制凭证"与"生成凭证"窗口。

图 8-85 生成凭证窗口

图 8-86 生成销售成本冲销的红字凭证

(七) 应收单据审核与制单

(1) 以操作员"604 钱晓宇"身份于 2020 年 1 月 29 日登录企业应用平台,单击左下角的"业务工作"栏,执行"财务会计"→"应收款管理"→"应收单据处理"→"应收单据审核"命令。双击"应收单据审核",打开应收单据查询条件对话框,勾选"包含已现结发票"复选框,单击"确定",进入"单据处理"窗口,单击"全选"按钮,如图 8-87 所示。

图 8-87 审核销售专用发票

(2) 单击"审核"按钮,系统提示审核成功,"审核人"栏出现审核人姓名。关闭"单据处理"窗口。

（3）执行"财务会计"→"应收款管理"→"制单处理"命令。双击"制单处理"，打开"制单查询"对话框，勾选"现结制单"复选框，单击"确定"按钮，进入"制单"窗口，单击"全选"按钮，如图8-88所示。

图8-88 现结制单

（4）单击"全选"按钮，单击"制单"按钮，单击"保存"按钮，生成退回货款，冲减主营业务收入的红字凭证。如图8-89所示。关闭"填制凭证"和"制单"窗口。

图8-89 红字凭证

五、常见错误解析

1. 正常单据记账时单价算错。
2. 由于没有勾选而导致无法筛选出单据。

项目九 库存管理系统业务处理

任务一　产成品入库业务

一、任务工单

产成品入库业务任务工单

任务名称	产成品入库业务	学时		班级	
组别		组长		小组成绩	
学生姓名		联系方式		个人成绩	
任务开始时间		任务完成场地		任务完成时长	

任务详情

2020年1月20日，滨州市启航股份有限公司产成品仓库收到当月一车间加工完成的10台C-1笔记本电脑入库。1月21日，产成品仓库收到当月一车间加工完成的20台C-1笔记本电脑入库。随后收到财务部门提供的完工产品成本，20台C-1笔记本电脑的总成本为60 000元

思政元素：认真负责的工作作风

思政案例：仓库保管员应认真负责，仔细盘点，避免盘点出错

任务要求

1. 根据任务工单提供的业务资料内容，在供应链各系统以及存货核算系统中填写合适的单据并审核。
2. 会填制产成品入库单，进行产品成本分配。
3. 生成产成品入库记账凭证

任务实施难点	任务完成正确率	操作错误	错误原因及改正方法

二、任务解析

此业务为产成品入库业务。

三、完成任务的岗位分配

采购部宋子睿填制产成品入库单,进行业务核算产成品分配,张子萱记账并生成入库凭证。

四、任务实施

(一)填制产成品入库单并进行产品成本分配

(1)以操作员"606 宋子睿"身份于 2020 年 1 月 21 日登录企业应用平台,单击左下角的"业务工作"栏,执行"业务工作"→"供应链"→"库存管理"→"入库业务"→"产成品入库单"命令。双击"产成品入库单",进入"产成品入库单"窗口。

(2)单击"增加"按钮,在表头项目中,仓库选择"产成品仓库",入库日期改为"2020-01-20",入库类别选择"产成品入库"。在表体项目中,产品编码选择"08",数量录入"10.00",单击"保存"按钮后审核,如图 9-1 所示。

图 9-1 产成品入库单(1)

(3)继续填制第二张产成品入库单,单击"增加"按钮,在表头项目中,仓库选择"产成品仓库",入库类别选择"产成品入库",在表体项目中,产品编码选择"08",数量录入"20.00",单击"保存"按钮后审核,如图 9-2 所示。关闭"产成品入库单"窗口。

图 9-2 产成品入库单(2)

任务指导:

产成品入库单上无须填写单价,因为企业生产产品发生的成本需要进行产品成本分配,分配后单价会自动写入。

(4)执行"业务工作"→"供应链"→"存货核算"→"业务核算"→"产成品成本分配"命令。双击"产成品成本分配",进入"产成品成本分配表"窗口。如图9-3所示。

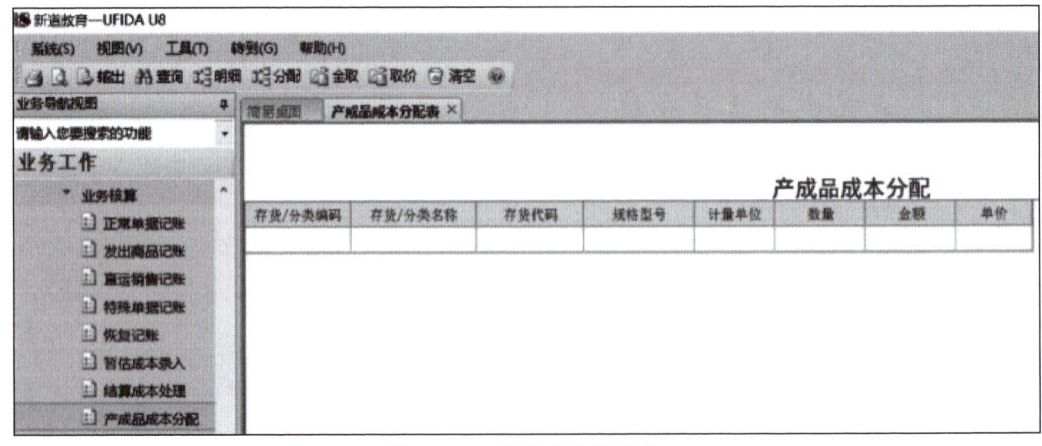

图9-3 产成品成本分配表

(5)单击左上方"查询"按钮,打开"产成品成本分配表查询"对话框,勾选"产成品仓库"复选框,如图9-4所示。

图9-4 勾选"产成品仓库"复选框

(6)单击"确定"按钮,系统将符合条件的记录带入产成品成本分配表,在存货为C-1笔记本电脑所在行的金额栏录入"60000",如图9-5所示。单击其他空白栏,确认金额已经录入。其他空白栏出现数据。系统自动计算出单价。如图9-6所示。

产成品成本分配

存货/分类编码	存货/分类名称	存货代码	规格型号	计量单位	数量	金额	单价
	存货 合计				30.00		
2	产成品小计				30.00		
203	C型系列产品小计				30.00		
08	C-1笔记本电脑			台	30.00	60000	

图9-5 产成品成本分配录入总成本

产成品成本分配

存货/分类编码	存货/分类名称	存货代码	规格型号	计量单位	数量	金额	单价
	存货 合计				30.00	60,000.00	2000.00
2	产成品小计				30.00	60,000.00	2000.00
203	C型系列产品小计				30.00	60,000.00	2000.00
08	C-1笔记本电脑			台	30.00	60,000.00	2000.00

图 9-6　自动计算单价

(7)单击"分配"按钮,系统提示分配操作顺利完成,单击"确定"按钮。关闭"产成品成本分配表"窗口。

(二)生成产成品入库凭证

(1)执行"业务工作"→"供应链"→"存货核算"→"日常业务"→"产成品入库单"命令。双击"产成品入库单",进入"产成品入库单"窗口。查看入库的产成品单价。如图 9-7 所示。关闭"产成品入库单"窗口。

图 9-7　产成品入库单(3)

(2)以操作员"605 张子萱"身份于 2020 年 1 月 21 日登录企业应用平台,单击左下角的"业务工作"栏,执行"业务工作"→"供应链"→"存货核算"→"业务核算"→"正常单据记账"命令。双击"正常单据记账",打开"查询条件选择"对话框,单击"确定"按钮,进入"未记账单据一览表"窗口,双击存货名称为"C-1 笔记本电脑"所在行的"选择"栏(两行),如图 9-8 所示。

正常单据记账列表

记录总数:3

选择	日期	单据号	存货编码	存货名称	规格型号	存货代码	单据类型	仓库名称	收发类别	数量	单价
	2020-01-19	0000000003	07	B-1笔记本电脑			专用发票	产成品仓库	销售出库	20.00	
Y	2020-01-21	0000000001	08	C-1笔记本电脑			产成品入库单	产成品仓库	产成品入库	10.00	2,000.00
Y	2020-01-21	0000000002	08	C-1笔记本电脑			产成品入库单	产成品仓库	产成品入库	20.00	2,000.00
小计										50.00	

图 9-8　正常单据记账-选择单据

(3)单击"记账"按钮,若系统提示当前业务日期必须大于或等于"2020-01-29",则需操作员 605 张子萱于 2020 年 1 月 29 日重新登录企业应用平台,执行"业务工作"→"供应链"→"存货核算"→"业务核算"→"正常单据记账"命令。双击"正常单据记账",打开"查询条件选择"对话框,单击"确定"按钮,进入"未记账单击一览表"窗口,双击存货名称为"C-1 笔记本电脑"所在行的"选择"栏(两行),单击"记账"按钮,系统提示记账成功,单击"确定"按钮,关闭"未记账单据一览表"窗口。

(4)以操作员"605 张子萱"于 2020 年 1 月 21 日重新登录企业应用平台,执行"业务工

作"→"供应链"→"存货核算"→"财务核算"→"生成凭证"命令。双击"生成凭证",进入"生成凭证"窗口。

(5)单击"选择"按钮,打开"查询条件"对话框,单击"确定"按钮,进入"选择单据"窗口。单击"全选"按钮,单击"确定"按钮。返回至"生成凭证"窗口,单击"合成"按钮,修改凭证类别为"转账凭证",单击"保存"按钮。如图9-9所示。

已生成		转 账 凭 证			
转 字 0033		制单日期:2020.01.21	审核日期:	附单据数:	2
摘 要		科目名称		借方金额	贷方金额
产成品入库单		库存商品/C型系列产品/C-1笔记本电脑		6000000	
产成品入库单		生产成本/直接材料			6000000
票号 日期	数量 单价	30.00台 2000.00	合 计	6000000	6000000
备注	项 目 个 人 业务员		部 门 客 户		
记账		审核	出纳	制单	张子萱

图9-9 产成品入库凭证

五、常见错误解析

1. 产品成本未分配。
2. 产品成本分配金额没有正确录入。

任务二 其他入库业务

一、任务工单

其他入库业务任务工单

任务名称	其他入库业务	学时		班级	
组别		组长		小组成绩	
学生姓名		联系方式		个人成绩	
任务开始时间		任务完成场地		任务完成时长	
任务详情					
2020年1月22日,滨州市启航股份有限公司办公室收到赠品透明硬盘盒10个,不含税单价为100元/个					
思政元素:正确的财富观 思政案例:避免贪"小"便宜上"大"当					

(续表)

任务要求
1. 根据任务工单提供的业务资料内容,在供应链库存与存货系统填写合适的单据并审核。
2. 会填制其他入库单,进行正常单据记账。
3. 生成相应的财务记账凭证

任务实施难点	任务完成正确率	操作错误	错误原因及改正方法

二、任务解析

此业务为接受捐赠的库存商品入库业务。

三、完成任务的岗位分配

采购部宋子睿填制其他入库单,进行业务核算正常单据记账,张子萱再进行财务核算记账并生成入库凭证。

四、任务实施

(一)填制其他入库单

(1)以操作员"606 宋子睿"身份于 2020 年 1 月 22 日登录企业应用平台,单击左下角的"业务工作"栏,执行"业务工作"→"供应链"→"库存管理"→"入库业务"→"其他入库单"命令。双击"其他入库单",进入"其他入库单"窗口。

(2)单击"增加"按钮,仓库选择"关联产品库",入库类别选择"其他入库",存货编码选择"09",数量录入"10.00",单价录入"100.00",单击"保存"按钮。如图 9-10 所示。单击"审核"按钮。系统提示审核成功,单击"确定"按钮。

图 9-10 其他入库单

(二)正常单据记账并制单

(1)以操作员"605 张子萱"身份于 2020 年 1 月 29 日登录企业应用平台,单击左下角的"业务工作"栏,执行"业务工作"→"供应链"→"存货核算"→"业务核算"→"正常单据记账"命令。双击"正常单据记账",打开"查询条件选择"对话框,单击"确定"按钮,进入"未记账单

据一览表"窗口。

(2)双击存货为透明硬盘盒的其他入库单所在行的"选择"栏,选择单据,单击"记账"按钮。系统提示记账成功,正常单据记账列表该行数据消失。关闭"未记账单据一览表"窗口。

(3)以操作员"605 张子萱"身份于 2020 年 1 月 22 日登录企业应用平台,单击左下角的"业务工作"栏,执行"业务工作"→"供应链"→"存货核算"→"财务核算"→"生成凭证"命令。双击"生成凭证",进入"生成凭证"窗口。

(4)单击左上方"选择"按钮,打开"查询条件"对话框,单击"确定"按钮,进入"选择单据"窗口,单击"全选"按钮,单击"确定"按钮,返回至"生成凭证"窗口,如图 9-11 所示。

选择	单据类型	单据号	摘要	科目类型	科目编码	科目名称	借方金额	贷方金额	借方数量	贷方数量
1	其他入库单	0000000001	其他入库单	存货	14050401	透明硬盘盒	1,000.00		10.00	
				对方				1,000.00		10.00
合计							1,000.00	1,000.00		

凭证类别 收 收款凭证

图 9-11 生成凭证

(5)对方科目选择"6301 营业外收入",单击"生成"按钮,修改凭证类别为"转账凭证",单击"保存"按钮,生成凭证如图 9-12 所示。

图 9-12 其他入库单凭证

任务三 材料出库业务

一、任务工单

材料出库业务任务工单

任务名称	材料出库业务	学时		班级	
组别		组长		小组成绩	

(续表)

学生姓名		联系方式		个人成绩	
任务开始时间		任务完成场地		任务完成时长	

任务详情

2020年1月23日,滨州市启航股份有限公司一车间领用可控硅芯片10条,单价为50元/条,用于生产,记材料明细账,生成领料凭证

思政元素:事无巨细的工作作风

思政案例:在会计工作中,除了记录的会计事项,其他有用的工作细节也应及时记录,"好记性"不如"烂笔头"

任务要求

1. 根据任务工单提供的业务资料内容,在供应链库存管理及存货核算系统中填写合适的单据并审核。
2. 会填制材料出库单并进行正常单据记账。
3. 生成相应的财务记账凭证

任务完成时长	任务完成正确率	操作错误	错误原因及改正方法

二、任务解析

此业务为领用原材料出库业务。

三、完成任务的岗位分配

销售部陆心怡填制材料出库单,进行业务核算与正常单据记账,钱晓宇进行财务核算、记账并生成出库凭证。

四、任务实施

(一)填制材料出库单

(1)以操作员"607陆心怡"身份于2020年1月23日登录企业应用平台,单击左下角的"业务工作"栏,执行"业务工作"→"供应链"→"库存管理"→"出库业务"→"材料出库单"命令。双击"材料出库单",进入"材料出库单"窗口。

(2)单击"增加"按钮,进入"材料出库单"窗口,在表头项目中,仓库选择"原材料仓库",部门选择"一车间"。在表体项目中,材料编码选择"01",数量录入"10.00",单价录入"50.00"。单击"保存"按钮,单击"审核"按钮,系统提示审核成功。单击"确定"按钮。如图9-13所示。

图9-13 材料出库单

(二)正常单据记账并制单

(1)以操作员"604 钱晓宇"身份于2020年1月29日登录企业应用平台,单击左下角的"业务工作"栏,执行"业务工作"→"供应链"→"存货核算"→"业务核算"→"正常单据记账"命令。双击"正常单据记账",打开"查询条件选择"对话框。单击"确定"按钮,进入"未记账单据一览表"窗口。

(2)双击存货名称为"可控硅芯片"、单据类型为"材料出库单"所在行的"选择"栏,如图9-14所示。

图9-14 正常单据记账列表

(3)单击"记账"按钮,系统提示记账成功。单击"确定"按钮,该行数据消失。关闭"未记账单据一览表"窗口。

(4)以操作员"604 钱晓宇"身份于2020年1月23日登录企业应用平台,单击左下角的"业务工作"栏,执行"业务工作"→"供应链"→"存货核算"→"财务核算"→"生成凭证"命令。双击"生成凭证",进入"生成凭证"窗口。单击"选择"按钮,打开"查询条件选择"对话框,单击"确定"按钮,进入"选择单据"窗口,单击"全选"按钮,单击"确定"按钮,返回至"生成凭证"窗口。如图9-15所示。

图9-15 生成凭证

(5)在对方科目的科目编码栏选择"6402 其他业务成本",单击"生成"按钮,修改凭证类别为"转账凭证",单击"保存"按钮。系统显示凭证已生成。如图9-16所示。关闭"填制凭证"和"生成凭证"窗口。

图 9-16 材料出库凭证

任务四 盘盈入库业务

一、任务工单

盘盈入库业务任务工单

任务名称	盘盈入库业务	学时		班级	
组别		组长		小组成绩	
学生姓名		联系方式		个人成绩	
任务开始时间		任务完成场地		任务完成时长	

任务详情

2020年1月24日,滨州市启航股份有限公司对原材料仓库进行盘点时,发现可控硅芯片多了820条,经确认,该批可控硅芯片的单位成本为50元/条,经查明,该批存货是由于非正常因素造成的盘盈,1月31日经上级批准计入营业外收入

思政元素:保护国有资产不流失

思政案例:会计人员应认真做好盘点工作,非正常盘亏盘盈必须查明原因

任务要求

1. 根据任务工单提供的业务资料内容,在供应链库存管理系统中填写合适的单据并审核。
2. 会填写盘点单,会查询其他入库单以及存货核算系统正常单据记账。
3. 生成相应的财务记账凭证

任务实施难点	任务完成正确率	操作错误	错误原因及改正方法

二、任务解析

此业务为原材料盘盈入库业务。

三、完成任务的岗位分配

宋子睿填制盘点单,进行业务核算正常单据记账,张子萱进行财务核算记账并生成出库凭证。黄俊熙在总账系统生成盘盈的营业外收入凭证。

四、任务实施

(一)填制盘点单、审核由盘点单生成的入库单

(1)以操作员"606 宋子睿"身份于 2020 年 1 月 24 日登录企业应用平台,单击左下角的"业务工作"栏,执行"业务工作"→"供应链"→"库存管理"→"盘点业务"命令。双击"盘点业务",进入"盘点单"窗口。

(2)单击"增加"按钮,在表头项目中,盘点仓库选择"原材料仓库",出库类别选择"盘亏出库"。入库类别选择"盘盈入库"。表体项目不用填写。单击"盘库"按钮,系统提示"盘库将删除未保存的所有记录,是否继续?",如图 9-17 所示。

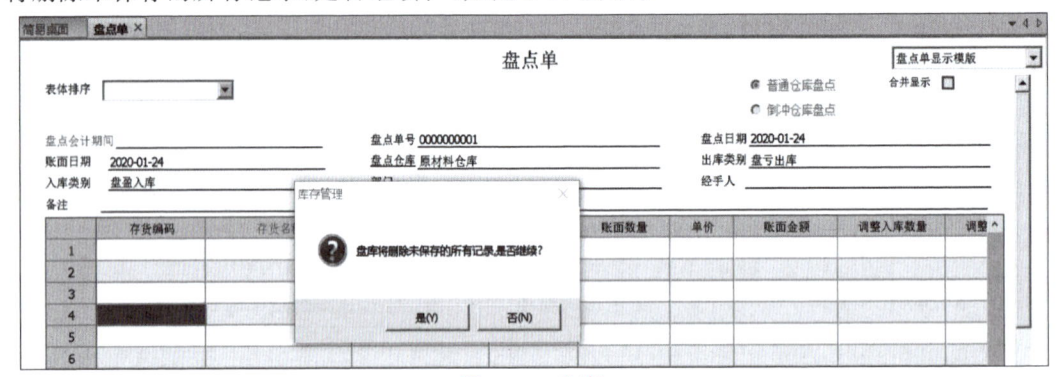

图 9-17 盘库

(3)单击"是"按钮,打开"盘点处理"对话框,默认选择盘点方式"按仓库盘点",如图 9-18 所示。

图 9-18 按仓库盘点

(4)单击"确认"按钮,系统将盘点结果带入盘点单,录入可控硅芯片单价为"50.00",向右拖动下方滚动条,修改可控硅芯片盘点数量为"2010.00",如图9-19所示。单击"保存"按钮后审核,系统提示审核成功。关闭"盘点单"窗口。

图9-19 盘点单

(5)执行"业务工作"→"供应链"→"库存管理"→"入库业务"→"其他入库单"命令。双击"其他入库单",进入"其他入库单"窗口。单击"末张"按钮,如图9-20所示。找到由盘点单生成的其他入库单。如图9-21所示。单击"审核"按钮,系统提示审核成功,单击"确定"按钮,关闭"其他入库单"窗口。

图9-20 "末张"按钮

图9-21 其他入库单

(二)存货核算系统记账并制单

(1)以操作员"605 张子萱"身份于2020年1月31日登录企业应用平台,单击左下角的"业务工作"栏,执行"业务工作"→"供应链"→"存货核算"→"业务核算"→"正常单据记账"命令。双击"正常单据记账",打开"查询条件选择"对话框。单击"确定"按钮,进入"未记账单据一览表"窗口。

(2)双击存货名称为"可控硅芯片"、收发类别为"盘盈入库"的其他入库单的"选择"栏,如图9-22所示。单击"记账"按钮,系统提示记账成功,单击"确定"按钮后该行数据消失。关闭"未记账单据一览表"窗口。

选择	日期	单据号	存货编码	存货名称	规格型号	存货代码	单据类型	仓库名称	收发类别	数量
	2020-01-19	0000000003	07	B-1笔记本电脑			专用发票	产成品仓库	销售出库	20.00
Y	2020-01-24	0000000002	01	可控硅芯片			其他入库单	原材料仓库	盘盈入库	820.00
小计										840.00

图 9-22 其他入库单记账

(3) 以操作员"605 张子萱"身份于 2020 年 1 月 31 日登录企业应用平台,执行"业务工作"→"供应链"→"存货核算"→"财务核算"→"生成凭证"命令。双击"生成凭证",进入"生成凭证"窗口。单击"选择按钮",打开"查询条件选择"对话框,单击"确定"按钮,进入"选择单据"窗口,单击"全选"按钮,单击"确定"按钮,返回至"生成凭证"窗口。单击"生成"按钮,修改凭证类别为"转账凭证",如图 9-23 所示。单击"保存"按钮,生成凭证。关闭"填制凭证"和"生成凭证"窗口。

图 9-23 其他入库单凭证

(4) 以操作员"603 黄俊熙"身份于 2020 年 1 月 31 日登录企业应用平台,单击左下角的"业务工作"栏,执行"业务工作"→"财务会计"→"总账"→"凭证"→"填制凭证"命令。双击"填制凭证",进入"填制凭证"窗口。单击左上方凭证增加按钮(加号),在新增的空白凭证中,摘要录入"盘盈结转",借方科目录入科目编码"190101"(待处理财产损溢/待处理流动资产损溢),金额录入"41 000",贷方科目录入科目编码"6301"(营业外收入),金额录入"41 000"(或者单击"="键),凭证保存后如图 9-24 所示。

图 9-24 待处理财产损溢转出凭证

五、常见错误解析

盘点单中的存货数量不对。

原因分析： 盘点单存货数量不正确的原因主要是之前少填或漏填了出库单或者入库单。

解决方法： 寻找与相关存货有关的所有出入库业务。查找出错误后用倒推法更正。

项目十 存货核算系统业务处理

任务一　出入库成本核算业务

一、任务工单

出入库成本核算业务任务工单

任务名称	出入库成本核算业务	学时		班级	
组别		组长		小组成绩	
学生姓名		联系方式		个人成绩	
任务开始时间		任务完成场地		任务完成时长	

任务详情

子任务一：入库成本核算业务

2020年1月25日,滨州市启航股份有限公司向宇翔公司订购小A型机箱100个,不含税单价为30元/个,验收入原料库。月末仍未收到相关发票,暂估入账。

子任务二：出库成本核算业务

2020年1月26日,滨州市启航股份有限公司销售部向新鄂公司销售20台A-1笔记本电脑,销售发票上载明无税单价为6 000元/台。发票号为XSFP000004

思政元素：科技强国

思政案例：滨州市启航股份有限公司仓库实现出入库智能化,充分说明了科技强国的重要性

任务要求

1. 根据任务工单提供的业务资料内容,在供应链库存管理系统以及存货核算系统中填写合适的单据并审核。
2. 会填制采购入库单,会生成暂估入库凭证。会填制发货单并生成销售出库单。
3. 生成相应的财务记账凭证

(续表)

任务实施难点	任务完成正确率	操作错误	错误原因及改正方法

二、任务解析

此业务为采购原材料并入库业务与销售产成品出库业务。

三、完成任务的岗位分配

采购部宋子睿填制采购入库单,张子萱进行业务核算、正常单据记账并生成入库凭证;销售部陆心怡填制发货单,并审核由发货单自动生成的销售出库单,钱晓宇进行业务核算、正常单据记账并生成出库凭证。

四、任务实施

(一)填制采购入库单并审核

(1)以操作员"606 宋子睿"身份于 2020 年 1 月 25 日登录企业应用平台,单击左下角的"业务工作"栏,执行"业务工作"→"供应链"→"库存管理"→"入库业务"→"采购入库单"命令。双击"采购入库单",进入"采购入库单"窗口。

(2)单击"增加"按钮,在表头项目中,仓库选择"原材料仓库",供货单位选择"宇翔公司"。在表体项目中,存货编码选择"05",系统自动带出存货名称与计量单位,数量录入"100.00",单价录入"30.00",单击"保存"按钮后审核。系统提示审核成功,单击"确定"按钮。如图 10-1 所示。

图 10-1 录入采购入库单

(二)正常单据记账并生成暂估凭证

(1)以操作员"605 张子萱"身份于 2020 年 1 月 31 日登录企业应用平台,在存货核算系统中,对此张采购入库单进行正常单据记账(注意不要全选,只选择此张采购入库单)。执行"业务工作"→"供应链"→"存货核算"→"财务核算"→"生成凭证"命令。双击"生成凭证",进入"生成凭证"窗口。单击"选择"按钮,打开"查询条件"对话框,单击"确定"按钮,进入"选择单据"窗口,单击"全选"按钮,单击"确定"按钮,返回至"生成凭证"窗口,如图 10-2 所示。

图10-2 "生成凭证"窗口

（2）应付暂估科目编码选择"220202"（应付账款-应付暂估款），科目名称自动带出"应付暂估款"，单击"生成"按钮，将凭证类别改为"转账凭证"，单击"保存"按钮，如图10-3所示。关闭"填制凭证"及"生成凭证"窗口。

图10-3 入库凭证

（三）填制销售发货单并审核

（1）以操作员"607 陆心怡"身份于2020年1月26日登录企业应用平台，执行"业务工作"→"供应链"→"销售管理"→"销售发货"→"发货单"命令。双击"发货单"，进入"发货单"窗口。

（2）单击"增加"按钮，系统自动弹出"查询条件选择-参照订单"对话框，关闭此对话框。手工填制发货单内容。在表头项目中，销售类型选择"正常销售"，客户简称选择"新鄂公司"，销售部门选择"销售部"。在表体项目中，仓库名称选择"产成品仓库"，存货编码选择"06"，系统自动带出存货名称与计量单位，数量录入"20.00"，无税单价录入"6000.00"，单击"保存"按钮后审核。如图10-4所示。关闭"发货单"窗口。

图10-4 发货单

(四)生成销售专用发票并复核

(1)以操作员"607 陆心怡"身份于 2020 年 1 月 26 日登录企业应用平台,执行"业务工作"→"供应链"→"销售管理"→"销售开票"→"销售专用发票"命令。双击"销售专用发票",进入"销售专用发票"窗口。

(2)单击"增加"按钮,打开"查询条件选择-发票参照发货单"对话框,单击"确定"按钮,进入"参照生单"窗口,单击"全选"按钮,单击"确定"按钮,将发货单信息拷贝至销售专用发票,修改发票号为"XSFP000004"。单击"保存"按钮后复核。如图 10-5 所示。

图 10-5　销售专用发票

(五)正常单据记账并生成结转销售成本凭证与结转销售收入凭证

(1)以操作员"604 钱晓宇"身份于 2020 年 1 月 31 日登录企业应用平台,执行"业务工作"→"供应链"→"存货核算"→"业务核算"→"正常单据记账"命令。双击"正常单据记账",打开"查询条件选择"对话框,单击"确定"按钮,进入"未记账单据一览表"窗口。

(2)浏览正常单据记账列表,双击存货为 A-1 笔记本电脑所在行的"选择"栏,单击"记账"按钮。系统提示记账成功,单击"确定"按钮,关闭"未记账单据一览表"窗口。

(3)以操作员"604 钱晓宇"身份于 2020 年 1 月 26 日登录企业应用平台,执行"业务工作"→"供应链"→"存货核算"→"财务核算"→"生成凭证"命令。双击"生成凭证",进入"生成凭证"窗口,单击左上角"选择"按钮,打开"查询条件"对话框,单击"确定"按钮,进入"选择单据"窗口。如图 10-6 所示。

图 10-6　未生成凭证单据一览表

(4)单击"全选"按钮,单击"确定"按钮,返回至"生成凭证"窗口,如图 10-7 所示。

图 10-7　"生成凭证"窗口

（5）单击"合成"按钮，修改凭证类别为"转账凭证"，单击"保存"按钮，生成凭证如图10-8所示。

图10-8 结转销售成本凭证

（6）操作员"604 钱晓宇"进入应收款管理系统，审核复核后的销售专用发票，生成销售专用发票应收账款凭证。步骤与之前类似业务相同，此处省略。

五、常见错误解析

结转销售成本生成记账凭证时，未合成生成结转主营业务成本凭证。

原因分析： 产成品入库采用先进先出法，入库批次不同，单位成本不一样，所以销售出库时，需将两批存货合成生成结转成本凭证。

任务二　出入库成本调整业务

一、任务工单

出入库成本调整业务任务工单

任务名称	出入库成本调整业务	学时		班级	
组别		组长		小组成绩	
学生姓名		联系方式		个人成绩	
任务开始时间		任务完成场地		任务完成时长	
任务详情					
子任务一：入库调整单业务					
2020年1月31日，滨州市启航股份有限公司将采购滨江公司的128GB U盘的成本提高1 000元					
子任务二：出库调整单业务					

(续表)

2020年1月31日,滨州市启航股份有限公司调整出售给滨岛公司的A-1笔记本电脑的成本,提高50 000元

思政元素:节俭意识
思政案例:会计人员应具备成本控制的经营理念

任务要求
1.根据任务工单提供的业务资料内容,在供应链存货核算系统中填写合适的单据并审核。
2.会填制入库调整单以及出库调整单,记账并生成凭证。
3.生成相应的财务记账凭证

任务实施难点	任务完成正确率	操作错误	错误原因及改正方法

二、任务解析

此业务为入库成本调整业务和出库成本调整业务。

三、完成任务的岗位分配

采购部宋子睿填制采购入库调整单,张子萱进行业务核算、正常单据记账并生成入库凭证;销售部陆心怡填制出库调整单,钱晓宇进行业务核算、正常单据记账并生成出库凭证。

四、任务实施

(一)填制入库调整单

(1)以操作员"606 宋子睿"身份于2020年1月31日登录企业应用平台,单击左下角的"业务工作"栏,执行"业务工作"→"供应链"→"存货核算"→"日常业务"→"入库调整单"命令。双击"入库调整单",进入"入库调整单"窗口。

(2)单击"增加"按钮,在表头项目中,仓库选择"关联产品库",收发类别选择"采购入库",供应商选择"滨江公司"。在表体项目中,存货编码选择"10",系统自动带出存货名称和计量单位,金额录入"1000.00",单击"保存"按钮,单击"记账"按钮。如图10-9所示。关闭"入库调整单"窗口。

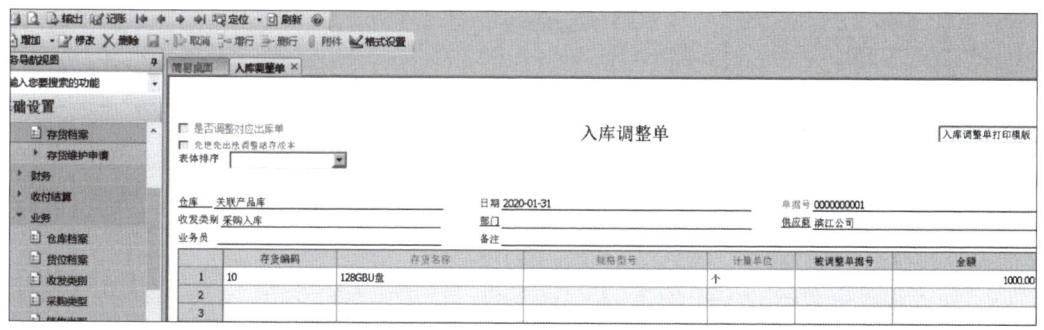

图10-9 入库调整单

(二)存货核算系统正常单据记账并生成凭证

(1)执行"业务工作"→"供应链"→"存货核算"→"财务核算"→"生成凭证"命令,进入"生成凭证"窗口。单击"查询"按钮,打开"查询条件"对话框,单击"确定"按钮,进入"选择单据"窗口。如图10-10所示。

图10-10 未生成单据一览表

(2)选择入库调整单,生成凭证如下图10-11所示,过程不赘述。

图10-11 入库调整单凭证

(三)填制出库调整单

(1)以操作员"607 陆心怡"身份于2020年1月31日登录企业应用平台,单击左下角的"业务工作"栏,执行"业务工作"→"供应链"→"存货核算"→"日常业务"→"出库调整单"命令。双击"出库调整单",进入"出库调整单"窗口。

(2)单击"增加"按钮,在表头项目中,仓库选择"产成品仓库",收发类别选择"销售出库",客户选择"滨岛公司"。在表体项目中,存货编码选择"06",系统自动带出存货名称和计量单位。金额录入"50000.00",单击"保存"按钮。如图10-12所示。单击"记账"按钮。

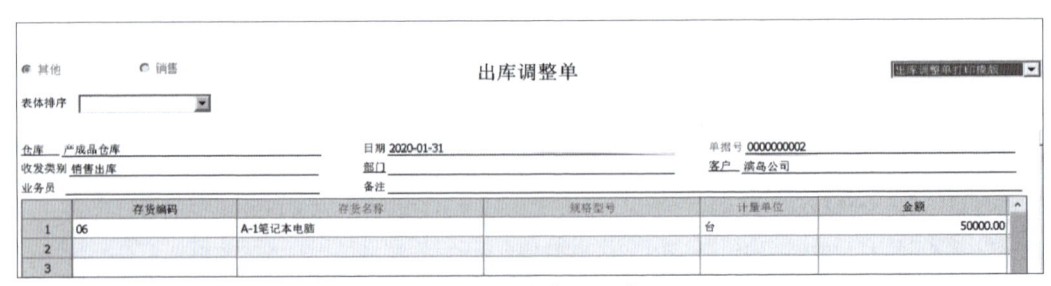

图10-12 出库调整单

(3)在存货核算系统中,对记账后的"出库调整单"生成凭证,如图10-13所示。生成凭证后关闭"填制凭证"与"生成凭证"窗口。

图 10-13　出库调整单凭证

五、常见错误解析

出入库调整单已经记账,无须再进行正常单据记账,可直接制单生成记账凭证。

项目十一 供应链期末处理

任务一　采购管理系统期末结账

一、任务工单

采购管理系统期末结账任务工单

任务名称	采购管理系统期末结账	学时		班级	
组别		组长		小组成绩	
学生姓名		联系方式		个人成绩	
任务开始时间		任务完成场地		任务完成时长	

任务详情

2020年1月31日,滨州市启航股份有限公司一月份采购业务处理完毕,进行采购管理月末结账

思政元素:有始有终的工作态度

思政案例:做事情应有始有终,切忌"虎头蛇尾"

任务要求

1.根据任务工单提供的业务资料内容,在供应链采购管理系统中进行操作。

2.会关闭订单并进行月末结账

任务实施难点	任务完成正确率	操作错误	错误原因及改正方法

二、任务解析

此业务为采购管理系统月末处理业务。

三、完成任务的岗位分配

账套主管处理采购管理系统月末业务。

四、任务实施

(一)关闭采购订单

(1)以操作员"601 赵启航"身份于 2020 年 1 月 31 日登录企业应用平台,单击左下角的"业务工作"栏,执行"业务工作"→"供应链"→"采购管理"→"采购订货"→"采购订单列表"命令。双击"采购订单列表",打开"查询条件选择—采购订单列表"对话框,单击"确定"按钮,进入"订单列表"窗口,如图 11-1 所示。

图 11-1 采购订单列表

(2)单击"全选"按钮,单击"批关"按钮,系统提示成功关闭 10 条记录,如图 11-2 所示。单击"确定"按钮,关闭"订单列表"窗口。

图 11-2 批量关闭订单

(二)月末结账

(1)以操作员"601 赵启航"身份于 2020 年 1 月 31 日登录企业应用平台,单击左下角的"业务工作"栏,执行"业务工作"→"供应链"→"采购管理"→"月末结账"命令。双击"月末结账",打开"结账"对话框。

(2)选择1月份,单击"结账"按钮,系统提示是否关闭订单,因为之前已经关闭所有订单,所以在此处单击"否"按钮,返回至"结账"对话框,发现1月份已经结账,如图11-3所示。关闭"结账"对话框。

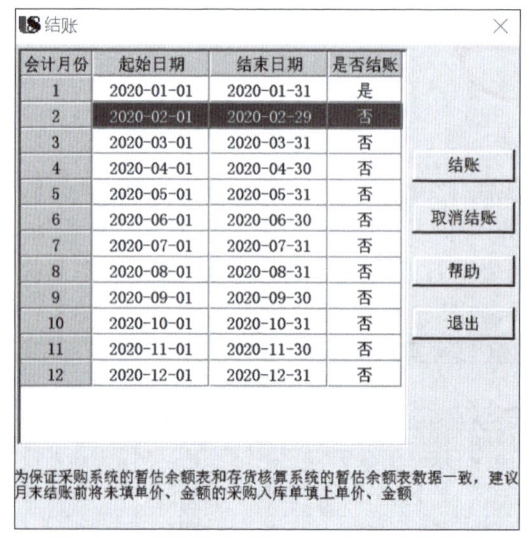

图11-3 采购管理系统2020年1月已结账

四、常见操作错误解析

重复关闭采购订单。结账时系统提示是否关闭采购订单,单击"是"按钮时,发现采购订单已经全部关闭。

解决办法:确定已经全部关闭订单,结账时系统提示是否关闭采购订单,单击"否"按钮。

任务二　销售管理系统期末结账

一、任务工单

销售管理系统期末结账任务工单

任务名称	销售管理系统期末结账	学时		班级	
组别		组长		小组成绩	
学生姓名		联系方式		个人成绩	
任务开始时间		任务完成场地		任务完成时长	
任务详情					
2020年1月31日,滨州市启航股份有限公司一月份销售业务处理完毕,进行销售管理月末结账					
思政元素:反复检查的工作习惯					
思政案例:会计进行月末结账时应反复进行核对,保证销售报表准确无误					

（续表）

任务要求			
1. 根据任务工单提供的业务资料内容，在供应链销售管理系统中进行操作。 2. 会关闭销售订单并进行销售管理系统的月末结账			
任务实施难点	任务完成正确率	操作错误	错误原因及改正方法

二、任务解析

此业务为销售管理系统月末处理业务。

三、完成任务的岗位分配

账套主管处理销售管理系统月末业务。

四、任务实施

（一）关闭销售订单

（1）以操作员“601 赵启航”身份于 2020 年 1 月 31 日登录企业应用平台，单击左下角的“业务工作”栏，执行“业务工作”→“供应链”→“销售管理”→“销售订货”→“订单列表”命令。双击“订单列表”，打开“查询条件选择-销售订单列表”对话框，单击“确定”按钮，进入“销售订单列表”窗口，如图 11-4 所示。

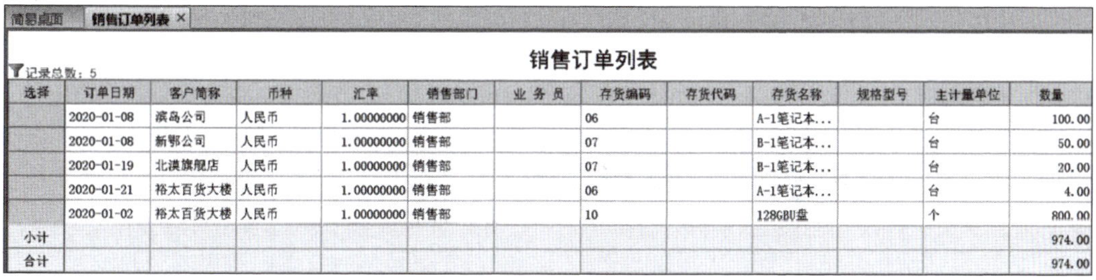
简易桌面 销售订单列表
销售订单列表
记录总数：5

选择	订单日期	客户简称	币种	汇率	销售部门	业务员	存货编码	存货代码	存货名称	规格型号	主计量单位	数量
	2020-01-08	滨岛公司	人民币	1.00000000	销售部		06		A-1笔记本...		台	100.00
	2020-01-08	新鄂公司	人民币	1.00000000	销售部		07		B-1笔记本...		台	50.00
	2020-01-19	北漠旗舰店	人民币	1.00000000	销售部		07		B-1笔记本...		台	20.00
	2020-01-21	裕太百货大楼	人民币	1.00000000	销售部		06		A-1笔记本...		台	4.00
	2020-01-02	裕太百货大楼	人民币	1.00000000	销售部		10		128GBU盘		个	800.00
小计												974.00
合计												974.00

图 11-4　销售订单列表

（2）单击“全选”按钮，单击“批关”按钮，系统提示批量关闭完毕，如图 11-5 所示。单击“确定”按钮，关闭“销售订单列表”窗口。

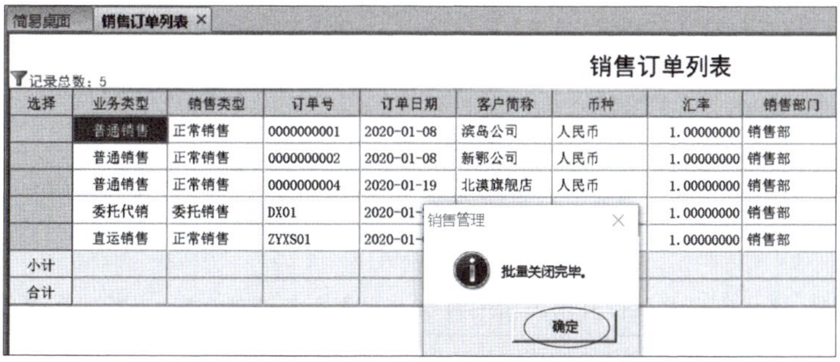
简易桌面 销售订单列表
销售订单列表
记录总数：5

选择	业务类型	销售类型	订单号	订单日期	客户简称	币种	汇率	销售部门
	普通销售	正常销售	0000000001	2020-01-08	滨岛公司	人民币	1.00000000	销售部
	普通销售	正常销售	0000000002	2020-01-08	新鄂公司	人民币	1.00000000	销售部
	普通销售	正常销售	0000000004	2020-01-19	北漠旗舰店	人民币	1.00000000	销售部
	委托代销	委托销售	DX01	2020-01-			1.00000000	销售部
	直运销售	正常销售	ZYXS01	2020-01-			1.00000000	销售部
小计								
合计								

图 11-5　销售订单批量关闭

(二)月末结账

(1)以操作员"601 赵启航"身份于 2020 年 1 月 31 日登录企业应用平台,单击左下角的"业务工作"栏,执行"业务工作"→"供应链"→"销售管理"→"月末结账"命令。双击"月末结账",打开"结账"对话框。

(2)单击"结账"按钮,系统提示是否关闭订单,因为之前已经关闭所有订单,所以在此处单击"否"按钮,返回至"结账"对话框,发现一月份已经结账,如图 11-6 所示。关闭"结账"对话框。

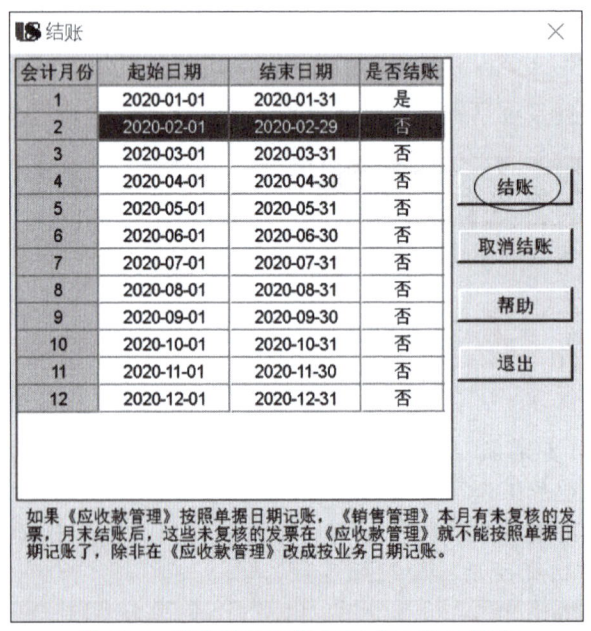

图 11-6　销售管理系统 2020 年 1 月已结账

任务三　库存管理系统期末结账

一、任务工单

库存管理系统期末结账任务工单

任务名称	库存管理系统期末结账	学时		班级	
组别		组长		小组成绩	
学生姓名		联系方式		个人成绩	
任务开始时间		任务完成场地		任务完成时长	
任务详情					
2020 年 1 月 31 日,滨州市启航股份有限公司一月份出入库业务处理完毕,进行库存管理月末结账					

(续表)

思政元素:有错必纠的工作态度
思政案例:结账后发现单据错误,应及时改正
任务要求
1.根据任务工单提供的业务资料内容,在供应链库存系统进行操作。 2.会进行库存管理系统月末结账

任务实施难点	任务完成正确率	操作错误	错误原因及改正方法

二、任务解析

此业务为库存管理系统月末处理业务。

三、完成任务的岗位分配

账套主管处理库存管理系统月末业务。

四、任务实施

(一)库存管理系统月末结账

(1)以操作员"601 赵启航"身份于 2020 年 1 月 31 日登录企业应用平台,单击左下角的"业务工作"栏,执行"业务工作"→"供应链"→"库存管理"→"月末结账"命令。双击"月末结账",打开"结账"对话框。

(2)单击"结账"按钮,系统提示"库存启用月份结账后将不能修改期初余额,是否继续结账?",单击"是"按钮,一月份结账成功,如图 11-7 所示。关闭"结账"对话框。

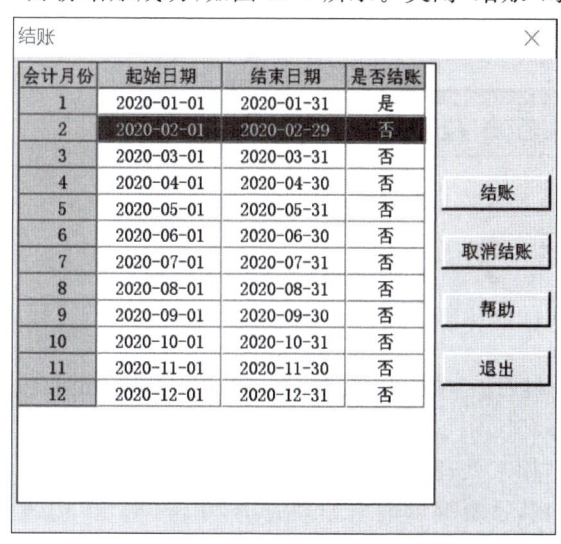

图 11-7 库存管理系统一月份结账

任务四　存货核算系统期末结账

一、任务工单

存货核算系统期末结账任务工单

任务名称	存货核算系统期末结账	学时		班级	
组别		组长		小组成绩	
学生姓名		联系方式		个人成绩	
任务开始时间		任务完成场地		任务完成时长	

任务详情

2020年1月31日，滨州市启航股份有限公司进行存货核算系统的期末处理以及月末结账

思政元素：善于发现问题以及解决问题

思政案例：在存货期末结账中发现问题，及时分析问题以及解决问题

任务要求

1. 根据任务工单提供的业务资料内容，在供应链存货核算系统中进行操作。
2. 会进行存货核算系统期末处理以及月末结账

任务实施难点	任务完成正确率	操作错误	错误原因及改正方法

二、任务解析

此业务为存货核算系统月末处理业务。

三、完成任务的岗位分配

存货核算系统月末业务。

四、任务实施

（一）期末处理

（1）以操作员"601 赵启航"身份于2020年1月31日登录企业应用平台，单击左下角的"业务工作"栏，执行"业务工作"→"供应链"→"存货核算"→"业务核算"→"期末处理"命令。双击"期末处理"，打开"期末处理-1月"对话框，如图11-8所示。

（2）单击"处理"按钮，系统提示期末处理完毕，单击"确定"按钮，关闭"期末处理-1月"对话框。

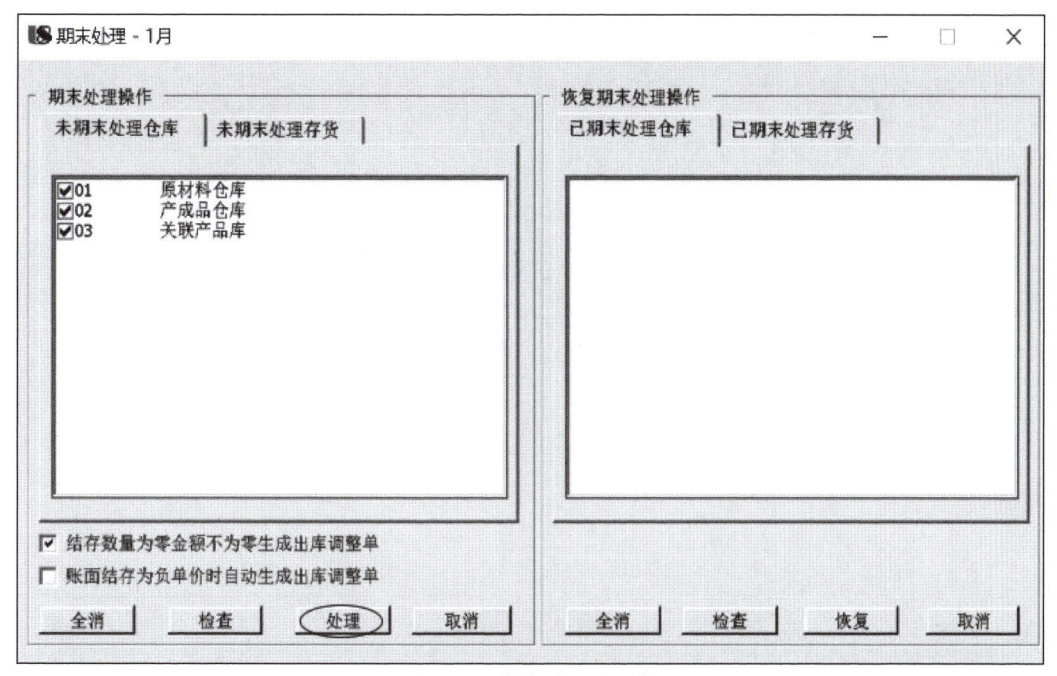

图 11-8　期末处理对话框

(二)月末结账

(1)以操作员"601赵启航"身份于2020年1月31日登录企业应用平台,单击左下角的"业务工作"栏,执行"业务工作"→"供应链"→"存货核算"→"业务核算"→"月末结账"命令。双击"月末结账",打开"结账"对话框。

(2)单击"月结检查"按钮,系统提示"检测成功",单击"确定"按钮。

(3)选择1月份,单击"结账"按钮,系统提示"月末结账完成!若想进行下月业务……",单击"确定"按钮,关闭"结账"对话框。